JN272684

コリアン・ディアスポラと
東アジア社会

松田素二・鄭 根埴 編

目　次

はじめに　　　　　　　　　　　　　　　　　　　　　　　　［松田素二］　v

序　章　コリアン・ディアスポラの形成と再編成　　　　　　［鄭　根埴］　1
 1　ディアスポラとは　1
 2　植民地主義と近代の「離散」　6
 3　冷戦による分断とディアスポラ　8
 4　ポスト冷戦とディアスポラの解体　12
 5　コリアン・ディアスポラ研究の進展のために　15

第Ⅰ部
コリアン・ディアスポラの民族関係 ── 東アジア社会から

第1章　在日朝鮮人－日本人間の〈親密な公共圏〉形成 ──「パラムせん
  　　だい」において「対話」はいかに成立したのか？　［山口健一］　25
 1　はじめに　25
 2　〈現代日本社会〉と「公共圏」としての「パラムせんだい」　30
 3　「パラムせんだい」における「対話」の社会的結合様式　40
 4　むすびにかえて　46

第2章　在日朝鮮人女性の識字教育の構造 ── 1970-1980年代京都・
  　　九条オモニ学校における教師の主体に着目して　　［山根実紀］　51
 1　はじめに─在日朝鮮人女性と識字教育─　51
 2　南部教会再建運動と九条オモニ学校　53
 3　九条オモニ学校における教師の語り　62
 4　おわりに─識字教育構造と教師の関係性─　74

目 次

第3章　「見えない朝鮮族」とエスニシティ論の地平
　　　　―― 日本の新聞報道を手掛かりに　　　　　　　［権　香淑］　77
　1　「見えない朝鮮族」をめぐる問題構制　　77
　2　朝鮮族をめぐる報道内容とその傾向　　80
　3　朝鮮族の報道内容から読み取れるもの　　85
　4　エスニシティ論の地平を拓くために　　94

第4章　ポスト冷戦期における在日朝鮮人の移動と境界の政治
　　　　　　　　　　　　　　　　　　　　　　　　　　　［趙　慶喜］　99
　1　ディアスポラの逆移動　　99
　2　境界線上の国籍　　103
　3　民族／多文化のダブル・スタンダードを超えて　　111
　4　〈想像的移動〉の効果　　116
　5　むすびにかえて　　121

第 II 部
民族的共同性生成の現場 ―― 日本社会から

第5章　在日朝鮮人のナショナル・アイデンティティを再考する
　　　　―― 3・4世朝鮮籍者の「共和国」をめぐる語りを手がかりに
　　　　　　　　　　　　　　　　　　　　　　　　　　　［李　洪章］　127
　1　目的と問題意識
　　　　―― 多彩な在日朝鮮人のナショナル・アイデンティティ　　127
　2　朝鮮籍とは何か ―― 管理体制の変遷と現在　　129
　3　ナショナル・アイデンティティ論導入の有用性　　133
　4　インタビュー・データの分析　　135
　5　能動的かつ主体的なナショナル・アイデンティティ形成　　142
　6　おわりに ―― 脱植民地主義思想としてのディアスポラ　　144

第6章　多様性と響き合う「在日朝鮮人」アイデンティティ
　　　　―― 在日3世学生たちの学びの運動から　　［孫・片田　晶］　147
　1　在日アイデンティティの課題　　147

2　マイノリティの運動とアイデンティティの「ジレンマ」　150
　3　韓学同京都の「在日朝鮮人」アイデンティティ　152
　4　多様な個人史と相互作用する「在日朝鮮人」アイデンティティ　165
　5　学びと連帯のアイデンティティの運動　175
　6　多様なアイデンティティの枠組みの可能性　178

第7章　民族間結婚による「近さ」の再編 ── 2人の在日朝鮮人男性の「特殊」な結婚事例から　［橋本みゆき］　181

　1　民族間結婚はいつまで「困難」なのか　181
　2　インタビュー調査について　185
　3　事例1　洪英甫の結婚　186
　4　事例2　具守連の結婚　194
　5　共同体を横断する親密圏　201
　6　おわりに　203

第8章　在日朝鮮人の居住と共同性 ──「不法占拠」という地平からの一考察　［山本崇記］　207

　1　「不法占拠」/スクオッティングの間　207
　2　居住と共同性へのアプローチ　208
　3　「不法占拠」という地平　214
　4　共同性の剔抉へ ── モノグラフの必要性　223

第Ⅲ部
「在外同胞」と民族意識 ── 韓国社会から

第9章　在外同胞法と在韓外国人の法的地位変遷の関係性　［佐藤暁人］　229

　1　在韓外国人の法的地位をめぐる課題　229
　2　在韓外国人の法的地位：在外同胞法以前　233
　3　在韓外国人の法的地位の変遷：在外同胞法制定を契機に　239
　4　在韓外国人の法的地位：在外同胞法制定以降　244
　5　おわりに　在外同胞法と公共性　247

目 次

第10章 祖国とディアスポラ ── 1970年代韓国映画における在日朝鮮
　　　　人表象　　　　　　　　　　　　　　　　　［金　泰植］　251
　1　朴正煕政権と国民的記憶の創出　　253
　2　朴正煕政権と在日朝鮮人　　256
　3　『EXPO70 東京作戦』（1970）　　259
　4　『帰ってきた八道江山』（1976）　　264
　5　在日朝鮮人表象の政治性　　270

第11章　1970年代在日同胞母国訪問事業に関する政治社会学的考察
　　　　　　　　　　　　　　　　　　　［金　成姫（金　泰植 訳）］　273
　1　問題意識 ── 母国訪問事業と韓国社会　　273
　2　「在日同胞母国訪問事業」とは何か　　274
　3　母国訪問事業の意義　　281
　4　結論　　286

第12章　経済的インセンティブと「道具的民族主義」
　　　　── 在韓中国朝鮮族を中心に　　［朴　佑（金　泰植 訳）］　289
　1　研究目的および問題提起　　289
　2　朝鮮族労働者の韓国進出：制度的背景と経済社会的特性　　292
　3　朝鮮族留学生の韓国留学：制度的背景と経済社会的特性　　297
　4　経済的インセンティブ，そして「道具的民族主義」　　302
　5　道具的民族主義と「アイデンティティの変容」　　303

あとがき　　　　　　　　　　　　　　　　　　［松田素二・鄭　根埴］　307

索　引　　309

執筆・翻訳者紹介　　313

はじめに

松田素二

　この論文集が対象とするのは，日本，朝鮮半島，中国という東アジア社会におけるコリアンの移動とコリアンネスの生成変容の過程である。もちろんこの移動の過程は，東アジアの近現代史の動向（植民地支配，侵略戦争，冷戦，冷戦構造の崩壊と再編）と密接に関連している。東アジアにおけるコリアンの移動は，朝鮮半島から中国東北部へ，そして日本へ，樺太へ，中央アジアへとつづき，第二次世界大戦後は，済州島から日本へ，北米へ，また日本から朝鮮半島へ，そして中国の改革開放期以降は，中国東北部から韓国へとめまぐるしい人びとの流れがつくられてきた。この奔流のようなひとの移動は，日本帝国による植民地支配や東アジアにおける暴力的冷戦構造，さらにはグローバルな新自由主義的秩序によって，根底的（構造的）に規定されながらも，移動した（移動を余儀なくされた）先々で人びとは生き抜くために共同性を創造（想像）していった。本書のなかでさまざまに解明を試みようとしているのは，この共同性のあり方といってよいだろう。

　もちろん移動した人びとのあいだに共同性をたちあげるための核心となる資源は，エスニシティ（民族性）とナショナリティ（祖国）だった。それゆえに彼らを表わすのにディアスポラというタームを用いることにも意味がある。ギリシャ語の「スペイロ（まきちらす）」を語源とするこの言葉は，現代世界の流動状況とそこでたちあがるアイデンティティを考えるための重要なキーワードとされてきた。グローバル化の進行のなかで，あるいはそれに先だって世界都市に世界各地から（とりわけ旧植民地から）大量に移民が流入することで，これまでの国民国家の統制を食い破った新しい社会秩序が出現しはじめたことと，ディアスポラという言葉で表象される人びとの世界への注目は，軌を一にする現象であった。しかしながらそれは，北米・西欧を中心とする現代世界システムのメトロポリスに出自をもつことに注意する必要があるだろう。

たしかにディアスポラという問題設定は，たんに故郷の地を離れて何世代も経過した移民たちが，故郷を想起し，そこで働いていた紐帯や帰属意識を復元したり修正したりする心的過程を社会心理学的に分析するための道具ではないだろう。故郷から切り離された人びとが置かれた社会的苦難を埋め合わせる文化的回帰運動の延長線上にディアスポラを位置づけることを鋭く批判したのは，ギルロイやクリフォードたちだが，彼らは，一見，弱者の伝統（故郷）回帰と思える営みのなかに，断片化された記憶を含みこむ形で文化や人間関係に新たな想像と創造が展開し社会が編成されていく過程に注目した。こうしたディアスポラのもつ新たな文化の再創造／想像力を正面から受け止めることは，意義深いことであるのは間違いない。なぜならそれは，近代社会の人間分節装置であり，社会統治の要でもある，民族，人種，国家という枠組を脱構築する作業へと繋がる営みだからだ。

　しかしながら，これを世界標準化が進む現代世界のあらゆる地域にあてはまる，普遍的な図式としてとらえることにはより慎重になるべきだ。たとえば本書が対象とする東アジア社会におけるコリアン・ディアスポラの場合，ディアスポラの民を，自らのルーツのある民族や国家への回帰や想起という次元ではなく，断片化された記憶を想像力でつなぎあわせた新たな共同性や自己意識の創造という次元でとらえることは困難だ。なぜなら，東アジアのコリアン・ディアスポラにとって，朝鮮半島における分断と戦争状態，絶対的他者とみなされる「北朝鮮」の存在と日本国家ぐるみの排除と排斥，日本における在日朝鮮人問題，植民地支配の未清算，韓国における中国・朝鮮族問題などを通して，明確に国家（ナショナリティ）と民族（エスニシティ）についての判断を迫られる日常世界があるからだ。それは，異種混交（ハイブリディティ）や遊動性（ノマディティ）といった世界とはまったく別次元の「因習的」だが冷徹な現実でもある。

　コリアン・ディアスポラをこうした現実のなかでとらえようとすると，たとえば韓国において（本書のなかでも繰り返し引用されている）キム・キオクのような議論の枠組が出現するのも容易に理解できる。「北」からの越南者のアイデン・ティティの変容を生活世界を起点にして捉えた研究で著名なキムは，コリアン・ディアスポラの経験を新旧で二分類することを提唱する。す

なわち20世紀の戦争と植民地支配の時代に，朝鮮半島から追放され（強制的に連れ出され）た人びとが移動先で形成した防衛的民族共同体を旧ディアスポラと呼び，1990年代以降のグローバル化の急激な進展のなかで国境を越えて移動していった人びとを新ディアスポラとして区別した。そのうえで，南北離散家族や在日韓国・朝鮮人は，21世紀の現代を「旧ディアスポラ」として生きざるを得ない人びとと捉える。それは，東アジアにおけるコリアン・ディアスポラが，北米・西欧のような文化の再創造と再想像によってエスニシティやナショナリティの垣根を乗り越えていくという方向とは異なり，日常のあらゆる場面で，肯定的であれ否定的であれエスニシティやナショナリティの再創造（脱構築ではなく）と直接的に向き合わなければならないことを示唆している。

　本書において，各章が共有している問題意識は，まさにこの点にある。北米・西欧的なディアスポラと異なり，東アジアの文脈においてコリアンは，どのようにしてナショナリティとエスニシティと向かい合っているのかという問いである。それは，たしかに単純な「母なる民族」への回帰でも，「母なる祖国」への傾斜でもない。しかし同時に，民族を解体し忌避する脱民族への展開でも，国家を懐疑しそれへの包摂に抗う脱国家への志向でもない。本書の執筆者が共有しているのは，生きられたコリアンネスの肯定と，その生成のイニシアティブを国家権力や真正な民族文化によって「上」から一方的に与えられることへの拒絶である。

　本書でとりあげられるのは，日本における中国・朝鮮族への眼差しや，韓国における中国・朝鮮族，韓国における在日朝鮮人表象，日本における朝鮮籍在日朝鮮人の国家意識，日本における民族間結婚と民族性，日本における民族運動体メンバーの民族と国家意識，日本人と在日韓国・朝鮮人の対話フォーラムの実験，韓国政府による在日朝鮮人に対する母国訪問事業，在日一世に対する識字学級と日本人の贖罪意識，在日韓国・朝鮮人の「不法占拠」実践など，多種多様なテーマと対象である。いずれも，先述の問題意識にそってそれぞれの答えを手さぐりで探り当てようと知的格闘を続けた成果でもある。

　本書を構成する12本の論文は，大きく三つの部に分かれる。第一部は，

「東アジアにおけるコリアン・ディアスポラの民族関係」である。そこでは，日本人と在日韓国・朝鮮人，韓国人と「在日朝鮮人」，中国・朝鮮族と韓国人および日本人という異なる民族ラベルを与えられる人びとのあいだで，近現代史を射程にいれながら，どのような関係性の構築が可能なのか（あるいは困難なのか）について議論が展開される。

第1章（山口健一）の問いかけは簡潔明瞭だ。日本社会において，マジョリティ側の「日本人」とマイノリティ側の「在日朝鮮人」が，「在日をテーマにして討議する場は可能だろうか，またもし可能であるとするなら，その場はどのようにして可能になるのだろうか」という問いかけに，仙台で行われた「小さな実験」を手がかりにして応えようというのである。たしかに，現代日本社会においては，中学高校の「人権教育」や運動団体の集会の場を除けば，在日朝鮮人と日本人が互いの民族性を意識しつつ多様な意見を交わす共通の場（それを山口論文では「公共圏」と呼ぶ）はほとんど存在しない。こうした状況で出現する両者の交流の場において，どのような理解・無理解・誤解が生じ，どのような対面的コミュニケーションや社会的結合が生まれるのだろうか。こうした問いかけは，21世紀の日本における民族関係を考えるうえで重要なヒントを与えてくれるだろう。

この小さな実験場，「パラムせんだい」は，「在日問題」に関して在日朝鮮人と日本人との「対話」を目的として1998年に設立された市民組織である。メンバーは，個々の経験に基づいて意見を交わし，それらを学び，互いの「違いを認める」関係を築いていこうとした。もちろん，互いの経験を理解し差異を肯定的に承認することもあるのだが，逆に，互いの経験を理解できずあるいは紋切り型でとらえてしまい対話が不発に終わることも珍しいことではなかった。しかしながら，この実験の核心は，この〈「対話」の困難さ〉に対処することが「対話」成立の内的条件を整えていることを発見した点にある。つまりこの小さな場は，現代日本社会に生きる在日朝鮮人と日本人の間で，在日朝鮮人に関する論題についての「対話」を成立させるために必要な〈困難さ〉を直視しながら「対話」を継続しようとする繋がりをつくりあげていたのである。この繋がりを，山口論文では〈個人間の親密なつながり〉を社会的結合様式とする公共圏ととらえ，それを「親密な公共圏」として定

式化しようと試みている。

　次の第2章（山根実紀）が取り扱うのは，1970年代の京都に出現した在日一世を対象とした日本語の識字教室「オモニハッキョ」である。山根はこの「オモニハッキョ」という学びの場において交錯する，非識字者である在日朝鮮人女性と日本人教員集団との関係性の本質を解き明かそうと試みる。なぜならそれを通して，今日の日本人と在日朝鮮人の歪んだ関係性の問題点がみえてくるからである。「オモニハッキョ」に関わる日本人教師は，なぜ，在日一世に日本語を教えることに関心を持ったのだろうか？　それは被差別当事者からの要請に応えた行為だったのだろうか，それとも彼ら自身の主体的意志の反映だったのだろうか？　山根論文は，当時の教室開設者や教師，生徒の聞き取りを通して，これらの問いに答えようとした。

　1970年代は，日本の社会（変革）運動のなかに，「民族問題」が中心的課題としてつきつけられた時代だった。1970年7月7日の華青闘告発は，抑圧側にたつ人民の社会運動と被抑圧側の人民の関係を一変させた。それまで，ともに革命（社会変革）を志すプロレタリア的連帯の同志とみなされてきたものが，抑圧する側の民族・人民と抑圧される側の民族・人民に峻別されるようになったからだ。こうした時代の影響を受けて，「オモニハッキョ」に関わる日本人の多くは，抑圧者の側にいる「贖罪」と「負債」を強く意識するようになった。当初，民族問題（在日朝鮮人に対する差別抑圧の歴史）への無知に対する「謝罪」の気持で「オモニハッキョ」に参加した日本人は，徐々に，日本人総体の責任と「贖罪」の意識を前面に出すようになった。コロニアリティとポストコロニアリティを意識するこのような意識は，たしかにこの時代の新しい表現であり新しい立場性の表明でもあった。

　しかし，「贖罪意識」でしか関われない日本人教師に対する強い反発を示す在日朝鮮人も少なくなかった。日本人の側の主体性を欠いた「贖罪」は，結局のところ，受動的反省にしかならないからだ。日本人教師の「贖罪意識」が，受動的で内向きの自己満足的なものに終わってしまうのか，それとも，自らを変えながら能動的主体的に新しい関係性をつくっていくきっかけとなったのかが鋭く問われたのである。1970年代に生起したこの問いかけに，突き詰めて答えようとせず，あいまいなままにしたことが，その後の日本人

が在日朝鮮人のもつ歴史的位相に対する立場性の表明を回避しつづけてきたことに繋がっていることが指摘されている。

　続く第3章（権香淑）が対象とするのは，日本における中国・朝鮮族に関連する新聞記事である。権論文の目論見は，日本において中国・朝鮮族は，どのような状況のときにどのような存在として表象されるかを分析することによって，日本社会における「中国」「朝鮮」認識を抽出しようという点にある。たしかに中国・朝鮮族の存在は，日本においては公的には把握されないという点で不可視の存在である。出入国管理上は，彼らは中国国籍者としか捉えられないために，「朝鮮族であること」が日本社会で表面化される機会は，自ら出自をアピールする場面以外は，ほとんどないといってよいだろう。しかしながら日本の新聞では，この表面化されないはずの中国・朝鮮族がとりあげられることが少なくない。権論文は，ナショナリティ（中国）とエスニシティ（朝鮮性）が交錯する場に形式上は位置する，朝鮮族のマスメディアによるとりあげられ方に着目する。

　朝鮮族が新聞にとりあげられるのは，第一に北朝鮮と関係するマクロな地域の政治経済的文脈である。朝鮮族は，中国という国家でも，コリアンネスという民族性でもなく，日本社会にとっては「北朝鮮」と関わりのある存在として強く表象されている。こうした表象においては，朝鮮族に属する個々の生身の人間が直視されることはない。また中国あるいは韓国といった隣人国家の一員とも，在日韓国・朝鮮人と繋がる民族共同体とも異質な存在である。朝鮮族の表象は，日本にとって絶対的他者である北朝鮮との関係でしか像を結ばない。朝鮮族がとりあげられる第二の文脈は，「中国における少数民族」あるいは「在日外国人」という認識枠組（多くの場合それは犯罪と結びつく）だが，いずれも中国社会や日本社会の周縁部に位置づけられる存在である。このように日本における朝鮮族は，コリアンというエスニシティの議論の延長でも，中国というナショナリティの延長においても位置づけられることはなく，外部性，下位性，周縁性をもつ何かとしてしか眼差されない存在としてある。権論文は，朝鮮族に対するこのような表象が，東アジアの20世紀を規定してきた大きな地域力学の反映であり，民族や国家もこの力学のなかの一変数でしかないことを鋭く示唆しているのである。

はじめに

　第二部冒頭の第5章（李洪章）が，日本における朝鮮籍在日韓国・朝鮮人の視点から民族・国家意識をとらえ返そうとしたのに対して，近年の韓国社会にあらわれた在日朝鮮人認識を通して，祖国と同胞について鋭い考察を行ったのが第4章（趙慶喜）である。日本社会以上に，韓国社会において在日韓国・朝鮮人という存在はときに暴力的排斥の対象であり，ときに政治的利用可能な資源でありつづけた。しかしながら「在日朝鮮人」が「朝総連の人びと」あるいは「北朝鮮籍者」と同義であった時代から，21世紀にはいって民主化とグローバル化が進展するにつれて，在日韓国・朝鮮人をめぐる認識も変化していった。21世紀初頭の一時期は，朝鮮籍在日朝鮮人の韓国入国も日常的であったが，近年の南北緊張状態のなかでは，朝鮮籍在日朝鮮人の韓国入国も厳しく制限（禁止）されることからわかるように，彼らの存在は，依然として20世紀の冷戦構造の文脈のなかで規定されているのである。
　第4章は，このような彼らの存在を，21世紀の韓国社会を特徴づける多文化主義と（開かれた）民族主義の文脈で位置づける。多文化主義と民族主義は，単一民族国家の幻想に対する態度としては原理的には正反対のものだが，東南アジアからの出稼ぎ労働者は多文化主義の眼差しの対象となり，在日朝鮮人は民族主義による「同胞」として眼差されるというように，奇妙に両立する状況が出現している。趙論文は，こうした状況のなかで，在日朝鮮人が「同胞」「外国人」「無国籍者」という揺れ動く制度とカテゴリーによって一方で恣意的に規定され，また他方ではその混沌状況を利用して能動的に表現されていることを，韓国籍の在日朝鮮人サッカー選手で北朝鮮の代表となった鄭大世（チョンテセ）の経験をもとに説得的に提示している。
　つづく第二部が取り扱うのは，「日本における民族的共同性生成の現場」である。日本社会のなかで公権力からも社会からも総体として差別されてきた在日韓国・朝鮮人は，これに抗するためにもそのうえで自らの世界を築くためにも，彼らのあいだの連帯と共同性の創出を必要とした。しかし，それは本源的に備わっていたりあるいは上部からの指導でもたらされたりするものではなかった。そこにはさまざまな共同性と連帯の生成回路が存在していた。第二部では，この回路の現場を個別に検討することを目的としている。それは，在日韓国・朝鮮人の生活世界のなかでエスニシティとナショナリ

ティがどのように具体的に意識され語られ実践されているのかについてのモノグラフでもある。

冒頭第5章のテーマは，朝鮮籍在日朝鮮人のもつナショナリティへの態度と意識である。現代日本社会において，もっとも暴力的な排除と差別の犠牲者とされているのが，朝鮮籍在日朝鮮人だろう。「在特会」による朝鮮学校襲撃といった民間テロから，朝鮮学校への補助金打ち切りという公権力による排斥に至るまで，社会のさまざまな領域で朝鮮籍在日朝鮮人への理不尽な仕打ちは「合法」化され「正当化」されている。こうした厳しい状況のなかで，彼ら彼女らは，一方でナショナリティとエスニシティの両面で変更や弱化を迫られる一方で反発する人びとはそれらを強化本質化していこうとする。李論文は，こうした状況が生まれることを想定しながら，朝鮮籍在日朝鮮人のもつナショナリティへの態度と意識はこのような二極図式では捉えられない複雑性をもっていることを指摘する。とりわけ，朝鮮籍を選択保持する人びとのもつナショナリティ（祖国への態度）は，メディアなどで指摘されるような一枚岩的な愛国主義とはまったく異質な複雑かつ暫定的な個人的選択として立ち現れることを強調する。

李論文は，朝鮮籍を有する在日朝鮮人3・4世の若い世代の語りを分析することで，均質的と思われがちな朝鮮籍者のナショナル・アイデンティティの複雑な生成メカニズムを明らかにする。これまで，在日朝鮮人のアイデンティティは，容易にナショナル・アイデンティティと重ねられ，国家主義と結び付けて捉えられてきた。しかし李論文は，マイノリティがマジョリティからの差別と排除を受けながら生きていくうえで必要とする，集合的アイデンティティを獲得するためにネイションに「参加」する過程に着目する。そのうえで個人から国家に向けられた「下からの」アイデンティティの能動性を評価するのである。

続く第6章（孫・片田 晶）はある民族組織に関わる多様な実践を通して，「在日韓国・朝鮮人」の若者が民族という共同体に対する多種多様な帰属意識を身につけ自分たち自身の重層的アイデンティティをつくりあげていく過程を分析するものだ。そこで孫・片田が強調するのは，固定的で本源的なエスニック・アイデンティティや国家イデオロギーを媒介にしたナショナル・

アイデンティティという装置を媒介することなく，実践のなかから共同性は創発的につくられるということだ。孫・片田が調査対象とするのは，1970年代には民族原理主義の組織として，祖国民主化のための闘争を中心で担った韓学同・京都（在日韓国学生同盟京都府本部）である。従来，こうした民族組織に参加するメンバーは，「在日」社会のなかでも，本源化された民族意識をもつ人びととされてきたが，孫・片田は，こうした民族組織のなかでこそ，民族意識の多様性や葛藤，折衝あるいは個人化が流動的に進行しており，その状況のなかで，固定的民族意識とは異質な共同性が創出されていると指摘している。

とりわけ孫・片田が注目するのが，運動実践や表象に参加する人びとが日常の活動の場での試行錯誤を通じて共同性をつくりあげるプロセスである。それは，在日の歴史的経験を強調すると同時に，在日内部で生成されている多様性や差異（経済階層，政治意識，国籍，「血統」，教育背景，家族関係など）に対して，それらを理念的に均質化するのではなくそのまま受け入れようとするプロセスでもあった。孫・片田論文は，民族組織の運動実践のなかで一人一人が，「在日朝鮮人」を常に暫定的に再構築していることを強調し共同と連帯の関係を創造することによって，民族本質主義とも安易な脱構築主義や戦略的本質主義とも異なる民族の在り方を示唆しているのである。

次の第7章（橋本みゆき）が分析の対象とするのは，民族間結婚の経験である。民族間結婚の場合，社会的強者の側にたつ民族の男と弱者の立場におかれている民族に属する女とのあいだの婚姻は社会的力関係がパラレルなので，民族関係としては強者（民族的にもジェンダー的にも）の側に収れんした「安定的」夫婦関係が出現することが多い。しかし，その逆の組み合わせの場合，つまり社会的強者の側にたつ女と弱者の側の男とのあいだの婚姻は，力関係がクロスするために，より不安定で葛藤的な関係が生じることになる。橋本論文がとりあげるのは，こうした韓国・朝鮮籍男性と日本籍女性の結婚に関する事例である。

ここで問題になるのは，夫婦のあいだの関係性において，民族秩序が優先されるか（日本人マジョリティが上位にたつ），ジェンダー的位階が優先されるか（男性が主導権を握る）という民族とジェンダーの二項対立図式ではない。

橋本論文は，こうした原理的図式主義を回避して，徹頭徹尾，微細な二者間関係としての夫婦のあいだで，子ども，親兄弟，親族，友人といった具体的他者との関係性がどのように語られるかにこだわっていく。民族，国家といった想像の共同体さえも，こうした具体的他者の具体的紐帯の延長上に定位され，前者と同じレベルで語られる存在として考察される。そうすることによって，「民族」や「祖国」を互いに顔のみえる「真正性の水準」でとらえようとした。そのうえで橋本論文は，「民族」や「国家」によって統合糾合される共同体とは異なる，力動的で親密なコミュニティを構想するのである。もちろん，こうした試みのもつ危うさ（嫁に民族を強要する祖父の本源的民族性や夫に服従する構図のもつセクシズムなど）については自覚的であり，こうした危うさを乗り越える根拠は何かについての示唆も提示されている。

後に続く第8章（山本崇記）もまた現代日本社会において民族（共同）性が生成される現場の解明を目指している。民族性の生成現場としては，これまで民族運動体や家庭といった現場をみてきたが，山本論文が着目するのは社会的活動実践であり，そのなかで生成される民族共同性を解き明かそうと試みる。ここでとりあげられる実践は，不法占拠という実践だ。日本の敗戦後，日本社会にとどまった朝鮮人は，徴用された先や日本人が住みついていない土地（多くは公有地）にバラックをたてて自らの生活の拠点を築きあげていった。社会的には「不法占拠」とみなされる実践によって，日本社会には多くの朝鮮人集落がつくられていく。そのなかには軍用飛行場の建設のために強制労働させられた朝鮮人が，敗戦後，すぐにその土地の飯場を拠点に朝鮮人街（不法占拠地区）をつくったウトロ地区（宇治市）や中村地区（伊丹市）のように今日のメディアでも頻繁にとりあげられる場もある。

山本論文が目を向けたのは，京都市東九条40番地と川崎市幸区戸出町4丁目である。日本の底辺社会史が交錯するこうした場には，高度成長期には在日朝鮮人に加えて被差別部落出身者などの日本人貧困層も多数流れ込んできた。不法占拠地区の住人は，隣接地区などからの差別や，公権力の不作為（住民サービスやインフラ整備のネグレクト）や暴力（スラム・クリアランス）などに抗して，そこに住み続ける実践のなかで共同性と連帯を創造してきた。山本論文は，こうした「底辺地区」において住みつづける（居座る）という

はじめに

実践の積み重ねのなかで民族（共同）性が形をなしてきたことを明らかにするのである。

最後の第三部の舞台は韓国社会である。コリアン・ディアスポラたちにとって「故郷」である韓国社会のなかで，中国・朝鮮族や在日朝鮮人はいったい「誰」なのだろうか？　第三部は，「韓国における「在外同胞」と民族意識」をテーマにこの問いに答えようとする4本の論文からなる。

冒頭の第9章（佐藤暁人）の関心は，21世紀の韓国社会の多文化化にさまざまな意味で大きなインパクトを与えた在外同胞法に向けられる。たしかに韓国社会は外国籍住民の観点からみると，この20年のあいだに，大きく様相を変えてきている。2010年の外国籍住民の数は，総人口の2.35％と，国境を越えた人口移動が急激に進行している欧米社会に比べると，まだ社会構成員の国際化はそれほどでもないようにも思える。しかしながら，1990年に比べると，この数字はじつに23.6倍の膨張ぶりなのである。こうした激変の時期に制定されたのが，在外同胞法（在外同胞の出入国と法的地位に関する法律）である。

しかし韓民族の血統保有者に限定して優先的在留許可が与えられる点や，社会主義圏からの同胞移民は除外されるといった点が問題になり，韓国社会に大きな論争を呼び起こした。とりわけ，2001年に憲法裁判所が在外同胞法を違憲と判断してからは，この法律が人種差別法に該当するのかどうかについて激しく争われた。この法律をめぐる論争と制度政策の変遷は，「同胞」とは誰か，なぜ「同胞」には特別な措置が認められるのか，血統とイデオロギー（政治体制）のあいだの関係はどのようなものか，といった現代世界の移民をめぐる議論と深く絡み合うものであった。本論文は，韓国におけるこうした問題を考察する制度的枠組みについて真正面からとりあげたものだ。

続く第10章（金泰植(キンテシ)）がとりあげるのは，韓国における在日朝鮮人表象の形成である。在日朝鮮人に対する表象が集合的に登場するのは，朴正熙政権時代に推進された国民の記憶作り事業の過程で製作された大衆娯楽映画だった。韓国映画のなかに在日朝鮮人が登場する頻度は，1960年代後半に急増し1970年代半ばまでという朴正熙独裁体制の完成の時期と符合する。

金論文では，この時期に製作された在日朝鮮人が登場する映画のなかか

xv

ら、離散家族とスパイ映画の結合という当時の在日朝鮮人が登場する映画の代表的なプロットが込められた『EXPO70 東京作戦』などが分析の俎上にのせられる。権赫泰(クォンヒョッテ)によると、韓国社会における在日朝鮮人は、「アカ」「半チョッパリ」「成金」という三種類の人間としてイメージされてきたという。この時期の映画も、基本的にはこうした韓国社会に植え付けられたイメージのうえにつくられた。たとえば、映画の中で在日朝鮮人は定型的な日本イメージ(着物を着たり日本刀を飾ったり)で描かれる。次に在日朝鮮人は「主敵」である「北」の手先として表象される。そして在日朝鮮人の女性(絶対的他者であり弱者)が韓国人男性によって救われることで韓国(母なる国家)への包摂が完了する形で完結する。

　こうしたプロパガンダ的娯楽映画における在日朝鮮人表象は、たしかに、強者であり正義である側が、弱者の不正義を正し再包摂する文脈でつくられたものだが、金論文は、こうした国家が統制する表象のなかに、韓国社会の秩序構造だけでなく、それを支えてきた近代的な民族や国家という枠組までも揺るがせる潜在的契機が内在していることを強調する点に独自の意義がある。たとえば、在日朝鮮人を「北」の手先として絶対的に他者化する一方で、同じ民族(同胞)として包摂しようとすることは、原理的には両立しないはずだ。しかし在日朝鮮人の表象過程では、こうした矛盾が内包され蓄積されており、その爆発によって表象の枠組みや基本秩序そのものが変動する可能性を秘めているというのである。

　次の第11章(金成姫(キムソンヒ))が取り上げるのは、在日同胞母国訪問事業である。この事業は、1975年から2002年まで日本の在日本大韓民国民団と韓国の海外同胞母国訪問後援会が、朝鮮籍在日朝鮮人を対象に実施した韓国招請事業のことだ。

　この事業が開始された当時、韓国は、朴正熙(パクチョンヒ)大統領のもとで強権的な反共開発独裁体制を構築していた。この時代まで、韓国政府の朝鮮籍在日朝鮮人に対する見方は「北朝鮮国籍者／共産主義者」で一貫しており、彼らの入国のみならず接触・交流を厳しく規制していた。しかし1975年9月の秋夕を前に、朴大統領は「人道主義」精神により1,600人の在日朝鮮人の入国を許可し、彼らの理念や思想は問わないと宣言したのである。金論文は、韓国社

はじめに

会と在日朝鮮人社会に大きな波紋をなげかけたこの事業とは何かを問うことを通して，複雑かつ容易に政治化される人道主義の本質について考察を試みるものだ。それは，在日朝鮮人に対し「在日僑胞(チェイルキョッポ)」，「在日同胞(チェイルトンポ)」，「朝總聯系在日同胞(チョチョンリョンゲチェイルトンポ)」といった多様な呼称を用いてきた韓国社会にとって「同胞」とは誰かを問い詰める契機でもあった。1975年に始まった母国訪問事業においては，こうした複数の呼称を統一して，朝鮮籍者に対して「朝總聯系在日同胞」という特別な同胞名が付与された。

分断された家族・親族の再会という普遍的な善行は，普遍的な人道主義の名のもとで行われたが，「北朝鮮国籍者／共産主義者」を前提にした「朝總聯系在日同胞」という呼称からわかるように，この普遍的人道主義は，北支持者を「在日同胞」として「包摂」し，できうることならば韓国社会の「自由」と接することで，反共的な国民意識を身につけ韓国籍を取得するように働きかけたいという政治的思惑が背後にあったことは明らかだろう。本論は，こうした現代世界にも氾濫する普遍的人道主義のもつ危うさの一例を的確に指摘しているのだが，それと同時に，その隙間において政治的仕掛けを受容して交流を巧みに創造してきた側の可能性にも目を向けている。

在韓朝鮮族をとりあげる最後の第12章（朴佑(パクウー)）の基本的問題意識は，国家アイデンティティ（中国人民の一員として）と民族アイデンティティ（朝鮮族共同体の一員として）という二分法的枠組から超克しようとする明快な意志にある。そのための対象として，38万人の在韓朝鮮族（正規滞在者）のなかから，本国と韓国で対照的な社会的ポジションを占めている労働者層と留学生層の二つの集団をとりあげ，量的調査と質的分析をおこなった。その過程で，明らかになったのは，相異なる集団を超えて現れる民族性の道具化である。つまり，ナショナリティとエスニシティを基盤にしながら，ある状況におけるアイデンティティを決定するものは，経済的利益を中核とする個人あるいは集団の判断だというのである。本論文ではそれを道具的民族主義と呼んで興味深い分析を示している。たとえば，韓国に移住した場合に稼ぐことができる収入は，中国に残った場合に得ることができる収入のじつに6.6倍となる。こうした状況では，朝鮮族は，エスニックな同一性に加えて，故国でさえも韓国と考えるようになる。そこには，政治原理やイデオロギーあるいは，

ほかの本源的要素の関係する余地はないほど，経済的利得によって民族性が析出されるというのである。

そもそも中国朝鮮族の多くは，本籍が北朝鮮の側にあり，かつては北朝鮮を「故国」と認識するような公教育を受けたにも関わらず，今日では「北朝鮮志向」を捨て去り「韓国偏重」へと劇的な変化を示している。このような変化を起こした要因を朴論文は，経済的インセンティブとして説得的に提示している。たしかに道具的エスニシティを強調することは，エスニシティの複雑で変化する性質を見逃す恐れもあるものの，これまでコリアン・アイデンティティの議論を支配してきた，民族・国家をめぐる正反両論（本質論・脱構築論）のもつ弱点を鋭く簡潔に指摘しているといえるだろう。

最後にこの論文集の成り立ちについて説明しておこう。

この本は，これからのコリアン・スタディーズを担う次世代研究者 12 名の共同研究の成果である。国籍，民族，居住地，家族背景それに信条も互いに異なる執筆者たちは，2008 年から，ソウル大学と京都大学を拠点に相互の観点をつき合わせ，異質性と多様性を衝突，批判，妥協，折衝させるなかで，問題意識を共有し，同じテーマに挑む研究者としての絆を深めてきた。日本，韓国・朝鮮，中国社会が，相互に絡み合う興味深い共同研究が可能になったのは，2008 年に採択された京都大学グローバル COE プログラム（代表　落合恵美子教授）「親密圏と公共圏の再編成をめざすアジア拠点」の次世代共同研究支援を受けることができたからだ。このプログラムを利用して，本書の執筆者である李洪章さんがソウル大学大学院（社会学）に留学し，本書の共同編者である鄭根埴教授の指導を受けるようになって，ソウル大と京都大を中心とする次世代研究者が共同研究会を組織し，2009 年には京都大学で，翌 2010 年にはソウル大学で研究報告会とワークショップを自分たちの手で開催した。本書を構成する各論文は，このときの報告会で討議の材料となったワーキングペーパーをもとにしている。

本書の刊行を可能にした，京都大学グローバル COE プログラムならびにソウル大学社会学科のみなさまに心から感謝します。

序章

コリアン・ディアスポラの形成と再編成

鄭　根埴
チョン　グンシク

1　ディアスポラとは

　20世紀後半の世界的な冷戦脱却とグローバル化に連動した人の国際移動は，ディアスポラに対する学問的関心を大きく増大させた。多国籍金融資本の支配と共に拡大した労働力の国際的移動，国際結婚と政治的難民の増加，国民国家の再編成は，現在の移民問題だけでなく，過去の植民地支配に起因するディアスポラと冷戦構造化で生じたディアスポラに対する，新たな見方を求めることになった。混淆性と異質性を重要な特質とするディアスポラ研究 (Hall 1990) は，一方では民族／国民とナショナリズムに対する批判的検討を促進し，他方ではグローバル化がもたらすヘゲモニー化や同質化だけでなくこれとは逆の側面にも同時に着目するようになった (Braziel and Mannur 2003: 7)。

　ディアスポラという概念は，「遠く離れた場所で種を撒く」というギリシャ語を語源とする，遠隔地移動を意味する用語であり，また，バビロン捕虜生活の際のユダヤ人の歴史的な経験を表す，一つの民族が集団的な移住を経験し味わった苦痛，それによる集団的な傷跡と母国に対する渇望といった社会心理的現象を指す用語でもある。ディアスポラという概念を広めたサフラン (Safran 1991) は，これを「外国に追放された少数者共同体 expatriate minority communities」と定義し，その特徴を，①元の居住地から二つまた

1

はそれ以上の外国への移住および分散,②母国に対する集合的記憶や神話の共有,③居住国社会に完全には受容されないという疎外意識,④母国を理想的な故郷と考え,いつか帰らなければならないと考えるような帰還意識,⑤母国の安定と繁栄のために集団的に貢献しなければならないという信念,⑥母国との多様な形態の相互作用,の六つの要素で規定した。彼の理論はユダヤ人の経験に基礎を置いたモデルであり,その後何人もの研究者によって補完されたり修正されたりした。

また,R. コーエン (Cohen 1997) は,ディアスポラ概念をより拡張させて帝国主義的経験と連結させようと試み,K. Tololyan (Tololyan 1991) は,ディアスポラとは「ある時はユダヤ人,ギリシャ人,アルメニア人の分散を指したが,今では移住民,国外に追放された難民,招聘労働者,亡命者共同体,少数民族共同体のような語も含む広い意味」を持つものとしてとらえた。

古代の大規模移住の後,15世紀末から始まったヨーロッパ世界の外部への膨張は近代世界の形成において重要な意味を持っている。18世紀以降の世界的な移住は,アフリカ住民の奴隷化と「新大陸」への強制移住,産業革命と帝国主義による「植民」現象として現れた。中国や日本,そして朝鮮半島などの東アジアにおいてもこれと類似する現象[1]が現れた。

東アジアのディアスポラを考えてみると,域外移住と域内移住に区分することができるが[2],ここには「華僑」や「華人」と呼ばれる中国系移住者,「在日」や「朝鮮族」と呼ばれるコリアン移住者,そして「帝国の膨張」期に植民地や北米や南米に移住した「日系」移民が含まれる。かれらは多くの場合,移住の時期と動機,出身地の国籍の有無,移住地での法的社会的な地位にしたがって異なる呼称が与えられている。しかし,正確な区分方式やアイデンティティはきわめて複雑である。たとえば中国人の国際移住は12世紀から展開され,その全盛期は19世紀中盤から20世紀中盤と言えるが,

---

1) 訳者注:他に重要なディアスポラ研究としてクリフォード (Clifford 1994) が存在し,この文の中で彼はディアスポラを特定集団に限定されるものではなく,程度の差はあるものの20世紀後半のほぼ全ての社会に存在するものと見た。またクリフォードはディアスポラを排斥や苦難,抵抗や脱植民地主義 (emergent postcolonialism) の観点から見ることの重要性を説いた。詳しくは James Clifford, 1994. "Diasporas," *Cultural Anthropology* 9(3): 302-338 を参照のこと。
2) これに関する試論としては陳,小林 (2011) がある。

一般的に海外に永住する中国公民は「華僑」、海外に永住する中国公民ではない中国系の人びとは「華人」として概念化されている。しかし「華僑」と「華人」を明確に区分することは難しい。ここに台湾や香港居住民まで加えれば、その複雑さはさらに増すだろう。かれらを「中国人ディアスポラ」と呼ぶ場合もあるが (Wang and Wang 1998; 陳 2001)、華僑や華人すべてにディアスポラという用語を適用できるのかに関しては賛否両論がある。

　近代の日本人海外移民は主に「日系」という範疇で扱われてきた。しかし、日系移民をディアスポラという概念でとらえる研究は多くない。かれらにディアスポラという概念を積極的に適用した研究としては、足立伸子 (2008) が編集し出版した著作がある。しかし、沖縄住民が味わった海外移住と苦難の経験をディアスポラとしてとらえることは相対的に異議が提起される可能性が少ない反面、日本人の植民地への移住をディアスポラという概念でとらえることが適切なのかに関しては十分な合意がない。これはおそらく、ディアスポラという概念が、近代植民地主義の暗い側面を照射し、かれらの「苦難」を理解するための文脈から使用されているためだろう。

　我々がコリアン・ディアスポラに関して議論する場合、離散の時期と範囲を同時に考慮しなければならない。離散の主体は時期と範囲にしたがって規定されるためである。「韓国人」や「コリアン (韓人)」は、英語で表記する場合はともに Korean であるが、「韓国人」と「コリアン (韓人)」の意味は異なる。「韓国人」が国籍表示を含蓄している概念であるならば、「コリアン (韓人)」は国籍表示とは無関係に、民族やエスニック (ethnic) な次元で定義される。しかし、「コリアン (韓人)」という語が脈絡によっては韓国国籍ではない人びとを指す場合もあるし、国籍の有無に関係なく全ての人びとを包括する場合もある。二つの概念の差異は、韓国の植民地経験、すなわち国家の主権や領土を喪失した状況によって生じる場合もあるし、1945 年以降の南韓と北韓の分断によって規定される場合もある。また、南韓と北韓を、正式国家名称に従って韓国 (大韓民国) と朝鮮 (朝鮮民主主義人民共和国) と呼ぶ場合もしばしばあるため、分析の焦点となる対象の正確な定義と意味、そしてそれが使用される文脈に注意しなければならない。

　韓国において海外の韓国人やコリアン (「韓人」; 以下「コリアン」) を指し示

す語は主に「僑胞」や「同胞」であった。これは，植民地支配下で形成された血統的民族主義の産物であると言える。韓国で使用される「民族主義」という用語は，「国民主義」や「国家主義」と明らかに異なる意味を持つ点を強調する必要がある。二つの用語は全て「ナショナリズム」と訳されるが，植民地主義的な経験や1945年以降の南北分断は，ナショナリズムという用語を二重の意味を持つものに作り替えた。韓国の民族主義は，主権の喪失や分断により理想的な形態の民族国家がいまだ完成されていないという認識に基礎を置く一方で，国民主義や国家主義は分断以降の南韓の国家権力を擁護し，これを中心として思考する態度を意味する。

植民地支配下で朝鮮人は，公式的には日本という国籍を付与されていたが，自身を日本人と考える朝鮮人はほとんどいなかったように，分断韓国で「外国」の境界は曖昧であるために，ディアスポラの範囲も曖昧になっている側面がある。南韓においては北韓の住民は国民の範囲から抜けているが，外国人とはみなされない。北韓における南韓住民に対する認識も類似している。朝鮮半島で持続する分断と世界的な冷戦は海外に居住する韓人に対する規定や認識を，抽象的民族主義の地平に縛り付けた。韓国人は，日本であれ中国であれ，海外に居住する韓人を全て「僑胞」や「同胞」と呼んだ。

ポスト冷戦が進行した1990年代から旧ソ連や中国等の社会主義圏に暮らし，長い間忘れられていた韓人との相互往来と交流が可能となり，このような抽象的民族主義は挑戦を受け始めることになった。特に中国に居住する韓人は当初「在中同胞」と呼称されたが，その後「中国朝鮮族」に変わった。「在日同胞」に対する関心も具体化した。韓国籍の在日韓国人と「朝鮮籍」や「日本国籍を取得した韓人」のように，「在日韓国人」の構成やアイデンティティが非常に複雑であることを理解し始めた。これは「海外韓人」の多様性と異質性を認識したことを意味する。このような状況の変化と共にかれらが経験した歴史的「苦難」や「苦境」に注目しながら，ディアスポラという概念が活用されるようになったのである（チョン・グンシク，ヨム・ミギョン 2000）。

コリアン・ディアスポラは，中国，ロシア沿海州，日本，サハリン，そして中央アジアなど，1945年以前に海外へ移住し，現在まで「故国」に帰れ

ず他国で生きている韓人を指し，多くの場合，20世紀序盤にハワイや中南米へ移住した韓人も含まれた。かれらの多くは，極度の貧困や植民地支配によって「自発的」にではなく，「やむを得ず」移住したのであり，また，帰還を願ったが解放後新たに生じた冷戦の「障壁」により帰還することが困難であった集団としてみなすことができる。したがって，ディアスポラ韓人に関する研究は，かれらが集団として受けた傷跡とそれを作り出した構造的権力の正体と責任を詳しく明らかにすることが重要となる（パク・ミョンギュ 2004）。一部の研究者は，1965年の米国の移民法改正後に米国に移住した韓国人までをもディアスポラに含めて議論する（ユン・インジン 2003）。広い意味でのディアスポラ韓人は，1960年代以降，韓国の政府政策と個人の自由意思によって海外に移住した移民まで含んでいる。

結局，ディアスポラ研究において「韓人」と「韓国人」は離散の時期，韓国国籍の有無に従って区分される用語である。文字通り「韓人」は，国籍に関係なく全ての韓国系人口を含み，「韓国人」はより厳密に，韓国国籍を持つ人びとを指し示すものだが，ディアスポラ研究の脈絡においては，「韓人」は韓国国籍を持たない，すなわち1945年以前に韓国を離れた後，韓国に「帰れない」人びとを指すという意味で，歴史的でありながらも同時に想像的な集団なのである。

コリアン・ディアスポラ研究をめぐるもう一つの困難は，1945年以降，韓国が南韓と北韓に分かれてしまった分断国家に起因する。「韓国人」という用語が南北韓の住民全てを呼称するものなのか，あるいは南韓国民だけを指すのか，北韓住民は韓国人なのか外国人なのか，その定義は曖昧である。このような曖昧さは，日本に居住する在日韓国人にも現れる。「在日僑胞」は韓国籍を持つ韓国人と朝鮮籍を持つ朝鮮人全てを指し示すものだが，特に日本と北韓とのあいだに国交がない状況で，「朝鮮籍」住民は日本と韓国，そして北韓のあいだに存在する政治的論争の種であるだけではなく，「現在の分断韓国」と「未来の統一韓国」，あるいは現実と観念のあいだに存在する理念的論争の種でもある。

このようにコリアン・ディアスポラは，植民地主義，冷戦と分断，ポスト冷戦とグローバル化という近代史の三重の波によって規定される。それぞれ

の時期は，民族的離散を作り出す時間的構造のなかにあり，以前に発生した離散を再編成する歴史的な契機でもある。植民地化以前に発生した離散は「帝国の領域」から構成されたもので，植民地支配下で発生した離散あるいは，冷戦や韓半島の分断を経て，それは再編成されたのである。

2　植民地主義と近代の「離散」

　韓国社会における民族離散の歴史は古い。7世紀に発生した高句麗や百済の滅亡による戦争捕虜がたびたび歴史ドラマで再現されたり，16，17世紀の朝鮮と日本の戦争，または朝鮮と清の間の戦争で発生した朝鮮人戦争捕虜もしばしば，歴史研究や時代劇のなかでとり扱われる。しかしかれらがディアスポラというプリズムを通して把握されることはない。
　朝鮮人の近代的離散は1860年代から始まった。当時の朝鮮の自然災害と農村経済の疲弊によって貧困であった農民が鴨緑江と豆満江を越えて「満洲」へ移住を始め，かれらが移住した地域は「間島」と命名された。当時の「満洲」地域は，清王朝の発祥の地として「封禁」政策の対象となった地域であった。1880年代に至っては，朝鮮農民の移住地域は沿海州にまで及び，移住民の規模も拡大した。日清戦争後に事実上封禁政策が解除され，中国人の移住が増加し，また，ロシア人も鉄道を建設し始めた。このため，間島や沿海州地域では清と朝鮮，又はロシアと朝鮮のあいだに農民の土地所有権と共にかれらに対する管理権が外交的な焦点になることがあった。このような点から，コリアン・ディアスポラの初期の歴史は，事実上日本の朝鮮侵略以前に始まったと言える。1902年にはハワイへの移民も始まったが，それ以降移住地域はハワイを越えて米国やメキシコ，キューバ等の地へと拡大していった。
　植民地期に発生した離散は，帝国内離散と帝国外離散に区分される。帝国内離散は主に経済的要因によるものであり，帝国外離散は政治的要因によるものである可能性が高い。1904年に発生した日露戦争以降，朝鮮人の「満洲」および沿海州地域への移住は徐々に経済的要因ではなく政治的要因の影響を

受けるようになっていった。日本の朝鮮併合を契機としてこの地域への移住はますます増加し,「満洲」は朝鮮独立運動の本拠地となった。1917年に発生したロシア革命は,沿海州地域に移住した朝鮮人どうしの階級的,理念的葛藤の契機にもなった。早い時期に移住した朝鮮農民は,ロシア国籍とともに土地を所有する階級となったのに対し,遅れて移住した朝鮮農民は朝鮮人やロシア人地主の土地を耕作する小作農となり,かれらは革命期に互いに対立する関係となった。このような対立は1921年にいわゆる自由市事変(黒河事変)を生んだ。

　20世紀初頭になると,朝鮮人の日本への移住も増加し始めた。「満洲」地域とは異なり,日本への移住は経済的な要因のみならず,留学など教育的な要因が作用したが,下層出身の移住者は主に関西地方の労働市場に編入された。かれらの大量移住は,朝鮮米の日本へのさらなる移出を必要とさせた。日本に居住した朝鮮人が受けた最も大きな試練は,1923年の関東大震災である。日本人の社会的恐怖は,異邦人であり少数者であった朝鮮人に対する攻撃へと転化され,数千名の朝鮮人移住者が犠牲となった。

　1931年の日本による「満洲」侵略以降,体系的な植民地政策が施行され,「満洲」に移住する日本人と朝鮮人が急増した。かれらの移住は植民地国家権力による動員と自発的選択による移動という二つの側面を同時に持っていた。1932年の統計によれば,南「満洲」地域に約47万名,北「満洲」地域に約2万名,合計50万名に達する規模の朝鮮人が「満洲」地域に住んでいた。この時期には,コリアン・ディアスポラにとっての第二の悲劇的事件,万宝山事件が発生した。長春郊外に位置する萬寶山での中国人と朝鮮人のあいだの競争と葛藤は,誤った言論報道も重なり,朝鮮内の中国人労働者虐殺事件へと繋がった。しかしながら,1930年代後半からは「開拓」を掲げる集団移住政策が施行され,「満洲」の朝鮮人人口は急増し,1945年に200万名に達する朝鮮人がこの地域に居住することになった。

　植民地時期のコリアン・ディアスポラの歴史における第三の悲劇的事件は,スターリンによる沿海州韓人の中央アジアへの強制移住だった。ソ連は日中戦争が勃発すると,日本との関係悪化に備えるために沿海州の朝鮮人をかれらの母国や故郷から隔離しようとした。ソ連は,沿海州韓人社会の指導

者を処刑し，朝鮮人を中央アジアへ移住させた。かれらは今日のウズベキスタンとカザフスタン地域に定着し，新しく農地を開拓しながら暮らさなければならなかった。

　このように，戦争はディアスポラにとって最大の危機となる。戦争が発生すれば，少数者は潜在的な敵とみなされやすい。出身国と居住国が敵対する場合，かれらは追放や監視の対象となる。第二次世界大戦で米国に居住していた日本人の経験，朝鮮に居住していた外国人の追放はこれに該当する。日本は戦時体制下で多数の朝鮮人をサハリン，南洋群島を含む日本全域の炭鉱や工場，工事現場に動員した。1945年，沖縄戦や広島および長崎に投下された原爆により多くの朝鮮人が犠牲となったが，かれらの大部分は太平洋戦争中に強制的に動員された人びとであった。

3　冷戦による分断とディアスポラ

　第二次世界大戦の終結は，植民地主義下で進行した離散の部分的帰還と再編成の契機となった。日本本土の外に移住していた日本人が，終戦に伴い日本に「引揚げ」たのと同様に，日本や「満洲」，中国，その他の様々な地域に離散していた朝鮮人の多数が朝鮮に帰還した。しかし，この時期にサハリンや中央アジア等，ソ連占領地域の韓人は帰還することができなかった。中央アジアの韓人には，韓国から移住してかなりの時間が過ぎていたために，第二次世界大戦の終結と共に故国や故郷に帰らなければならないという意識がほとんどなかった。一部エリート集団のみが北韓地域を占領したソ連軍に従って北韓に行き，社会主義体制の確立のための活動に参加した。1930年代後半から45年にかけて朝鮮の南部地域からサハリンに動員され労働に従事した朝鮮人は，日本に帰還した日本人とは異なる運命を辿った。南部サハリンをソ連が実効支配するのに伴い，日本人は大部分日本へと帰還したが，韓人は故郷に帰ることが許されず，ソ連の公民や無国籍者として残るしかなかった。

　韓国の分断と朝鮮戦争，そしてその後も維持された冷戦構造を，ディアス

ポラの文脈から見たときに，われわれは三つの異なる次元の問題を想起することができる。第一に，日本「帝国」の崩壊と世界的冷戦は，過去のディアスポラを再編成した。その結果，日本帝国域内移住および強制動員された朝鮮人と，帝国外部へ移住した人びととの運命に差異が生じることになった。日本や「満洲」を含む中国にいた朝鮮人は多くが故郷に帰還したが，生活上の理由で現地に残留した者も多く，かれらはそれぞれ中国朝鮮族と「在日僑胞」となった。中国の場合，朝鮮族は1945年から49年にかけての中国革命期に大きな役割を果たし，延辺には朝鮮族自治州が樹立された。

他方，「帝国」の外部に移住した人びと，特にソ連地域に移住した朝鮮人の韓国への帰還は特に困難であった。かれらは，韓国と遠く離れた遠隔地の移住者であっただけでなく，移住の時期，あるいは世代交代によって現地化が進行していたことにより，大部分がソ連の公民となった。1945年以降のソ連の膨張過程においては，かれらの一部は社会主義の伝道師となり，北韓とサハリンで活動するようになった。

第二に，分断と朝鮮戦争が離散家族問題に及ぼした影響は非常に大きかった。南北韓の分断は，海外で解放された人びとの帰還に影響を及ぼし，多数の新しい南北離散家族を作りだした。これに加えて，朝鮮戦争は南北韓の離散家族を含む全ての住民の関係を敵対する国民関係へと作り替え，これが長い間持続する緊張の構造的要因として作用した。朝鮮戦争は，南北韓間の内戦であるだけでなく，米国をはじめとする連合軍と中国の志願軍とのあいだで繰り広げられた国際戦でもあった。北韓の国家形成と中国の朝鮮戦争参戦は，「満洲」地域の朝鮮人と北韓の公民のあいだの境界を曖昧にした。「満洲」地域の朝鮮人は，朝鮮戦争を通じて南韓国民と潜在的に対立する状況に置かれることになった。

朝鮮戦争は，数多くの避難民，捕虜，遺族を生んだだけでなく，「戦線」という境界の変動に伴って多くの地理的・政治的越境者を作り上げた。敵対する体制からの越境は，きわめて政治的な，生命を担保とする「危険行為」として，自発的な意志によるものとは区別すべき，強制的命令によるものとみなされた。また，戦争中の越境は，常に家族単位で進行したわけではなかったので，「離散家族」を生み出すことになった（カン・ジョング，1992）。越境

者は政治的な存在としてみなされたのであり，それ以降の生政治[3]の焦点となった。南北韓の実質的境界は，朝鮮戦争勃発前の北緯38度線から「休戦ライン」へと変わった。この過去の境界と新しい境界の間に居住する住民は，自由を掲げる資本主義と平等を掲げる社会主義の両方を経験したのであり，分断体制下で特別な意味を持つ存在となった（ハンモニカ 2010）。

ディアスポラの再編成という脈絡から見れば，戦争捕虜問題もまた，非常に重要な意味を持っている。捕虜の返還交渉において，個別的選択と強制送還というそれぞれの原則が互いに対立する様子は，それ自体が非常に深い葛藤の源泉であっただけでなく，新しい離散の出発点にもなっていた。捕虜問題は南北韓だけでなく中国と台湾の関係にも影響を及ぼした。「抗美（米）援助」という名分で参戦した中国軍捕虜の相当数が「反共捕虜」となって台湾に帰還したからである。

離散は，南北間にとどまらない国際的な問題であり，南韓社会内部における問題でもあった。戦争を通じ，家族構成員の離散と解体は国内でも進行した。南韓内の離散家族問題は，劣悪な貧困と交通通信網の未整備のため潜在化したままであったが，1980年代にテレビというマスメディアによって初めて公にされた。1983年2月「1,000万離散家族再会推進委員会」が結成され，同年6月30日に韓国放送公社（KBS）は「1,000万離散家族探し」という番組を制作した。この特別番組は138日間，総453時間放映され，これを通じて1万件以上の離散家族の再会が達成された（大韓赤十字社 2005）。離散の問題は，この時から人道主義的によって語られ始めたのであり，南北離散家族再会問題へと転換されたのである。また，1985年5月にソウルで開かれた第8次南北赤十字会談において，故郷訪問団と芸術公演団の交換訪問を推進することが合意され，9月に故郷訪問団50名ずつ計100名が，ソウルと平壌のそれぞれにおいて家族再会と公演の機会を得た。

第三に，分断と朝鮮戦争を経て再編成されたコリアン・ディアスポラは，

---

3) 訳者注：ここで言う生政治とはミシェル・フーコーが用いた生政治の概念をアガムベンが批判発展させた概念である。アガムベンは生政治が一切の権利を剥奪された人間のあり方である剥き出しの生を標的にしていると述べ，筆者は剥き出しの生が問題となる例外状態の常態化が解放から冷戦期における韓国の社会統制の特徴の一つとして見ている。詳しくはチョン・グンシク編（2011）『（脱）冷戦と韓国の民主主義』ソンイン出版を参照のこと。

狭義には南北間，広義には東西間の冷戦により，およそ30年ものあいだ，身動きの取れない状況に置かれることになった。南北韓間，そして自由陣営と共産陣営間の自由な通信と交通が遮断され，南北韓「1,000万離散家族」と海外の韓人は，家族共同体と国家という政治共同体のあいだの乖離と相克を経験した。かれらを上から束縛していた国家保安法のような法律は，離散家族間の交通と通信までをも禁止した。それだけでなく，分断体制は南北間の離散家族を特別な位置にいる集団とみなし，しばしば国家権力はかれらを敵対的競争の資源として活用した。しかし，かれらは基本的には非政治的な文脈における「失郷民」とみなされ，かれらの苦痛は「民族的哀歓」を象徴するものとなった。

　冷戦分断期に海外のコリアン・ディアスポラが経験した最も大きな苦痛は，「在日」韓人に転嫁された。植民地支配下で日本に移住した朝鮮人は200万名に達したが，解放直後に相当数が韓国に帰国し約60〜70万名が日本に残留した。在日朝鮮人はサンフランシスコ講和条約発効を機に1952年に日本国籍を剥奪され，外国人としてみなされることになった。朝鮮半島と日本のあいだに発生した政治的緊張はかれらに転嫁され，さらには南北韓体制競争もかれらに大きな苦痛を与えた（Ryang and Lie 2009）。1959年に始まった「帰国事業」は，在日朝鮮人の中で北韓への帰国を希望する人びとを対象にして行われたが，これをめぐって朝鮮半島と日本の間には大きな緊張が走り，在日朝鮮人社会も非常に大きな葛藤を経験した[4]。1965年の日韓協定により，在日僑胞は新たな国民的地位を回復したが，冷戦下における権威主義と反共主義は数多くの在日韓国人を苦しめつづけた。特に1970年代の在日僑胞は韓国にとって，日本の経済成長の恩恵を受けた者として羨望の対象でありながら，同時に理念的には常に北韓と接触の可能性がある危険な集団として設定された。実際に，当時韓国に留学した在日朝鮮人学生はしばしば「捏造スパイ団事件」のスケープゴートとなった。また，民団と総連は，南北間

---

[4]　1959年から1984年までの期間に約9万人の在日朝鮮人が北韓へ移住した。これに関する体系的研究には，Tessa Morris-Suzuki（2007a）（＝田代泰子訳『北朝鮮へのエクソダス──帰国事業の影をたどる』2007）；Tessa Morris-Suzuki（2007b）（パク・ジョンシン訳『封印されたディアスポラ』2011）などがある。現在に至るまで，かれらの北韓移住を誰が主導したのかをめぐって論争が存在することに注意する必要がある。

の葛藤の代理人に位置づけられた。

4 ポスト冷戦とディアスポラの解体

　1990年代序盤に起きた世界的なポスト冷戦は，ディアスポラの歴史においても大きな転換点として位置づけられる。ドイツの統一とソ連の解体は，世界的な冷戦ディアスポラの再編成あるいは解体を促した。しかし，米国のヘゲモニーとイスラーム中東問題の同時発生的な浮上，グローバル化の進行は，ディアスポラの解体や消滅には帰結せずに，新たな民族紛争を生み，離散の性格を変化させた。交通通信技術の発展もまた，世界的なディアスポラの性格を変質させる要因として作用した。

　コリアン・ディアスポラの観点からポスト冷戦を見れば，1990年の韓国とロシアの国交樹立，1992年の韓国と中国の国交樹立が非常に大きな転換点と言える。韓国の多くの研究者が中央アジアとロシアの約40万名に達する韓人の実態に関心を持ち研究を始めたのであり，一部韓人が韓国を訪問できるようになった。約4万人に達するサハリンコリアンも新たに関心の対象となった。韓国の民間団体がサハリン移住者第1世代の帰国事業を始め，遅れて韓国政府も1世移住者に限定して永住帰国事業を実施した。このためにサハリン韓人家族内に1世と2世の離散という新たな問題が発生した。

　1992年の韓国と中国の国交樹立は韓国社会のみならず，中国朝鮮族社会にも非常に大きな影響を及ぼした（クォン・テファン編，2003）。1988年のソウルオリンピック以降に韓国は，漸次労働力輸出国から輸入国へと転換を始めたが，このような国際労働市場の構造変化と同時にポスト冷戦が起きたため，中国からの留学生と労働者が多数流入することとなった。朝鮮族は，韓国に移住した中国人の中で相当な比重を占めていた。かれらは，韓国語を使用するので，容易に労働市場に編入することができた。かれらの大部分は永住帰国者ではなく，短期滞留者資格で移住したが，移住初期の1990年代にかれらは，しばしばディアスポラの帰還としてみなされた。しかし，かれらは中国国籍を有するため，民族と国籍を区別しなければならないという認識

が韓国社会に広まっていった。延辺地域を中心とした東北3省の朝鮮族の韓国移住は主に，労働力として青年層を中心に行われ，中国に残る家族構成員は祖父母と孫世代になったため，このような一時的な家族離散が新たな社会問題として出現した。中国社会内部の都市化による朝鮮族の国内移住と，韓国への国外移住とが絡み合いながら，延辺の朝鮮族社会の解体の可能性をめぐって現在も数多くの論議が進行している[5]。かれらの移動は韓国だけでなく日本や米国などにも拡散している（権香淑 2011）。

金泳三政権（1993-1997）は「グローバル化」を重要な政策として標榜しながら，在外韓人をグローバル化の為の人的資源としてとらえ，これを活用するために在外同胞財団を組織した。韓国政府は海外韓人が500万名を上回ると推定したが（1997年），これは本国人口の10%を超える規模だという点，また，特にかれらが韓国の周辺4大国，すなわち米国，中国，日本，ロシアに分布しているという点を再認識した。韓国が「海外進出」する際に，海外に居住するコリアンが布石になると考えたのである。それに伴い，在外同胞は「コリアン民族共同体」の一員であるという視角からとらえられるようになった。イ・グァンギュとチェ・ヒョプの研究はこのような立場を代弁する。かれらの研究は，冷戦の崩壊により民族紛争が続出する中で，多民族国家である米国，旧ソ連，中国で起こりうる在外同胞の民族的な衝突を未然に防止し，ひいては民族政策を強化することで，居住国との関係においては少数民族としての地位を固めることが必要だという立場を明確にしている（イ・グァンギュ，チェ・ヒョプ1998）。このような資源論的接近は，コリアン・ディアスポラの歴史と経験の内実に迫ることを見えなくさせてしまう危険がある。

海外コリアンの法的地位は，1999年の「在外同胞の出入国と法的地位に関する法律（略称：在外同胞法）」により規定された。90年代に入り，「中国僑胞」が労働者として多数流入したことや，米国に移民として移住し市民権を獲得した人びとが韓国に対して二重国籍を認めるよう要求したことが，その法律制定の社会的背景となっている。最初の法律草案では，全ての海外同

---

5) たとえば朴（2006）の研究が挙げられる。

胞の自由往来，参政権，公職就任権を認めるなどの革新的な内容が盛り込まれていたが，中国と米国がこのような内容に反対したため，結果的には法案修正により，1948年の大韓民国政府樹立以前に出移民し，韓国国籍を取得したことがない人びとについては，法律適用対象から排除した。この法律に対しては，海外同胞を差別しているという内容の批判が提起され，2001年に憲法裁判所はこの法律に対して「憲法不合致」判決を下した。これにより，2004年に国会は，旧ソ連地域と中国居住同胞，そして日本の「朝鮮籍」同胞を同法律の適用対象に含める法律改正を行った。しかし実際の行政執行のレベルでは，中国同胞に対して外国人労働者の滞留資格基準が適用され物議を醸した。2008年からは「朝鮮籍」在日同胞が2回以上韓国を訪問する場合，韓国国籍を取得してはじめて訪問を許可するという形に政策を強化した。

南北間離散家族問題は，2000年に行われた南北首脳会談により大きな転機を迎えた。南北首脳会談は，南北間の緊張緩和，経済協力，離散家族再会事業を促した。この6・15宣言を契機として，韓国では離散家族の定義や範囲をめぐって議論が生じた。越南民[6]や拉北者[7]に限定していた既存の離散家族概念は，越北者，人民義勇軍，反共捕虜，行方不明処理された軍人やその家族を含む広義の概念に再定義しなければならないと提起されたのである。また，2000年8月15日の光復節からは，南北離散家族の「再会行事」が開始された。

離散家族問題を解決するための初歩的な措置は,生死確認から手紙の交換,映像による再会,訪問再会と第三国再会まで多様な段階がある。韓国の場合,これは当局間の合意による交流と民間次元の交流に区分されるが，これら全ては政府（統一部）の許可を必要とするものであった。1985年に当局レベルの生死確認および相互訪問が初めて行われて以降，1990年から99年までの10年間，民間レベルで交流が進められてきた。2000年から07年までは,政府レベルと民間レベルの交流が並行して展開されていたが，南北離散家族

---

6) 訳者注：越南民とは朝鮮半島の分断と戦争を背景にして北朝鮮地域から韓国へ移住し韓国市民として生活している者を指す韓国語表現。
7) 訳者注：拉北者とは北朝鮮によりその領土内に強制的に拉致されていった人びとを指す韓国語表現。自らの意思で北朝鮮に渡った人びとを越北者と呼ぶが，北朝鮮に渡った過程や動機が不明である場合も多く両者の区分は実際には容易ではない。

再会行事はこの期間に 16 回行われ，2005 年から 6 回行われた映像再会行事に参加した離散家族の中には，拉北により離散した家族が相当数含まれていた。また，訪問再会の場合は，訪北再会が訪南再会よりも圧倒的に多く，民間レベルで行われた第三国における再会もたいへん増加した。しかし，南北韓間の離散家族再会政策は一時的な再開に留まり，自由な再会は実現していないのが現状である。また，政府の許可なしに自由な訪問と交流も認められていない。

最近になっての，韓国の離散家族およびディアスポラの歴史における最も大きな変化は，北韓から脱出し南韓へ入って来た脱北者の増加である。冷戦分断期には，かれらは「帰順勇士」とみなされていたが 1990 年代中盤以降，かれらは「脱北者」あるいは「セト（新たな土地で暮らす）民」などと命名された。かれらは 2 万名を上回る規模となっているが，その多くが北韓に家族を残して来た人びとである。国際結婚を通じて韓国に入って来た女性移住者と共に，かれらは新しい形態のディアスポラ経験を持つ集団とみなされており（パク・キョンスク，2012），韓国社会での適応や社会統合，そして「統一」過程での役割等が，喫緊の重要な研究主題として浮上してきている。

5　コリアン・ディアスポラ研究の進展のために

1960 年代に「流移民史」の視角から始まった海外韓人に関する研究[8]は，1990 年代以降，各々の地域別事例研究を通じてかれらの移住地での適応と文化的アイデンティティを確認する人類学的視角によって行われるようになっている（ハン・サンボク，クォン・テファン，1992）。1990 年には在外韓人学会が結成され，機関誌を発刊し始めたが[9]，1990 年代後半からはかれらの経験が「ディアスポラ」の観点から再解釈され，地域別比較研究が試みられるようになった[10]。また，2000 年以降の海外のコリアン・ディアスポラを

---

[8]　玄（1967），高（1973）の研究を参照のこと。
[9]　在外韓人学会は最近世界韓人研究の動向と成果を整理した本（ユンほか 2011）を出版した。
[10]　ユン・インジン（2004）は，人類学分野の先行研究のほとんどが「記述的な水準」に留まる点

とらえる視角にも変化が生じた。中国や中央アジアから移住した人びとが増加したこともあるが，何よりもグローバル化による韓国資本の海外進出，「韓流」という文化商品の輸出にともなって，海外の韓人を「ディアスポラ」ではなく，経済的文化的市場としての可能性，または経済協力のパートナーなど，経済的次元で認識する見方が強くなった。中国の「華僑資本」という視点と同様，海外韓人の中で経済人を「韓商」と認識する現象はこのような変化の産物である[11]。それゆえ，現在の韓国では，700万名に及ぶ海外「コリアン」の規模と多様な居住地域の分散性が新たに注目されるようになったのである。

　南北離散家族研究は，1980年代序盤に越南家族を中心に始まり，2000年代に入ってはじめて越北家族に関する研究が開始された。越北家族研究が出遅れたのは，越南家族の存在は，韓国では親体制的な含意があるために，メディアなどにおいて相対的に多くクローズアップされるが，越北者の残留家族を意味する「越北家族」は，反体制的な含意があるためにその存在は社会的に隠蔽され，アプローチすることが難しい（チョ・ウン，2009）。キム・キオク（2004）はかつて，南北離散家族を見渡す「ポスト冷戦的視角」を提示した。彼女は，北韓で離散家族問題がどのように眼差されているかを整理し，離散家族に対する客観的かつ総合的な接近が必要であると指摘している。彼女は，離散家族の類型論に離散の時点と地域を基準として導入し，朝鮮戦争以前と戦争中，そして休戦協定後という時間的な区分を一つの軸にとり，越南者と越北者という地域性，越境の自発性と強制性をもう一つの軸とする類型分類方式を提示した。このような分類によって，離散の時間的なダイナミクスと再編成を総合的に把握することができるようになった。南北離散家族の問題も，ディアスポラ的観点から分析がなされるようになった（パク・ミョンギュ他 2011）。また最近では，脱北者のライフヒストリーの中に，植民地と戦争，冷戦，経済的な苦難などへ続く北韓の歴史的な経路が刻印されてい

を指摘しながら，一貫した理論と方法論を持って体系的に資料を収集・分析し，様々な地域に散らばる海外「コリアン」の経験を比較し，理論化するための一貫した分析枠として，ディアスポラ概念を導入する必要性を主張した。

11）全南大学校世界韓商研究団の研究はこのような観点を後押ししている。イム・チャワン（2007）；イム・チャワン他（2008）．

るという点を明らかにした研究も出ている（パク・ミョンギュ 2011）。

　海外離散と南北離散に関する研究において，研究の焦点は，ディアスポラ集団の社会適応から，かれらの多様な文化的アイデンティティを解明する方向へとシフトしている。その過程で，ディアスポラのアイデンティティは固定したものではなく与えられた環境のなかで生成・流動するものであるというモデルが浮かび上がった。彼らのアイデンティティは，最初の離散が発生した時点と居住地と故国との地理的な距離，居住国の少数者市民権政策と故国の支援政策，移住国と故国との政治経済的関係，そして移住者の密集度を含む共同体性という主体的要因等によって規定されている。

　最初の離散と現在との時間的距離は，コリアン・ディアスポラのアイデンティティを規定する重要な要因となっている。離散の歴史で第1世代と後続世代のアイデンティティには相当な差異が存在する。故郷あるいは故国に対する郷愁は，離散1世の最も大きな特徴である。しかし，2世やそれ以降の世代は，現居住国で社会化され公教育を受けるがゆえに，言語能力や歴史的感覚において，離散1世とは大きな隔たりがある。現居住国と故国間の空間的距離や隣接度は，ディアスポラ住民の距離感に相当な影響を与える。とりわけ国境が接する近接国の場合，移民集団は居住国社会および故国社会から注目の対象になりやすい。また，居住国と故国間の往来可能性や，大衆媒体を通じた意思疎通の可能性は，かれらのアイデンティティに大きな影響を及ぼすだろう。

　コリアン・ディアスポラの超国家的主体としての位置に並んで，ジェンダーによる経験の差異も新たに注目されるべき研究主題である（金富子 2007）。民族国家の境界を超越し移動する社会空間の行為者としてディアスポラを定義しようという研究は，ポストコロニアル言説を背景に登場した。植民地支配が終わった後もなお持続する「過去の影響力」を批判，克服しようとする努力から出発したこのような問題提起は，ディアスポラの位置からの周縁性を主体性へ変換させるような視点を生みだした。ディアスポラが占めるポジショナリティ，すなわち存在するが所属しておらず，所属しているが存在していないという二重性，あるいは「民族」という記号がどのように在外同胞社会内部の階級間，ジェンダー間の差異を縮小させるのか，かれら

の経験的な差異がいかにして意味ある主体として転換されるのかという問いが，研究の核心的要素として登場したのである。

• 参考文献 •

韓国語文献

강정구 2002「분단이산가족의 현황과 문제해결방향」,『한반도의 평화와 인권 1』. 사람생각. (カン・ジョング 2002「分断離散家族の現況と問題解決方向」,『韓半島の平和と人権 1』。サラムセンガク。)

강정구 1992「해방 후 월남인의 월남동기와 계급성에 관한 연구」, 한국사회학회편,『한국전쟁과 한국사회변동』. 풀빛. (カン・ジョング 1992「解放後の越南人の越南動機と階級性に関する研究」, 韓国社会学会批評,『朝鮮戦争と韓国社会平等』プルピ。)

高承濟 1973『한국해외이민사연구』서울 : 章文閣. (高承濟 1973『韓国海外移民史研究』ソウル : 章文閣。)

권태환 편 2003『중국 조선족 사회의 변화 : 1990년 이후를 중심으로』, 서울대학교 사회발전연구소. (クォン・テファン 2003『中国朝鮮族社会の変化 : 1990年以降を中心に』, ソウル大学社会発展研究所。)

권혁태 2007「재일조선인 : 안과 밖의 두 시선」,『역사비평』2007년 봄호. (クォン・ヒョクテ 2007「在日朝鮮人 : 内と外の2つの視線」,『歴史批評』2007年春号。)

김귀옥 2009「글로벌 시대 한국 이산가족의 정체성과 새로운 가능성」,『사회와 역사』81. (キム・キオク 2009「グローバル時代の韓国離散家族のアイデンティティと新しい可能性」『社会と歴史』81。)

김귀옥 2002『월남인의 생활경험과 정체성-밑으로부터의 월남민연구』서울대 출판부. (キム・キオク 2002『越南人の生活経験とアイデンティティー下からの越南民研究』ソウル大学校出版部。)

김귀옥 2004『이산가족,'반공전사'도'빨갱이'도 아닌… : 이산가족 문제를 보는 새로운 시각』역사비평사. (キム・キオク 2004『離散家族,'反共戦士'でも'アカ'でもない… : 離散家族問題を見る新しい視角』歴史批評社。)

김부자 2007「하루코-재일여성・디아스포라・젠더」,『황해문화』2007년 겨울호. (金富子 2007 "HARUKO-在日女性・ディアスポラジェンダー",『黄海文化』2007年冬号。)

김현미 2006「국제결혼의 전지구성 젠더정치학」『경제와 사회』70. (キム・ヒョンミ 2006「国際結婚のグローバル性ジェンダー政治学」『経済と社会』70。)

盧泳暾 1996「우리나라 국적법의 몇 가지 문제에 관한 고찰」『國際法學會論叢』第41卷 第2號, 大韓國際法學會, 1996.12. (盧泳暾 1996「我が国の国際法義及び幾つかの問題に関する考察」『国際法学会論叢』第41卷 第2號, 大韓國際法學

會, 1996.12。)

대한적십자사 2005『이산가족찾기 60년』대한적십자사. (大韓赤十字社 2005『離散家族探し 60 年』大韓赤十字社。)

박경환 2007「디아스포라 주체의 위치성과 민족담론의 해체」『세계화시대의 한국의 민족과 영토성 다시 읽기』서울대 규장각한국학연구원. (パク・キョンファン 2007「ディアスポラ主体の位置性と民族談論の解体」『世界化時代の韓国の民族と領土性を再度読む』ソウル大奎章閣韓国学研究院。)

朴光星 2006『세계화시대 중국조선족의 노동력이동과 사회변화』서울대학교 박사학위논문. (朴光星 2006『世界化時代の中国朝鮮族の労働力移動と社会変化』ソウル大学校博士学位論文。)

박경숙 2012「탈북이주자 생애사에 투영된 집단적 상흔과 거시권력구조」,『경제와사회』95. (パク・キョンスク 2012「脱北移住者ライフヒストリーに投影された集団的傷跡とマクロ権力構造」『経済と社会』95。)

박명규 2004「한인디아스포라론의 사회학적 함의」, 최협·김성국·정근식·유명기 편,『한국의 소수자, 실태와 전망』한울. (パク・ミョンギュ 2004「韓人ディアスポラ論の社会学的含意」チェ・ヒョプ, キム・ソング, チョン・グンシク, ユ・ミョンギ編,『韓国の少数者, 実態と展望』ハンウル。)

박명규 외 2011『노스코리안 디아스포라』서울대학교 통일평화연구원. (パク・ミョンギュほか 2011『ノースコリア・ディアスポラ』ソウル大学校統一平和研究院。)

윤인진 2004『코리안 디아스포라─재외한인의 이주, 적응, 정체성』, 고려대학교출판부. (ユン・インジン 2004『コリアン・ディアスポラ ── 在外韓人の移住, 適応, アイデンティティ』高麗大学校出版部。)

윤인진 외 2011『재외한인연구의 동향과 과제』북코리아. (ユン・インジンほか 2011『在外韓人研究の動向と課題』ブックコリア。)

이광규·최협 지음 1998「다민족국가의 민족문제와 한인사회」,『아산재단 연구』44. (イ・グァンギュ, チェ・ヒョプ著 1998「多民族国家の民族問題と韓人社会」『峨山財団研究』44。)

이용기 1998「이산가족연구 어디까지 왔나」『역사비평』44. (イ・ヨンギ 1998「離散家族研究 どこまで来たか?」,『歴史批評』44。)

임채완 외 2007『재일코리안 기업의 네트워크』, 북코리아. (イム・チェワンほか 2007『在日コリアン企業のネットワーク』, ブックコリア。)

임채완 외 2008『재외한인 사회단체 네트워크』북코리아. (イム・チェワンほか 2008『在外韓人社会団体ネットワーク』ブックコリア。)

정근식·염미경 2000「디아스포라, 귀환, 출현적 정체성」,『재외한인연구』9, 재외한인학회. (チョン・グンシク, ヨム・ミギョン, 2000「ディアスポラ, 帰還, 出現的アイデンティティ」,『在外韓人研究』9, 在外韓人学会。)

정인섭 편 2004『이중국적』, 사람생각. (チョン・インソプ編, 2004『二重国籍』,

サラムセンガク。)
조경희 2007「한국사회의 '재일조선인' 인식」,『황해문화』, 2007 년 겨울호. (趙慶喜, 2007「韓国社会の『在日朝鮮人』認識」『黄海文化』, 2007 年冬号。)
조은 2006「분단사회의 '국민 되기'와 가족-월남가족과 월북가족의 구술생애이야기를 중심으로」,『경제와사회』71. (チョ・ウン, 2006「分断社会の'国民となること'と家族―越南家族と越北家族の口述ライフヒストリーを中心に」,『経済と社会』71。)
최인범・프레드벅스턴, 2003『코리안 디아스포라와 세계경제』, 재외동포재단. (チェ・インボム, フレイドバックストーン, 2003『コリアン・ディアスポラと世界経済』, 在外同胞財団。)
통일연구원, 2001『이산가족문제 해결방안』, 통일연구원. (統一研究院, 2001『離散家族問題解決方案』, 統一研究院。)
한모니까, 2010「'수복지구' 주민의 정체성 형성과정- '인민'에서 '주민'으로 '주민'에서 '국민'으로」,『역사비평』2010.5. (ハンモニカ, 2010「『収復地区』住民のアイデンティティ形成過程―『人民』から『住民』へ 『住民』から『国民』へ」,『歴史批評』, 2010.5)
한상복・권태환, 1992『중국 연변의 조선족：사회의 구조와 변화』, 유네스코 한국위원회. (ハン・サンボク, クォン・テファン, 1992『中国延辺の朝鮮族：社会の構図と変化』, ユネスコ韓国委員会。)
玄圭煥, 1967『韓國流移民史』, 서울：語文閣. (玄圭煥, 1967『韓國流移民史』, ソウル：語文閣。)

日本語文献
陳天璽, 2001『華人ディアスポラ』, 東京：明石書店。
陳天璽・小林知子, 2011『東アジアのディアスポラ』, 東京：明石書店。
足立伸子編 (吉田正紀, 伊藤雅敏訳), 2008『ジャパニーズ・ディアスポラ：埋もれた過去, 闘争の現在, 不確な未来』新泉社。

英語文献
Braziel, J.E. & Mannur, A. 2003. *Theorizing diaspora*, Blackwell.
Cohen, Robin. 1997. *Global Diasporas: An Introduction*, University of Washington Press.
――― 2008. *Global Diasporas: An Introduction* (2nd edition), Routledge.
Gabriel Sheffer, *Diaspora Politics*, Cambridge University Press, 2003 (チャン・ウォンソク訳,『ディアスポラ政治学』, オンヌリ, 2008)
Grace M. Cho. 2008. *Haunting the Korean Diaspora, Shame, Secrecy, and the Forgotten War*, University of Minnesota Press.
Hall, S. 1990. "Cultural Identity and Diaspora," in Rutherford, J. (ed.), *Identity, Community, Culture, Difference*, Lawrence and Wishart, p. 222-237.
Milton J. Esman, *Diaspora in the Contemporary World*, Polity Press, 2009.

Ryang, S. and J. Lie (eds.) 2009. *Diaspora without Homeland: Being Korean in Japan,* Berkeley: University of California Press.

Wang Ling-chi & Wang Gungwu (eds.), 1998. *The Chinese Diaspora*, Singapore: Times Academic Press.

Safran, W. 1991 "Diaspora in Modern Societies: Myth of Homeland and Return," *Diaspora: A Journal of Transitional Studies* 1(1): 83-99.

Tessa Morris-Suzuki, *Exodus to North Korea: Shadows from Japan's Cold War*, Rowman & Littlefield, 2007.

Tessa Morris-Suzuki（パク・ジョンシン訳），*Exodus to North Korea Revisited*（『封印されたディアスポラ』），ソウル：ジェイエンシー，2011。（＝2007，田代泰子訳『北朝鮮へのエクソダス』朝日新聞社）。

Tololyan, K. 1991. "The Nation-State and Its Others: In Lieu of a Preface," *Diaspora: A Journal of Transitional Studies* 1(1): 3-7.

第 I 部
コリアン・ディアスポラの民族関係
―― 東アジア社会から ――

第1章

在日朝鮮人－日本人間の〈親密な公共圏〉形成

「パラムせんだい」において「対話」はいかに成立したのか？

山口健一

1　はじめに

1-1. 在日朝鮮人をめぐる諸問題と「公共圏」

　近年，世代や国籍，ジェンダー，経済階層，生活する地域，所属する民族組織などの要素が絡み合いながら，現代日本社会の中でディアスポラに位置する在日朝鮮人[1]の多様化が進んでいる。それに伴い彼ら／彼女らが抱える問題も多様化している。その結果，直接的な社会変革を勝ち取るために，在日朝鮮人という当事者性を強調し，かつその内部を一枚岩化する，従来の在日朝鮮人運動の限界が露わになった。その一方で，概して日本社会の人びとは在日朝鮮人が抱える諸問題に無関心なままである。その理由の一つには，北朝鮮の拉致問題の報道に示されるような近年の日本社会情勢によって生じた，在日朝鮮人－日本人間の相互理解の断絶が挙げられよう。こうした中，われわれはどのように諸問題を自覚し，問題解決へと向かう道筋を作りあげればよいのだろうか。そのためには，在日朝鮮人と日本人を架橋し，一枚岩

---

1) 本章は在日朝鮮人と日本人を，国籍の如何を問わず，またコミットメントの程度の差を問わず，それらの民族的アイデンティティ（別言すればエスニシティ）を有する人びとという意味で用いる。しかしながら本章における在日朝鮮人は，主に第二次世界大戦後渡日したいわゆるニューカマーではなく，1910年以後日本の地域にすむようになったオールドカマーとその子孫を念頭に置いている。

化を避け多様性に開かれた，J. デューイが照準を合わせるような「公共圏」[2]（佐藤 2000）の形成が焦眉の課題となろう。

　アメリカ合衆国の社会においてデューイ（1927＝1969）が直面したのは，近代化（産業化）に伴い，互いに非人格的に結合し公的事柄に無関心な大衆が出現した社会の到来であった。巨大で複雑化したその社会の中で人びとは，自分自身と関連する公的事柄を発見したり，自分自身とそれを結びつけることが困難になる。その結果，多種多様な「公共圏」が形成されるものの，それらは分裂した状態に置かれる。それらをまとめあげ民主主義的に機能させるためにデューイは，公的な事柄に関する対面的コミュニケーションの再建，すなわち直接的かつ親密な社会的結合に基づくコミュニケーションの方法と条件の改善を主張した（Dewey 1927＝1969）。

　現代日本社会においてデューイが照準を合わせる「公共圏」形成の課題を考えるとき，われわれはその形成を阻害する特有の対面的コミュニケーション様式に着目しなくてはならない。例えば中島（1997）が状況に合わせて自分の意見を曲げ，異質な他者を排除する「状況功利主義＝和の精神」を，徳川（2006: 336）が意見の対立が生じる場合に議論が人格批判の応酬となる点を，土井（2000: 28-29）が他者との対話の技法の欠落による，自分の意見を表現し他者の意見を理解する公共空間の欠落を指摘している。果たして，このような現代日本社会の中で，在日朝鮮人と日本人が互いの民族性を表象しつつ多様な意見を交わす「公共圏」はいかに成立するのだろうか。その際の対面的コミュニケーションの条件や社会的結合様式はいかなるものだろうか。この探究のためには，経験的世界における個々の事例の考察から理論的一般化を図る必要があろう。この問題関心のもと本章は，一事例として在日朝鮮人と日本人が交流する「パラムせんだい」（以下，パラムとも表記）に着目し，パラムが掲げる「対話」の成立条件を考察する。加えて事例の考察から浮かび上がる，現代日本社会における在日朝鮮人－日本人間の「公共圏」

---

[2]　本章では，デューイ（1927＝1969）と佐藤（2000）をもとに「公共圏」を次のように定義することにしたい。「公共圏」とは，ある種の重大な諸結果が直接従事する人びとを越えて多くの第三者に影響すると人びとに自覚されている，政治的・公的な事柄に関する対面的コミュニケーション空間である。この意味で用いる場合「公共圏」と「　」で括って表記した。

形成の一つの道筋を示したい。

1-2. 先行研究と本章の課題

　先行研究として，在日朝鮮人が関わる公共圏や対話の経験的研究である，徐（2005），倉石（2007），李（2009）をみておこう。

　徐（2005）は，夜間中学の事例における在日朝鮮人女性一世による公共圏を考察した。それは，日本人教師や人権運動家や他のマイノリティ集団の人びととの交流の中，日本社会における地域住民たちの差別的まなざしや在日朝鮮人社会における男性優位のジェンダー秩序に対して，在日朝鮮人女性たちが対抗的言説を形成する「対抗的な公共圏」（徐 2005: 124）であった。

　倉石（2007）は，「パラムの会」という事例において，日本籍あるいは「ダブル（二つの民族的・文化的背景を有する）」の在日朝鮮人による「対話」を考察した。「パラムの会」は，「対話」を通じて従来の在日朝鮮人運動における在日朝鮮人／日本人という均質なカテゴリー間の発話をゆさぶり，互いの多様な立場に配慮し相互を尊重し合う。その会は，日本籍や「ダブル」の在日朝鮮人による自助集団であると同時に，支配的解釈や読み解き方法のコードに挑戦する公共圏であった。

　李（2009）もまた，「パラムの会」を事例としつつ，新しい在日朝鮮人運動と既存の在日朝鮮人運動との間で非対称な権力関係にある人びとの「対話」の成立条件を考察している。その条件とは，構造的弱者が語り，強者が一定のカテゴリーからまなざしを向けそれを評価する関係ではなく，強者と弱者がともに自分の言葉で自己を語る「叙述的自己表現」を実践することであった。

　このようにみてみると，本章の課題と先行研究の設定課題との間に二つの違いが浮かびあがってくる。①徐や倉石は在日朝鮮人の公共圏に着目しており，在日朝鮮人－日本人間の公共圏形成について十分に扱っていない。かつ両者は外部の支配的言説／解釈／まなざしに対して自助的に形成される公共圏の対抗的側面に力点を置いた。しかし在日朝鮮人－日本人間の公共圏は，その内部に在日朝鮮人と日本人の非対称な関係が直接持ち込まれるため，両

者が指摘する公共圏とは異なる特徴を有するだろう。②倉石や李は，コミュニケーション（両者のいう「対話」）を考察したが，それらはあくまで在日朝鮮人運動の文脈においてであった。これは比較的民族性を表象しやすい文脈である。しかし在日朝鮮人 - 日本人間のコミュニケーションは，在日朝鮮人という民族性を表象しづらい現代日本社会の文脈と関連させて考察しなくてはならないだろう。

そこで本章は，「パラムせんだい」という事例において具体的に以下の考察を行う。まずパラムからみえる現代日本社会観，その社会のコミュニケーション観についてみていき，それらと関連させつつパラムが「公共圏」の特質を有することを確認する。続いて，パラムが掲げる「対話」を成立させるうえでどのような社会的結合様式が形成されるのかを，外的 / 内的条件に着目して考察する。最後に，パラムにおける在日朝鮮人と日本人の「対話」の成立条件とパラムにみる「公共圏」の特徴について述べたい。

1-3. 分析視角と方法

さて，以上の事柄を分析するには意味世界とコミュニケーションに焦点を合わせてきたシンボリック相互行為論が有用である。本章では中でも A. ストラウスの分析視角と方法を用いることにしたい。

ストラウスの分析視角は，経験的世界の相互行為において表象される多様な社会的世界を分析の俎上に載せる。ここでは本章の展開に関連する限りにおいて触れておこう。社会的世界とは，相互行為において何らかのシンボルが「共有」された範囲であり，そのシンボルを用いた共同的活動が行われる範囲である。社会的世界は，そのメンバーたちによる集合的定義のプロセスにおける他の諸世界との差異化を通じて，その正当性が主張される。社会的世界は「寄せ集め料理」(Strauss 1993: 167) としての象徴的世界に覆われている。この象徴的世界は，メンバーたちがさまざまなシンボルを持ち寄ることによって構成され，社会的世界の活動に（これ以上理由が問われることがないという意味で）究極的な理由ないし根拠を与えるものである。社会的世界と象徴的世界の双方は，相互行為においてローカルに形成され通用する「シン

ボル的表象物」(symbolic representations)(Strauss 1993: 27; Strauss 1995)に着目することにより分析できる(Strauss 1993)。

また本章は，質的研究法としてストラウス・J．コービン (1998 = 2004) が提唱したグラウンデッド・セオリーを採用するが，事例研究に適するよういくつか修正を加えている[3]。第一に本章は，在日朝鮮人と日本人の異民族間コミュニケーションの理論構築を射程に入れつつも，「パラムせんだい」という事例を考察する。これはいわば，「事例研究からの仮説構成」(宝月 2010) の試みであり，事例において「特殊な個性として発現している普遍性を特定観点から抽出する試み」(徳川 2006: 346) である。第二に，理論的飽和は，本章の課題によって限定され，かつパラムという事例の範囲内に限定されている[4]。この限りにおいて本章は以下の方法と手順をとった。①本章で扱うデータは，補足的にメンバーへのインタビュー（15 回実施）や『パラムせんだい通信』（内部者向けの連絡誌）を扱いつつも，中心的には参加観察において筆者が記したフィールドノーツである。筆者は 2003 年 6 月から 2008 年 3 月の間，パラムの「集い」[5]にメンバーとしてほぼ全て参加し（53 回参加），かつパラムのメンバーによって実施された映画上映会や聞き取り調査といった活動にもほぼ全て参加し（12 回参加），そこで繰り広げられる「対話」やパラムのあり方等についての議論をフィールドノーツに記してきた。そのデータはいわばメンバーたちによって「共有」された諸シンボルである。したがって以下でとりあげるメンバーたちの発言は，パラムという社会的世界を部分的であれ表象している。②これらをオープンコード化し，中核カテゴ

---

[3] ストラウスとコービンのグラウンデッド・セオリーは，手順を厳格化した一種の「レシピ」のようなものではなく，研究目的に合わせて修正可能な方法論である (Strauss and Corbin 1998 = 2004: iii, 3-4)。
[4] 理論的飽和にデータの範囲という「方法論的限定」を付け加える手法は，木下 (2003: 223) から示唆を受けた。
[5] 「集い」とは月に 1-2 回開かれる 2 時間程度の定期の集まり，あるいは不定期の集まりであり，「対話」が繰り広げられるところである。「集い」ではメンバーたちが互いに向かい合う形で座って「対話」が行われる。新規参加者がいる場合には「集い」の初めに自己紹介が行われる。「対話」を行う際に司会役をその都度設定するが，その役割も最初の話題提供程度である。「対話」の話題は確定した場合もあれば不確定な場合もある。ときに「対話」の話題として在日朝鮮人に関する映画や書物を用いることもある。なお，不定期の「集い」には懇親会や反省会等も含めている。

リーを「対話」とするとともに[6]、「対話」と関連する他のカテゴリーである象徴的世界の構成要素（日本社会や在日朝鮮人社会，パラムと関連のない外部の諸世界）との論理的関係づけを行った。③その象徴的世界の構成要素と対照をなす「対話」における社会的結合様式を，「共有」されたシンボルへのコミットメントとインターパーソナルなプロセス[7]という二つの特性から考察した。④データから浮上した重要な概念を，メンバーの発言や行為における諸シンボルと区別するため〈 〉で括って表記した。⑤また本章の内容についてメンバーによる確認を行った。

　分析視角と方法を踏まえて言いかえれば，要するに本章は，前述した限りでグラウンデッド・セオリーに準拠し，「パラムせんだい」という社会的世界の中で流通するシンボル的表象物に着目することによりパラムを覆う象徴的世界をあぶりだし，それとの関連でパラムの「対話」の成立条件と「公共圏」の特徴を考察するものである（図1-1）。

2　〈現代日本社会〉と「公共圏」としての「パラムせんだい」

2-1.「パラムせんだい」の概要 ──「仲良し集団」？

　「パラムせんだい」は，1998年12月に宮城県仙台市に設立された，在日朝鮮人に関する論題についての，在日朝鮮人と日本人との「対話」を主な活動とする市民活動団体である。パラムは「集い」（「対話」を行う定期・不定期の集まり）や諸活動（聞き取り調査や映画上映会など）への参加が自由と設定され，また会費や事務局等も設定されていない。パラムは誰であれ参加できる

---

[6] 「対話」が「パラムせんだい」の核をなす理念であり活動であることは，山口（2008）が明らかにしている。
[7] インターパーソナルなプロセスとは，行為者たちが互いに個人的アイデンティティ（別言すれば自己）を査定しながら相互行為するプロセスのことである。ストラウスによれば相互行為には構造化されたプロセスとインターパーソナルなプロセスが程度の差はあれ必ず含まれているという。この点は山口（2007）が述べているので参照されたい。

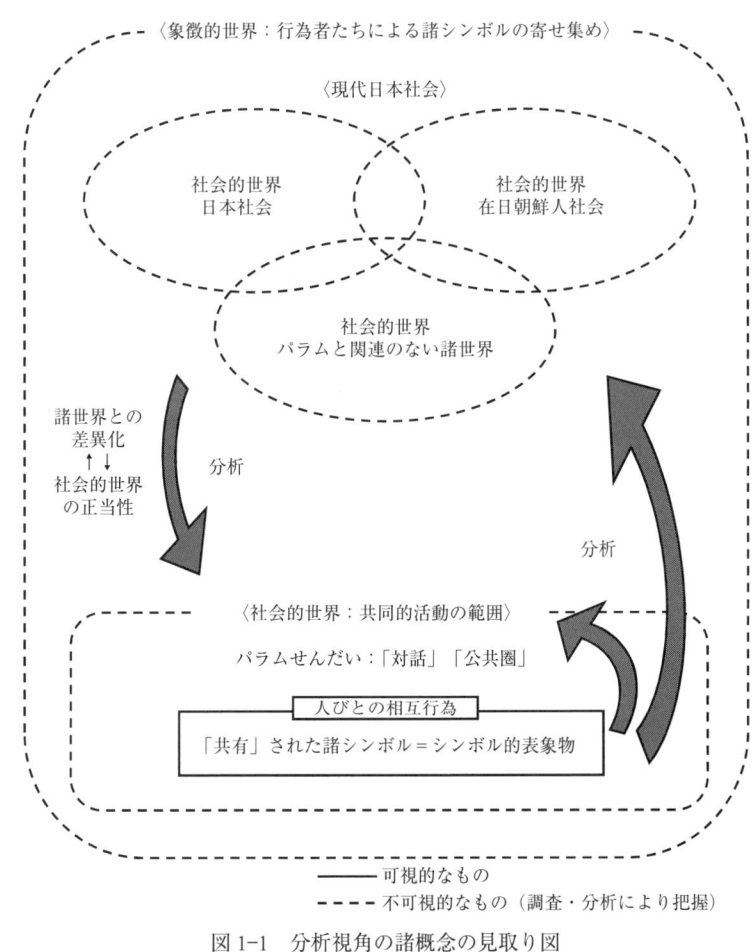

第 1 章　在日朝鮮人−日本人間の〈親密な公共圏〉形成

図 1-1　分析視角の諸概念の見取り図

出典：筆者作成。

「任意の自発の，ボランタリーなグループ」(B, 2004 年 8 月 5 日，集い)[8]であ

[8) 本文中の引用は，人物記号，入手年月日，入手場面の順で記した。入手場面の略号は，集い＝定期ならびに不定期の集まり，聞き取り＝対象者へのインタビュー（一対一での雑談等も含む）である。また『パラムせんだい通信』からの引用の場合，『通信』と表記し号数，発行年月の順で記した。

31

る。登録上のメンバー数は —— 時期によって増減があるものの —— 70-100名程度であるが,実際に頻繁に「集い」や活動に参加するメンバーは15名程度である[9] (山口 2008)。

　パラムが掲げる「対話」理念とは,在日朝鮮人ないし日本人の歴史に埋め込まれたメンバーたちが,個々の経験に基づく互いの意見を交わし,互いにそれらを学習し,互いの「違いを認める」関係を築いていくことである(山口 2008: 148, 151-152)。ある時,この理念を掲げるパラムに対してパラムを去った人から次のような批判がなされた。それは,「集い」において誰であれ自分の意見を語り「違いを認める」はずのパラムが,その実,仲の良い人びと同士でのみ「対話」を実践している,という批判である。果たしてパラムは「対話」理念と乖離した「仲良し集団」なのだろうか。この批判を以降の論理展開の「導きの糸」としておこう。まず次節では,パラムからみえる〈現代日本社会〉とその社会のコミュニケーション様式が表れている,パラムを覆う象徴的世界についてみていく。

2-2.「パラムせんだい」からみえる〈現代日本社会〉

2-2-1. 日本社会観

　パラムからみえる日本社会観の特徴は大きく4点あり,それらは互いに関連している。一つ目は日本社会の右傾化である。この点についてCさん(日本人男性,40歳代)とQさん(日本人女性,30歳代)の間で次のやり取りがなされる。

> Q:私は真ん中にいると思ったら,〔日本社会〕全体が右に動いていたから気が付いたら左にいたもん。まあ,今の日本社会に昔の右左というのはなんだけれども。
> C:やっぱり全体的に右に動いているんだなあ (2005年12月16日,集い)。

---

[9]「パラムせんだい」設立当初は在日朝鮮人メンバーも多く参加していたが,2003年以降,在日朝鮮人メンバーの参加者が激減した。そのため,筆者が参加した2003年度以降は,「集い」における在日朝鮮人メンバーの比率が少ないときで全体の1割,多いときでも3割程度であった。

この「右に動いていること」(＝右傾化) は，日本社会が「暗い」という言葉でも表されている。Aさん(在日朝鮮人女性二世，70歳代)，Cさん，Dさん(日本人女性，40歳代)，Zさん(日本人男性，20歳代) の間で次のやり取りがなされる。

　　C：〔AさんとDさんに〕元気がないですね，どうしました。
　　A・D：今の時代暗いでしょ。
　　Z：現代〔日本〕社会が暗いって，どういうことですか。
　　D：4月29日がみどりの日から昭和の日になったり，教育基本法が改正とか。こういうのを見ているとゲゲゲッて思う (2005年12月16日，集い)。

　メンバーとしてのAさんやDさんにとって，みどりの日から昭和の日への変更や教育基本法の改正は，日本国家が日本社会の人びとに愛国心を植え付け，その結果いわば戦前の軍国主義へと逆戻りする傾向と捉えられている。このようにパラムにおける「左－右」というシンボルは，「平和－戦争」というシンボルと合致する。つまり日本社会の右傾化とは，Dさんが「最近世の中の雰囲気が戦争が起きそうでビクビクしている」(2004年8月22日，集い) と語るように，第二次世界大戦における敗戦の後，平和憲法を掲げ平和教育を行うに至った日本が，再び戦争をする国になりつつあることである。
　二つ目は，日本社会の人びとによる政治的論題の忌避である。Aさん，Bさん (日本人男性，30歳代) は次のようにいう。

　　　在日問題を扱うときに，10年前とえらく違ったというのは感じる。単に関心がなくなってきたというよりは，傾向として感じるのは，政治〔的論題〕というのはあまり若い人たちが集まらない (B，2007年8月4日，集い)。

　　　私が思うのはね，昔，映画『在日』をやったときに人がたくさん来たのは，そのときの時代だったからと思うんですよ。直球の問題提起をするというか，そういうのは今あまり流行らない。重たいのはイヤ，ごめん被りたいわというのが今のご時世ですから (A，2007年2月17日，集い)。

　メンバーとしてのAさんやBさんは，パラム設立当時と比べて現在では，

日本社会の人びと（特に若い世代の人びと）が，在日朝鮮人に関する論題，ひいては政治的論題全般を忌避する傾向を有すると捉えている。さらにHさん（日本人女性，40歳代）は次のように述べる。

　　〔政治的論題を語らないために〕人の心が見えてこない世の中……不安を抱えた将来……それは限りなく平和に向かっているのではなく，〔戦争へと〕逆戻りしているような錯覚さえおきてしまうのです（H，『通信』第16号，2006年2月）。

メンバーとしてのHさんは，日本社会の人びとの政治的論題を忌避する傾向と日本社会の右傾化とを結びつけている。つまり日本社会の右傾化は，政治的論題を忌避する日本社会の中で進行していると捉えられている。

三つ目は，テレビなどを通してマスメディアによって報道された北朝鮮による拉致問題である。Aさんはこの点について次のような危惧を抱いている。「確かに拉致は悪いことなんだけども，あんまり拉致拉致といい続けちゃうとそればっかりが突出して他のことが消えてしまう，それがいやなのよ」（A，2004年2月22日，集い）。すなわち，マスメディアによって拉致問題が大きくとりあげられるにつれ，拉致問題にのみ人びとの注意がむき，在日朝鮮人に関する論題が注目されなくなる点である。またZさんは次のようにいう。

　　〔在日朝鮮人を主題とした映画の上映会に〕大学のサークルの人を誘った。でもそのサークルは在日について考える市民団体じゃないし。そこでしゃべったら，あ，北朝鮮関係ですかっていわれる。在日のことについてあまり知っていないから，テレビとかのイメージと直結しちゃうんですよ（Z，2006年5月22日，集い）。

メンバーとしてのZさんが指摘するのは，在日朝鮮人についてあまり知らない人びとが，マスメディアの報道に影響を受けることにより，在日朝鮮人と朝鮮民主主義人民共和国とを同一視する点である。つまりAさんやZさんが危惧するのは，マスメディアによって拉致問題が大きく報道されることにより，日本社会の人びとが在日朝鮮人と朝鮮民主主義人民共和国という

国家とを同一視し，その結果在日朝鮮人に関する論題が拉致問題によって不可視化される点である。

最後は，日本社会の人びとが在日朝鮮人に対する偏見を変えることなく有しつづける「すり込み」(山口 2008: 149) である。すなわち，在日朝鮮人についてあまり知らない日本社会の人びとが，マスメディア報道の影響によって在日朝鮮人と朝鮮民主主義人民共和国という国家とを同一視するという偏見を抱き，かつその人びとは (在日朝鮮人に関する論題を含めた) 政治的論題を忌避するためにそれが変わることなく続く。パラムにおいて表象された日本社会はこのようなものであった。

2-2-2. 在日朝鮮人社会観

パラムからみえる在日朝鮮人社会観は，いくつかの点において多様化している。例えば I さん (在日朝鮮人男性二世，40 歳代) が「やっぱり総聯と民団の人が仲良くしづらかった」(2006 年 5 月 10 日，集い) というように，民族組織間の分断がある。また A さんや R さん (在日朝鮮人男性一世，80 歳代) は帰化に否定的である一方，より若い世代の S さん (在日朝鮮人男性二世，50 歳代) や M さん (在日朝鮮人男性三世，30 歳代) は帰化に肯定的であるといった世代間の相違がある。中でも本章の展開に関連する在日朝鮮人社会内の相違は，在日朝鮮人の歴史を知らない若い世代の人びととその歴史を知る世代の人びととの相違である。この点について U さん (在日朝鮮人男性, 50 歳代) はいう。また S さん，V さん (在日朝鮮人女性, 50 歳代)，Z さんの間で次のやり取りがなされる。

> 最近は歴史を知らない子どもが出てきた。これは……怖い。……テレビのお笑い番組を見て，こういう言い方をしたらあれですけど黒人の方が日本語をしゃべる。で，私の娘が「なんで日本語しゃべっているの？」って。われわれはアジア人だから不思議に思わないですけど，黒人に対しては不思議に思うと (U，2006 年 7 月 3 日，集い)。

Z：在日の若い人たちとお話してみたいと思って。
V：それは〔日本人の〕Z 君と変わらないですよ。何も変わらない。違う意見

がきけるという思いがあるだろうから，がっかりさせたくないからいうけど．
S：例えば〔在日である〕私の息子と会わせても，あなたと何も変わらない（2006年6月17日，集い）．

この「在日の若い人たち」という表現は，彼ら/彼女らが在日朝鮮人の歴史を知らず，日本人と変わらない点を示している．パラムにおいて表象される若い世代の在日朝鮮人もまた，前述の日本社会の人びとに含まれていた．

2-2-3．パラムと関連のない外部の諸世界観

メンバーたちは，パラム以外にもさまざまな外部の諸世界に属している．例えばHさんやSさんは企業に勤め，Zさんは大学に通い，Dさんは主婦である．さらにそれぞれのメンバーは，パラムと関連のない交友関係を持っている．これらはいずれも，テレビなどのマスメディアの影響を受け，政治的論題を忌避すると表象される日本社会の下位世界であった．身の回りの交友関係についてHさん，Dさんは次のようにいう．

　近頃気になったのは，まわりの友達とかとしゃべると話題が軽すぎる．テレビの話題とか．政治的な話題をしゃべることができない．パラムに来るとそうしたことが話せるのはいいなーと思います（H，2008年2月16日，集い）．

　閉塞感があった．身の回りで……言ってはならないことが多すぎた．テレビなどによっていいことと，変な人とかに思われるようなことが分かれていた．だから話題に入るためにテレビを見たりとか（D，2004年8月22日，集い）．

これらの発言で示されるのは，身の回りの交友関係では語ってもよい話題がテレビなどのマスメディアによって枠づけられ，その範囲内の話題が流通する点である．それ以外の話題を語ることはあたかも日本社会の人びとではない（Dさんのいう「変な人」である）かのようである．これは，政治的論題を忌避する日本社会では〈在日朝鮮人に関する論題を語れない〉ことを示している．

特に在日朝鮮人社会に属するメンバーにとって，それは重大な事柄であった。日本人のDさん（彼女は在日朝鮮人との結婚と同時に彼女自身を在日朝鮮人社会に属したと捉える）は次のようにいう。

　　私，悪いことしていないのに，〔在日朝鮮人社会に属していることを〕隠さなきゃいけないというのがすごくストレスなの。……こうやって〔パラムに参加して〕誰かに言えると楽。いえないと自分の中にたまって生きていけないような気がしてくる。〔身の回りの人たちに〕受け容れてくれないんだろうな，とか（D，2005年8月8日，聞き取り）。

メンバーとしてのDさんにとって —— あるいはYさん（在日朝鮮人女性，30歳代）が「私はガス抜きにパラムに来たい」（2004年7月25日，聞き取り）というように —— 日本社会における身の回りの交友関係は「ストレス」がたまる世界であった。また民族組織に関わっていない在日朝鮮人のAさんにとって，在日朝鮮人に関する論題を語れないことが日本社会で生活する上での「さびしさ」（2007年10月20日，集い）を助長していた。すなわち，〈在日朝鮮人に関する論題が語れない〉日本社会は，在日朝鮮人社会に属するメンバーの自己に影響を与えるほどの閉塞的状況であった。

企業の人間関係についてHさんは次のようにいう。

　　私，職場では自由に話せない。人間関係も大変。上下の関係というか，そういうのがある。でもパラムに来るといろんなことが話せる。立場とか関係なく仲良くしているし（H，2005年7月10日，集い）。

この発言は，企業のなどのフォーマルな「組織」（山口 2008: 141-142）では，上の立場の人による下の立場の人への意見の統制が働くため，対等な関係で〈自分の意見を語りづらい〉点を示している。それに加えてメンバーたちは，〈自分の意見の語りづらさ〉がフォーマルな「組織」以外にも及んでいると捉えている。他の市民団体についてKさん（日本人女性，40歳代），日本社会の人びとについてAさんとBさんは次のようにいう。

　　私，他のちっちゃなサークルで自分の思うところを話したら，まわりの人

たちからその意見について反論された。ほら，そういう風になるとそのサークルに波風を立てるのも悪いし，関係がギクシャクしそうだからもう自分の意見をはっきりいうのはやめようと。〔でも〕パラムは「対話」の会だからいってもよい（K, 2006年5月19日，集い）。

〔日本社会の〕人びとは，つっこんで理由をきかない。〔相手に〕物事に対して何でそう思うのってきくと，〔相手はその場では答えを濁しつつ〕後々あの人は嫌いだっていうことになる（A・B, 2004年2月8日，集い）。

Kさんの発言は，インフォーマルな外部の諸世界——すなわち地位上の非対称性が比較的小さく，意見が比較的統制されない世界——でも，〈自分の意見の語りづらさ〉があることを示している。「波風を立てる」や「関係がギクシャクする」という表現は，相手の意見と異なる，特に相手の意見と衝突しうる自分の意見を主張することが，人びととの良好な関係の破壊につながることを示している。またAさんとBさんの発言は，日本社会において個々人が有する意見の衝突が自己に対する否定や攻撃につながることを示している。

このようにパラムと関連のない外部の諸世界には，〈在日朝鮮人に関する論題の語れなさ〉と〈自分の意見の語りづらさ〉があった。そしてほとんどのメンバーたちは，Hさんの「政治的な論題をしゃべることができない」，Dさんの「言ってはならない」，Kさんの「もう自分の意見をいうのはやめよう」という表現に示されるように，・外・部・の・諸・世・界・に・お・い・て・そ・れ・ら・の・コ・ミ・ュ・ニ・ケ・ー・シ・ョ・ン・様・式・を・採・用・し・て・い・た。

2-3.「公共圏」としての「パラムせんだい」

これまでの考察をまとめよう。「パラムせんだい」において〈現代日本社会〉（すなわち日本社会，在日朝鮮人社会，パラムと関連のない外部の諸世界を含めたカテゴリー）は右傾化が進み，その中の人びとは政治的論題を忌避し，マスメディアの影響により在日朝鮮人に対して偏見を有すると表象されていた。「パラムせんだい」において在日朝鮮人の若い世代もまた，在日朝鮮人の歴史について知らない〈現代日本社会〉の人びとと表象されていた。そし

てこの〈現代日本社会〉の下位諸世界には，〈在日朝鮮人に関する論題を語ることができず〉，かつ〈自分の意見を語りづらい〉コミュニケーション様式が蔓延していた。

「パラムせんだい」は，この〈現代日本社会〉の中で「対話」理念を掲げる。パラムは ―― Hさんの「パラムに来るとそうしたことが話せる」やKさんの「パラムは『対話』の会だからいってもよい」といった発言にみられるように ―― 日本人のメンバーにとって在日朝鮮人に関する論題を語ることができる世界であり，かつ ―― Dさんの「〔パラムに参加して〕誰かに言えると楽」やYさんの「ガス抜きにパラムに来たい」といった発言にみられるように ―― 在日朝鮮人社会に属するメンバーにとって「在日朝鮮人であること」や「在日朝鮮人社会に属すること」を表象できる世界であった。これはパラムが，「在日朝鮮人に関する論題を語る自己」や「在日朝鮮人としての自己」，「在日朝鮮人社会に属する自己」を互いに承認し合う自助集団的側面を有することを意味している。

しかしパラムは，その活動の目的や意義をその世界内部で完結させているわけではない。Aさんは次のように述べる。

> 「在日？？　もうそれどころではない。イラクだ，北朝鮮だ」と現象ばかりを追って本当の真実は見えるのでしょうか。未来を夢のあるものにするために過去を振り返り，〔第二次世界大戦のような〕間違いを二度としないために，学び・行動することが，日本が沈没せず，救われる第一歩なのだと思います。本当に解りあうために，話し合いを，対話をしたい（A，『通信』第13号，2003年3月）。

このAさんの記述は，パラムの目的や意義を示している。すなわち，マスメディアによる報道の影響を受け，政治的論題を忌避するがゆえに在日朝鮮人について知らない〈現代日本社会〉の人びとに対して，在日朝鮮人の歴史と現状の自覚を促し，「対話」を通して互いに学習し合う。つまりパラムは，〈現代日本社会〉の人びとが有する在日朝鮮人に対する偏見の変革を目的としている[10]。加えて，Aさんが折にふれ「在日朝鮮人の問題は日本人の

---

10) 付言すればパラムは，「対話」を通して得られた知見をもとに，具体的活動を行い社会の変革

第 I 部　コリアン・ディアスポラの民族関係 —— 東アジア社会から

問題でもある」というのは，在日朝鮮人の歴史的経緯や境遇における諸問題が，未来において日本人にも降りかかりうるという自覚からであった（2009年6月20日，聞き取り）。すなわちパラムにとって在日朝鮮人の抱える諸問題は，〈現代日本社会〉の人びと全体に関わる公的な論題であった[11]。この意味においてパラムは，〈現代日本社会〉の中で在日朝鮮人に関する論題を扱うある種の「公共圏」であるといえる[12]。

　ここまでは，パラムを覆う象徴的世界の分析を通じて，「パラムせんだい」が「公共圏」の特徴を有することを確認した。では，「公共圏」としてのパラムにおいて，在日朝鮮人－日本人間の「対話」はいかに成立したのだろうか。次節では，社会的結合様式に着目しつつその条件を考察する。

3　「パラムせんだい」における「対話」の社会的結合様式

3-1．在日朝鮮人に関する論題の「共有」とコミットメント

　メンバーたちは，〈現代日本社会〉において〈在日朝鮮人に関する論題について語れる場所〉を求めてパラムに参加している。パラムに参加するようになった経緯は，映画上映会参加の後パラムに関わるようになった人（Sさん）や，聞き取り調査の対象者として知り合いパラムに参加するようになった人（Rさん），メンバーの紹介で参加するようになった人（Zさん）など多様である。しかし，総じてメンバーたちは在日朝鮮人に関する論題に関心を抱いている。つまり，メンバーたちは在日朝鮮人に関する論題を「共有」している。

　メンバーの中には，例えばEさん（日本人男性，70歳代）のように「次の〔世

をめざす社会的世界でもある（山口 2008: 151-152）。
11）例えば「対話」において，在日朝鮮人の国籍や無年金問題，被差別体験，帰化，民族名と日本名，外国人登録証，あるいは在日朝鮮人と日本人の間の歴史認識の違いや共生社会といった論題がとりあげられた。
12）とはいえ，パラムが「公共圏」の成功事例や典型例であると主張するわけではない。本章は，「成功－失敗」「典型－非典型」の軸に基づく事例の評価と分析ではなく，事例に表れる普遍性を特定観点から描き出す試みである。

代の〕人たちに平和な地球を残したい……在日などを扱う人文学が必要だ」（2004年7月25日，集い）という見解をもって，真剣に在日朝鮮人に関する論題を考えてパラムに参加する人もいる。しかしながらパラムには，その論題に深くコミットしている人だけが参加しているわけではない。別言すれば，パラムは，常に在日朝鮮人に関する論題を真摯に，真剣に「対話」する世界だというわけではない。この点はSさんとHさんのやりとりに顕著に表れている。

> H：私は感性が合うからパラムに来ている。
> S：それはテーマ〔＝在日朝鮮人に関する論題〕が一緒だから来ているってことでしょ。
> H：私，はっきりいうけどね。正直，在日に関係なく過ごしていける。日本人だし。強くテーマにこだわる必要がない。……私はAさんに会いに行こうと思って来ている。あと，ここで話すと感性が合う（2006年11月28日，集い）。

「感性が合う」という表現は，〈在日朝鮮人に関する論題を語れず〉，〈自分の意見を語りづらい〉日本社会において，パラムでは自分の意見を「はっきりいう」ことができる点を示していよう。またこのやり取りからHさんは，SさんやEさんほど在日朝鮮人に関する論題に深くコミットしていないことが分かる。このことが意味するのは，パラムは経験に基づいた個々の意見を互いに学習する「対話」理念を掲げるがゆえに，在日朝鮮人に関する論題に対するコミットメントの多様性を許容する点である。このように考えると，「対話」には論題の「共有」とコミットメントに基づく結合とは別の社会的結合様式が含まれていることになる。

3-2. 〈個人間の親密なつながり〉とその弊害

Hさんの「Aさんに会いに行く」という表現は，メンバーたちが互いの自己を承認し深く関与することによっても結合していることを示している。これは，パラムにおいて「つながり」や「仲良く」といった言葉で表される。

例えば HA さん（在日朝鮮人男性一世，80 歳代），D さん，A さんは次のようにいう。

> 人間というのは付き合わないと分からない。マスコミどうこうでは分からない。私は日本のいろんな人びととも仲良くしてますけどね（HA，2006 年 5 月 20 日，集い）。

> やっぱり個人として接するというか……個人として接していけば，仲良くなればいいっていうか（D，2006 年 6 月 17 日，集い）。

> 今の日本社会，コミュニケーション〔＝文脈上「対話」のこと〕が大事なのよ。何か問題が起きたら，その場で誤解を解く。……その後お互いに仲良くなる。私はコミュニケーションはお互いに言いたいことを言うべきだと思う（A，2005 年 10 月 29 日，集い）。

> 私は，〔パラムで〕一人一人がこれをしたいっていうのを，それぞれが発表したり話したりするのはいいなーって思います。それでお互いのつながりを強くしていけたらいいなーって（A，2007 年 2 月 17 日，集い）。

　パラムにおいてこの「個人（一人一人）」の「仲の良い」「つながり」は，「対話」を実践するうえで必要であった。「対話」において各々の経験に基づいて〈自分の意見を語る〉ことは，メンバーたちが各々の人生や価値観を表象して意見を語ることを意味する。加えて「対話」の下位理念である「違いを認めること」は，互いの意見の差異のみならず，意見を述べる自己の差異を認めることでもある。パラムのメンバーたちは，在日朝鮮人に関する論題の「対話」において，それについて語る自己を互いに承認し親密な関係を築く〈個人間の親密なつながり〉を自覚的に形成しているのである。
　この〈個人間の親密なつながり〉は，論題の「共有」とコミットメントに基づく社会的結合よりも，「対話」における意見の多様性を担保しているようだ。先にみてきたように，メンバーたちは在日朝鮮人に関する論題を「共有」するものの，その論題へのコミットメントの深さはメンバーによって異なっていた。もし論題に深くコミットする参加者のみに限定するならば，「対話」では常にメンバーたちの熱意と意見の真正さが問われ，熱意の足りな

い / 異なる意見をもつ異端者は排除されることになろう（内部を一枚岩化する社会運動はこのような論理を有すると考えられる）。つまり，一定の深いコミットメントを伴う論題の「共有」ではなく，〈個人間の親密なつながり〉を社会的結合様式とすることにより，相対的に多様な個々の意見が交わされていると考えられる。

　しかし，「対話」における〈個人間の親密なつながり〉という社会的結合には，大きく二つの弊害があった点に注意しなくてはならない。第一に，自己を互いに表象し合うがゆえに，個人間の相性が悪いとき，あるいは個人間の友好関係が悪化したとき，その社会的結合が（部分的であれ）崩壊したことである。第二に，「対話」を実践する上で，特定の個人がしばしば〈個人間の親密なつながり〉のネットワークの中心的な位置に立つことである。なぜならメンバーは，それぞれ特定のメンバーたちに対して〈親密なつながり〉を形成するため，全体を結びつける特定のメンバーが必要であったからだ。実際に 2006 年頃までは，A さんが〈個人間の親密なつながり〉の中心に位置していた。そのため A さんは，自由参加であるはずの「集い」に参加し続けなければならなかった。

3-3.「対話」の成立条件としての〈個人間の親密なつながり〉

　では，なぜパラムは弊害を抱えつつも〈個人間の親密なつながり〉という社会的結合様式を重視するのだろうか。この点を「対話」成立の外的 / 内的条件に着目して考察しよう。

　先述したように，パラムからみえる〈現代日本社会〉の中でメンバーたちは〈在日朝鮮人に関する論題の語れなさ〉と〈自分の意見の語りづらさ〉を抱えていた。すなわちメンバーたちはパラム外部の諸世界で〈「対話」の困難さ〉を抱えていた。そのためパラムは外部世界と切り離した社会的世界を形成する。それは，「対話」を通して外部世界の人びとと異なる意味づけを行い，その意味づけにコミットした自己を互いに承認し合う親密性に基づく自助的な世界である。すなわちパラムは，〈現代日本社会〉に対する内集団的な凝集として親密性に基づく自助的世界を形成したといってよい。これが，

パラムが「対話」において〈個人間の親密なつながり〉という社会的結合様式を重視する外的条件である。しかしながら筆者のみるところ，これだけではメンバーたちの関係が必ずしも親密である必要はないように思われる。なぜなら —— 少なくとも理論上 —— 外部世界と切り離され独自の意味づけを行う世界が形成される以上，たとえメンバーたちが〈親密なつながり〉を自覚的に形成しなくても，互いの自己を承認し合う関係は成立しうるからだ。

　パラムが「対話」を成立させる上で〈個人間の親密なつながり〉を重視するのには別の理由があった。先に述べたように，パラムは〈現代日本社会〉の人びとを対象としたある種の「公共圏」であり，メンバーたちは外部世界において〈現代日本社会〉のコミュニケーション様式を採用していた。このことは —— メンバーがそのコミュニケーション様式を暗黙裡に「対話」に持ち込むがゆえに —— パラムと外部世界を完全に切り離せないことを意味している。そのため，パラムはその世界内部において〈「対話」の困難さ〉を抱えていた。その例を二つ挙げよう。一つは日本人のCさんとZさんのやり取りにみられる。

　　C：私には〔「対話」を行うとき〕「在日の壁」みたいなものがあった。〔最初は〕Aさんに対してもあった。ここ2年くらいに仲良くなった。
　　Z：僕も，そういうのはありますね……僕と近い〔若い〕世代の人たちに。この前，パラムに若い在日の人たちが来たときに，僕はどう接したらいいのかわからずにずっと黙っていた。……もちろん，仲良くなればそういうのはなくなるんですけど（2006年2月，集い）。

　CさんとZさんのやり取りは，〈現代日本社会〉に生きる日本人が在日朝鮮人と「対話」を行うときに抱える〈困難さ〉の一つを示している。それは —— Zさんが「どう接したらいいかわからずにずっと黙っていた」というように —— 前述の〈現代日本社会〉のコミュニケーション様式を「対話」に持ち込むがゆえに生じている。これは次のように説明できるだろう。在日朝鮮人に関する論題の「対話」において，日本人のメンバーが在日朝鮮人である相手の自己を十分に承認していない場合，そのメンバーは相手（ないし相手からみた自分自身）を〈現代日本社会〉の人びとと捉える。そのとき，日本人

のメンバーは「対話」よりも〈現代日本社会〉のコミュニケーション様式を採用するため，〈「対話」の困難さ〉が生じたのである。

もう一つは在日朝鮮人のAさんが体験した二つの出来事にみられる。

〔「対話」をしているとある日本人男性が〕涙を流しながら，「Aさん，日本がひどいことをして，ごめんなさい，ごめんなさい」と泣いて謝った。隣にいた〔在日朝鮮人の〕人も「Aさん，ゆるしてあげなさいよ」っていった。で，私は「あなたがあやまることじゃないのよ」っていった（A，2008年11月27日，聞き取り）[13]。

ある日本人の女性から「Aさんわたしたちがしてきたこと，ごめんなさいね」って言われた。でも，私は謝られたくないのよ。だって私より上の世代の人がやったことだから。「あなたは何もしてないでしょ。私はこういうことがあったという事実をお互いに認め合いたいのよ」っていった。すると，その人は，「私が謝ったのに，Aさんは許さなかった」っていっていろんな人に言いまわった。〔語気を強め〕なんで！　私はその人と直接会って誤解を解きたかった。でもそうはならなかった（A，2005年10月29日，集い）。

これらの出来事の後，Aさんと当該の日本人とのあいだで「対話」が行われることはなかった。これは次のように説明できるだろう。これらの出来事では，〈現代日本社会〉の人びとが抱く在日朝鮮人－日本人間の〈紋切り型の戦争被害者－加害者〉関係[14]に基づくコミュニケーション様式（すなわち謝罪と許し）が，「対話」に持ち込まれている。在日朝鮮人のAさんは「あなたがあやまることじゃない」，「あなたは何もしていない」と言い自分の意見を互いに語り学習する「対話」を試みたが，当該の日本人たちは謝罪の拒否（すなわち謝罪する自己の否定）と受け取ったために両者間の〈つながり〉が崩壊し，それ以後「対話」が成立しなかった。つまり，〈現代日本社会〉に生きる在日朝鮮人と日本人が〈在日朝鮮人に関する論題について語りあう〉とき，両者はしばしば〈紋切り型の戦争被害者－加害者〉関係を表象する。このとき両者は〈自分の意見を語る〉よりもその関係に基づくコミュニケー

---

13) とはいえ，Aさんによれば日本の国家を代表する政治家は謝罪すべきであるという（2009年12月20日，聞き取り）。
14) 山口（2008: 148-149）を参照のこと。

ション様式を採用するため，〈「対話」の困難さ〉が生じたと考えられる。

　この二つの例は，パラムが必然的に〈「対話」の困難さ〉を抱え込むことを示している。したがって，この〈「対話」の困難さ〉に対処することが「対話」成立の内的条件であった。つまりパラムは，〈現代日本社会〉に生きる在日朝鮮人と日本人の間で，在日朝鮮人に関する論題についての「対話」を成立させる必要条件として，〈困難さ〉が生じつつも「対話」を継続できるより強い紐帯であり，かつ〈自分の意見を語れる〉〈個人間の親密なつながり〉——CさんやZさんのいう「仲良くする」——という社会的結合様式を重視するのである。

4　むすびにかえて

4-1.「パラムせんだい」における「対話」の成立条件

　本章で考察された在日朝鮮人と日本人の「対話」の成立条件をまとめよう。パラムからみえる〈現代日本社会〉は右傾化が進み，その中の人びとが政治的論題を忌避し，マスメディアの影響によって在日朝鮮人に対する偏見を有していた。この社会の中でメンバーたちは，〈在日朝鮮人に関する論題の語れなさ〉と〈自分の意見の語りづらさ〉を抱く一方，その社会のコミュニケーション様式を採用してもいた。

　この〈現代日本社会〉の中でパラムは「対話」理念を掲げる。それは，在日朝鮮人に関する論題について，在日朝鮮人と日本人が個々の経験に基づき互いに〈自分の意見を語る〉ことである。パラムは，「対話」実践に際して，在日朝鮮人に関する論題の「共有」とコミットメントに基づく社会的結合よりも，相対的に多様な個人の意見を尊重し互いの自己を承認し合う〈個人間の親密なつながり〉という社会的結合様式を重視する。その理由は大きく二つあった。一つは，〈現代日本社会〉に対するいわば内集団的凝集として，〈個人間の親密なつながり〉を形成する点である（＝「対話」成立の外的条件）。もう一つは，メンバーたちによって〈現代日本社会〉のコミュニケーション様

式が持ち込まれることにより生じる〈「対話」の困難さ〉に対処するために，「対話」を継続でき〈自分の意見を語れる〉〈個人間の親密なつながり〉を自覚的に形成する点である（=「対話」成立の内的条件）。つまりパラムは，〈在日朝鮮人に関する論題を語れず〉，「在日朝鮮人であること」や「在日朝鮮人社会に属すこと」を表象しづらい〈現代日本社会〉において，在日朝鮮人と日本人が互いに在日朝鮮人に関する論題について〈自分の意見を語る〉「対話」を成立させる必要条件として，〈個人間の親密なつながり〉という社会的結合様式を自覚的に形成するのである。それは，李（2009）に即して言い換えれば，〈現代日本社会〉の中で（在日朝鮮人という）構造的弱者と（日本人という）構造的強者が互いに自分の意見を語り合う「対話」を成立させるための条件であった。

ここで，2.1で指摘した「仲良し集団」のパラムという批判に応えることができよう。パラムのメンバーたちは，「対話」理念と乖離して「仲良く」しているわけではなく，むしろ「対話」を成立させるために「仲良く」しているのである。

4-2. 在日朝鮮人－日本人間の〈親密な公共圏〉という戦略

最後に，本章で取り上げた公共圏に関する研究と比較しつつ，パラムにみる「公共圏」の特徴を推論したい。パラムは，〈現代日本社会〉の中で在日朝鮮人に関する公的な論題に無関心な人びとの自覚化を促そうと試み，かつ分断された在日朝鮮人と日本人のあいだで親密に結合した対面的コミュニケーションを再建しようと試みる，（デューイが照準を合わせるところの）ある種の「公共圏」であった。と同時にパラムは，〈現代日本社会〉の中で「在日朝鮮人に関する論題を語る自己」や「在日朝鮮人としての自己」，「在日朝鮮人社会に属す自己」を互いに承認し合う自助的な世界でもあった。倉石（2007）がすでにこれと同様の指摘をしているが，パラムにみる「公共圏」は，徐（2005）や倉石（2007）が力点を置く「対抗的な公共圏」と異なる特徴を有している。すなわちパラムは，支配的言説に対して集合的に形成される対抗的言説よりも，支配的言説に還元されない個々人の多様な意見を尊重す

第 I 部　コリアン・ディアスポラの民族関係 ── 東アジア社会から

```
┌─────────────────────────────────────────────────┐
│                  〈現代日本社会〉                  │
│                                                 │
│  ○日本社会観                                     │
│     ┌右傾化と政治的論題の忌避                     │
│     └在日朝鮮人に対する偏見の流布と「すり込み」    │
│                                                 │
│  ○在日朝鮮人社会観                               │
│     ┌歴史を知らない若い在日朝鮮人                 │
│     └〈語れない〉ことによる閉塞感と自己の危機     │
│                                                 │
│  ○「和の精神の専制」                             │
│     ┌〈在日朝鮮人に関する論題が語れない〉コミュニケーション様式│
│     └〈自分の意見が語りづらい〉コミュニケーション様式│
│                                                 │
│             ↑        〈現代日本社会〉の          │
│             │        コミュニケーション様式の持ち込み│
│          偏見の変革                              │
│             │                      ↓            │
│                                                 │
│  ┌─パラムせんだい：〈親密な公共圏〉──┐           │
│  │                                              │
│  │ ○核となる活動：「対話」 ┌個々人の多様な意見を尊重│
│  │                       │〈在日朝鮮人に関する論題が語れる〉│
│  │                       └経験に基づいて〈自分の意見を語る〉│
│  │                                              │
│  │ ○社会的結合様式：〈個人間の親密なつながり〉＞論題の「共有」│
│  │        ┌外的条件：内集団的な凝集，自助的な世界│
│  │        └内的条件：〈「対話」の困難さ〉に対処  │
│  └──────────────────────────┘          │
└─────────────────────────────────────────────────┘
```

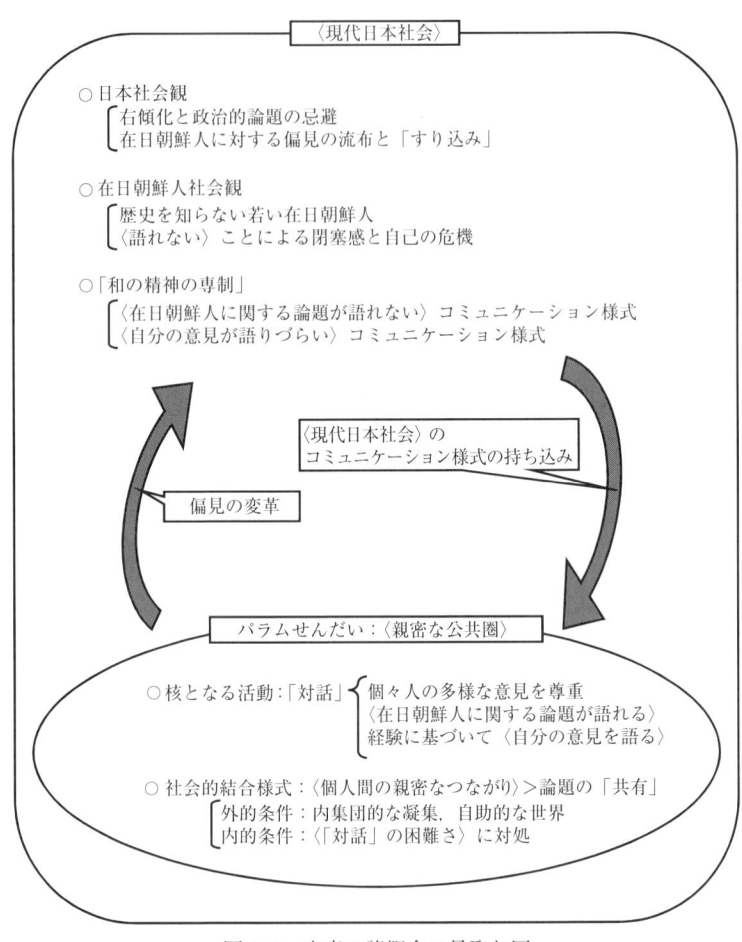

図 1-2　本章の諸概念の見取り図

出典：筆者作成。

る。パラムは，〈現代日本社会〉の中でそれを実現するために，在日朝鮮人に関する論題の「共有」よりも，〈個人間の親密なつながり〉という社会的結合様式を重視する。要するにパラムは，支配的言説の影響によってタブー視されるか特定の紋切り型が付与される論題に関する多様な意見を尊重するために，〈現代日本社会〉の中で個人が相対的に自律可能な〈親密な公共圏〉

という戦略をとるのである。

　また，筆者のみるところ，この〈親密な公共圏〉という戦略は，「親密さの専制」を説き非個人的で公的なコミュニケーションの重要性を主張するR.セネットの議論（1977＝1991）とは逆の方向を指しているように思われる。パラムの事例から浮かびあがるのは，〈現代日本社会〉には偏見や支配的言説を伴った「和の精神」（状況に適合的な意見のみが流通し，異質な意見を語れば対立や人格批判となり，その結果，状況から異質な意見が排除されるコミュニケーション様式）が蔓延しているために，在日朝鮮人に関する公的論題についての非個人的なコミュニケーションが極めて困難な点である。「パラムせんだい」は，別の見方をすれば，いわば「和の精神の専制」に対する苦肉の策として，親密性に基づく社会的結合の弊害を有する〈親密な公共圏〉に活路を見出したのである（図1-2）。

謝　辞

　メンバーであると同時に研究者でもあった筆者を認めてくださり，本章の執筆を承諾していただいた「パラムせんだい」のみなさまに対して，この場を借りて御礼申しあげます。

●参考文献●

Dewey, J. 1927. *The Public and Its Problems*. Henry Holt & Company（阿部斉訳 1969『現代政治の基礎』みすず書房）。
土井隆義 2000「対話不全社会における少年非行」『社会学ジャーナル』25: 15-37。
宝月誠 2010「事例研究からの仮説構成の可能性」『立命館産業社会論集』46(3): 39-61。
木下康仁 2003『グラウンデッド・セオリー・アプローチの実践』弘文社。
倉石一郎 2007『差別と日常の経験社会学』生活書院。
李洪章 2009「『新しい在日朝鮮人運動』をめぐる対話形成の課題と可能性」『ソシオロジ』54(1): 87-103。
中島義道 1997『「対話」のない社会』PHP文庫。
佐藤学 2000「公共圏の政治学」『思想』907: 18-40。
Sennett, R. 1977. *The Fall of Public Man*. Cambridge University Press（北山克彦，高階悟訳 1991『公共性の喪失』晶文社）。

徐阿貴 2005「在日朝鮮人女性による『対抗的な公共圏』の形成と主体構築」『ジェンダー研究』8: 113-128。
Strauss, A.L. 1993. *Continual Permutations of Action*. Aldine de Gruyter.
――― 1995. "Identity, Biography, History, and Symbolic Representations." *Social Psychology Quarterly*, 58(1): 4-12.
―――, and J. Corbin 1998. *Basics of Qualitative Reserch 2nd ed*. Sage（操華子，森岡崇訳 2004『質的研究の基礎』医学書院）。
徳川直人 2006『G・H・ミードの社会理論』東北大学出版会。
山口健一 2007「A・ストラウスの社会的世界論における『混交』の論理」『社会学研究』82: 103-123。
――― 2008「『共生の作法』の経験的研究を目指して」『社会学研究』83: 133-155。

第2章 在日朝鮮人女性の識字教育の構造

1970-1980年代京都・九条オモニ学校における教師の主体に着目して

山根実紀

1 はじめに─在日朝鮮人女性と識字教育─

　植民地時代に学齢期を過ごした在日朝鮮人女性の中には，民族・階級・ジェンダーの複合的差別[1]のために就学経験を持たなかった人びとが多い。そうした女性たちが後に夜間中学や識字教室に通うケースが，1970年代以降に増加する。社会的背景としては，1960年代後半になって帰国運動に連動した民族教育運動の高揚が沈静化し始めていった。その一方で，1965年の日韓協定調印を契機に韓国籍者への「永住権」付与が行われたことなどが，1970年代以降の在日1世の日本語識字の需要への志向に少なからず影響を与えたと考えられる。

　1970年代後半，在日朝鮮人集住地域などで，民間の識字教室が開設された。たとえば，1977年7月には，大阪市生野区の日本基督教団聖和教会で「生野識字学校」（現在の「オモニハッキョ」）が始まった（阿部2007）。生野区の先例からヒントを得て，1978年4月には，京都市南区の東九条地域でも識字教室「九条オモニ学校」（以下，オモニ学校）[2]が開設された。同時期，近畿圏

---

[1] 金富子（2005）は，植民地期朝鮮の朝鮮人女性の不就学について，民族・階級・ジェンダーを分析軸に検証している。在日1世の女性の経験も，そうした背景と少なからず重なっていることから，参照に値する。

[2] 本文中，「オモニ学校」と正式名称に合わせて表記しているが，朝鮮語で「オモニハッキョ」と発音する。聞き取り引用文では，インフォーマントの語り口に合わせて「オモニハッキョ」と

の公立夜間中学でもまた，在日朝鮮人女性の生徒が大半を占めるにいたっていた[3]。

　在日朝鮮人女性の識字問題は，今日においてもいまだ解決されておらず，識字教育・実践・運動あらゆる局面で，当面の課題とならざるを得ない。非識字者の実態の把握と，それを踏まえた識字教育実践は急務のこととして，学習者や教師の間で不十分であれ議論がなされてきた。しかし，非識字者を取り巻く錯綜した状況が孕んでいる問題は，しばしば見落とされがちである[4]。たとえば，識字教育は，非識字者にだけ努力を求め続けており，日本語識字優位的な社会への〈包摂〉を招き，（非）識字者の序列を再生産している。また，教える–教えられる関係が固定化され，非識字者は，識字教育の現場においてもやはり権力構造の中に放りこまれる事態を免れていない。では，ここで取りあげるオモニ学校ではどうだろうか，本章は，識字教育の現場における権力構造をめぐる問題，あるいは非識字者である在日朝鮮人女性たちを規定し続けている権力関係を明確化することを課題としている。

　本章では，上記の課題に迫る試みとして，1970年代という時代に京都に登場したオモニ学校が，どのような学びの空間であり，また出会いの場であったのかを，教師の主体に着目して考察してみたい。対象となる京都・東九条地域のオモニ学校は，在日2世，3世の朝鮮人と日本人によって，在日1世女性たちのニーズに応えるべく始められた。行政から財政的援助を受けずに独立して経営することを貫いてきた民間識字教室である。

　オモニ学校が開設された1970年代は，市民運動が多方面で従来の社会運動のパラダイム転換を図り，当事者運動や地域運動などが活発になった時期であった。ウーマンリブのような女性解放運動が展開される一方で，在日朝鮮人問題に対しては日本人の戦後責任や植民地支配責任がようやく問われつ

　　叙述している。
3）　公立の夜間中学は，新学制発足後，学齢期の「長欠児童」の保障として，各中学の責任下ではじめられた。1966年11月に行政管理庁のいわゆる「夜間中学早期廃止勧告」が出された後，元夜間中学生たちが，夜間中学増設運動を展開したことを契機に，義務教育保障や非識字の問題を社会に周知させた。運動の結果，予想に反して，学齢を超過した在日朝鮮人をはじめとするさまざまな生徒が夜間中学に集うことになった。
4）　かどや（2009）は，非識字者に対する差別を再生産・強化する構造が，識字運動の中にもみられると指摘している。

つあった。オモニ学校での在日朝鮮人女性の非識字者を取り巻く実践の混沌とした空間の創出過程は，こうした70年代的状況が豊かにはらんでいた可能性と，同時にその問題点を開示することになるであろう。当時の議論は，未清算の植民地支配責任を克服することにつながったのか，残された今日的課題に当時の議論では応えきれなかった別の落とし穴があったのではないか，そのような仮説に基づいて考察していきたい。

2 南部教会再建運動と九条オモニ学校

オモニ学校の歴史の中で，本章の対象とするのは，設立準備の始まった1978年頃から設立を経て1985年頃に至るまでの数年である。1989年に発行された沿革誌『九条オモニ学校十年誌 —— オモニに学ぶ』(1989.以下，『十年誌』と略す) 以降に沿革誌や活動記録がまとめられていないこと，聞き取り対象者が設立前後のメンバーであること，設立後の数年を経てからは在日青年の参加が減少してオモニ学校の様相も変化したと思われることなどが，その理由である。

以下，オモニ学校開設当初をよく知る方への聞き取り調査に主に依拠しながら，『十年誌』など関連資料も補足的に参照する。表2-1は，筆者の聞き取り調査における情報提供者の概要一覧である。なお引用の際，情報提供者は，すべてアルファベット仮名で記載し，日時についての「②」は2回目の聞き取り日時を指す。

2-1. 南部教会再建運動

京都市南区東九条地域は，JR京都駅の南東に広がる地域であり，東九条の北側には京都市最大の被差別部落である崇仁地区（東七条）が存在し，1920年代半ば，東七条と東九条にまたがって朝鮮人居住者が増加した（宇野 2001）。「東海道線の増復工事」では，朝鮮人が大量動員され，この工事を契機に東九条は朝鮮人の一大居住区となる（宇野 1983）。戦後は，1959年の国

表 2-1　九条オモニ学校情報提供者一覧

情報提供者	インタビュー日時①	インタビュー日時②	担当	当時の所属	備考
1) A	2008年12月 4日	2010年 9月22日	教務部	大学生→寮母	
2) B	2009年10月14日		総務部	高校教師	C氏と一緒に
3) C	2009年10月14日		ベビーシッター	保育士など	B氏と一緒に
4) D	2009年10月19日	2010年10月26日	音楽班	音楽家	
5) E	2009年10月27日		設立メンバー	公務員	
6) F	2009年11月 8日	2010年 9月30日	設立メンバー&教務部	神学生	2回目M氏と一緒に
7) G	2009年11月22日	2010年 9月23日	教務部	大学生	2回目K氏と一緒に
8) H	2010年 3月24日	2010年 7月14日	設立メンバー	教会青年会	
9) I	2010年 5月17日		設立メンバー&教務部	高校教師	青森にて病床に
10) J	2010年 6月18日		ボランティア	大学生	
11) K	2010年 9月23日		設立メンバー&ベビーシッター	保育士	G氏と一緒に
12) L	2010年 9月27日		ボランティア	大学生→「希望の家」	
13) M	2010年 9月30日		韓国語クラス教師兼任	神学生夫人	F氏と一緒に
14) N	2010年10月 3日		教務部	大学生→教師	
15) O	2010年10月 7日		設立メンバー&副校長	教会→「希望の家保育園」情報提供者	

注：アルファベット仮名，敬称略。聞き取りを行った日時の順から並べている。

際会議場建設決定等に伴い，京都駅南側付近に立ち始めたバラックの立ち退きが強行され，その住民が崇仁や東九条へと流入した（東九条地域生活と人権を守る会 1982: 2）。さらに，1960年代前半の東海道新幹線工事に伴う立ち退

き強制によって，東九条への流入人口はますます増加した[5]。

戦前期，この地域に居住する在日朝鮮人によって，在日大韓基督教京都南部教会（以下，南部教会）が1927年に設立された。だが，戦時下の1941年に日本の特高警察により強制的に閉鎖させられた[6]（日本基督教団京都教区「教会と社会」特設委員会在日・日韓小委員会 1998: 6）。解放後30年あまりを経て，同地域の在日1世のキリスト者により1976年11月に南部教会が再建された。この南部教会が，本章の主要な対象であるオモニ学校の拠点となる。そこで，以下にその再建の経緯をみておくことにする。

南部教会の再建に30年もの歳月がかかってしまったのは，南部教会の閉鎖以降，分会によって信徒の減少を懸念する教会関係者によりその再建が認められず，財政的な援助のなかったことが大きな要因であった。しかし，東九条地域での礼拝を希望していた地域の信徒たちは，水曜日だけ地域内の個人宅で礼拝を始めた。東九条出身でオモニ学校設立メンバーでもある在日2世の信徒のO氏へのインタビューによれば，1957年頃から約17年間にわたりO氏の自宅が「九条伝道所」として水曜礼拝を担ったという（O氏 2010）。その中で，集まった地域の信徒たちは，「将来，南部教会を復活したい」という思いを持ち祈り，少しずつ献金しながら自力で教会再建を実現させた。

同じく東九条出身の南部教会の青年会メンバーであり，オモニ学校設立時のメンバーでもあった在日2世のH氏の両親は，この教会再建運動に熱心に取り組んできた（H氏② 2010）。僅かな収入をほとんど再建のための資金として貯蓄していたという。教会再建と礼拝を守ること，そして子どもたちに信仰を持ってもらうことを望んでいた。しかし，南部教会の再建直後，牧

---

[5] 一方で，1951年の崇仁地区を中心に起こった部落解放運動以降，「改良住宅」の建設が行われるが，朝鮮人は国籍条項によって入居が拒否され，それに伴う立ち退きによって在日朝鮮人はより条件の悪い河川敷へと追いやられていく（東九条地域生活と人権を守る会 1982: 3-4）。当時，東九条地域は，「劣悪」な住環境により，火災が多発していた。その状態がようやく社会問題化されたのが，革新市政・富井清市長の誕生，地域住民の運動，メディアの報道など社会的条件が整った1967年であった（山本 2009）。

[6] 南部教会の牧師をはじめとした教会関係者が，「基督者は民族運動者で不逞鮮人であるという名目」で，特高警察に投獄された後，日本内地から追放されている（日本基督教団京都教区「教会と社会」特設委員会在日・日韓小委員会 1998: 6）。

師がいなかったためすぐには礼拝を行うことができなかった事情もあり，むしろ青年会による事業が先駆けて取り組まれたようである。在日1世の信徒たちは，こうした青年会の活動に全面的に協力したという。この青年会による事業の一つがオモニ学校であった。いわばオモニ学校は，教会が認められるための「奉仕活動」の1つとして設けられた側面を持っていたわけである（F氏② 2010）。

1976年に南部教会が再建されると，信徒は，地域に密着した「魂のシェルター」ができたと歓喜していたという（F氏② 2010）。再建当時の南部教会の信徒の写真を参照すると，大半が女性たちであることがわかる（在日大韓基督教京都教會50年史編纂委員 1978: 47）。このことは，偶然だったのか，必然だったのか，個々の経験によって差異があるだろう。ただし，教会再建に女性信徒たちの尽力が大きかったことの背景として，女性信徒が日本社会における民族差別とともに性差別に直面していた事実を指摘できる。それゆえ，教会がまさに「シェルター」としての役割を担っていたことは想像に難くない。

在日1世の信徒たちは，「熱い説教」を求めて，韓国からの宣教師を迎え入れた（F氏② 2010）。一方で，教会の青年たちは，社会意識の強い者たちが多く，地域と接触の少ない牧師とのあいだではズレもあった。しかし，それだけにオモニ学校が1世と2世の「接合点」になっていたともいう。

2-2. 九条オモニ学校の設立経緯

南部教会の青年会は，再建された南部教会を盛り上げるためにも，何か有意義な取り組みをしようと議論した。そこで，在日1世のニーズに応えようという目的で，在日1世が日本語文字を学ぶ「オモニ学校」を開設しようということになった。設立を提案したO氏は，以下のように振り返っている。

> わたしはここ〔東九条〕で生まれ育った人間なんですね。うちの家族は全部。うちのおふくろが，韓国の，朝鮮の文字は，教会に行ってたから，一生懸命読めてたわけ。もうほんのわずかやけどね。読めてたけども，電話〔当時の

黒電話〕がでけへんと、電話が。ぼくらがしっかり電話のかけかた教えるいうても、そんな余裕がないもんだから、学校行ってかえってきて、もう学校行って帰ってきていう状況で、オモニの要求は電話がしたいというのが一番あったんでしょう。同じ教会の人で、電話だけじゃなくて、孫に絵本を読んであげたいとかいうようなうちのおふくろの関係、南部教会の関係者の中にいたわけね。たまたまぼくは、そのとき大阪におったんですよ。大阪の生野区というところにおってね。大阪生野区の大学のともだちが、生野区の教会の牧師をしとって、それがオモニハッキョをするんやいうてね、友だちらとやり始めたんですよ。そんなこともあって、まあ見学に行くようになってね。(O氏 2010)

　まず、O氏の母親の生活経験が、彼の意識に大きな影響を与えたようだ。母親は教会での朝鮮語の説教や聖書によって、わずかな朝鮮語文字を読めていたようだが、電話ができないというような、生活上の困難を抱えていた。当時は、黒電話が使用されていたが、その使用方法における障害である。これは、読み書き的な識字というよりも、生活する上でのリテラシー、つまり「機能的識字」と一般的に言われるものである。電話機の使用方法、電話帳の見方、番号の識別など、非識字者にとっては、バリアに満ちた状況があるといえる。そうした身近な非識字体験をはじめ、「孫に絵本を読んであげたい」という在日1世の声をくみ取るとともに、O氏は、生野での動きを、南部教会の青年会に伝えた。その際、この界隈で部落解放運動に携わり、また教会関係者でもあったI氏（当時高校教員）に声をかけたことをきっかけに、生野のオモニハッキョへ見学に行くなどして、オモニ学校設立準備会を具体的に立ち上げていった。

　1978年頃、O氏の自宅にI氏などが集まって何度かオモニ学校設立の準備会を行ったという。オモニ学校は南部教会を基盤として成立したわけだが、2世の在日青年たちは、I氏をはじめとして、南部教会以外の教会関係者、活動家、学生などにも呼びかけた。そこで、さまざまな人が設立準備に関わることになった。その中には、京都韓国学園移設運動[7]などの反民族差別運

---

7) 1960年代、北白川校地にあった京都韓国学園が、移転計画を決行する祭、移転先の地域住民から激しい反対運動が起きた。20年以上の闘いの末、1984年、現在の本多山校地への移転を成し遂げた。この移転の支援には、多くの日本人が主体的にかかわった。

動,「京都在日韓国・朝鮮人生徒の教育を考える会」[8],韓国政治犯救援運動,部落解放運動などのほか,地域の保育士や学校教師の関わりもあったという。こうした人的交流や問題意識の高まりが,1978年「オモニ学校」の開設へとつながることになった。

　オモニ学校を開設する際に,大事にしていたこととして,O氏は3点挙げている。第1に,在日1世の女性たちの要望を満たすということ。第2に,オモニ学校を通して,つまり在日のことを通して,いろいろな角度から日本社会の社会構造を把握していくということ。第3に,仲間づくりをすること,そこには在日だけではなくて,日本人の運動家,在日朝鮮人の運動家が,共同でそれを一緒に担っていくということ。O氏は第1のことは当然として,第2・第3の点も大きな意味を持っており,オモニ学校がそうした活動の広がりの基盤になることを期待していたという。

　このように「オモニ学校」には多様な意味づけが与えられていただけに,その開設は決してスムーズに進んだわけではなかった。開設準備の討議において,在日青年たちは,日本語の読み書きを学ぶ場を設けることについて「日帝時代の日本の朝鮮文化抹殺,『一視同仁』という同化政策の歴史を振り返ると,何かこだわりや躊躇というものを拭い去れなかった」(九条オモニ学校 1989: 7) という。

　また,日本語を学ぶ場を設けることそのものへの違和感は克服できたとしても,それを日本人と一緒に学ぶことへの違和感が強く意識されることもあった。この準備委員会のメンバーであった青年会のH氏は,その当時の様子を次のように語っている。

　　　南部教会の青年会の一員だったんだけど,南部教会の経緯の中で,オモニハッキョの話が出たときに,私はね,日本人と一緒にやるんがすごく嫌だったんです。あははは(笑)準備段階でね,最終のところまできてたの,いついつから始めると。待ってくれと,私は実は嫌なんだと。なぜかというと私の

[8)] 「考える会」とは,京都韓国学園建設運動にかかわっていた日本人が,在日朝鮮人教育問題全体を捉えるためにも,日本の学校に通っている朝鮮人児童の問題に取り組み始めたのが契機で1976年に結成された。後に,「全国在日朝鮮人教育研究協議会・京都」(「全朝教京都」)へと発展していく。「考える会」の中でも,1970年代に急増していた夜間中学の在日朝鮮人女性生徒の教育機会の問題も認識されていたという(E氏 2009)。

オモニとアボジは，強制ではないけれども，日本の歴史の中で苦しみを虐げられた部分があって，その日本人になぜ日本語を教えられなあかんねんて。便宜上，たとえば切符を一枚買ったり，役所で手続きをしたり，不自由は強いられている。それは私たちが教えたらええやん，在日の青年が。〔……〕

〔同じように考えていた人が〕他にもいたと思うね。ただ，それをちゃんと口に出して言ってしまったんは，早かったんじゃないかな。〔……〕なんてこと言うんだろと，みんな唖然としたと思う。言うんならもっと早く言うべきよね，それはね。

なんか嫌ーって，私はまあ〔幼い頃から〕日本を拒絶してきて，その延長でね，オモニハッキョ，一緒にともに日本人と青年と活動するということに対してなんかどっかで納得してなかったんですよ。なんで日本人と一緒にやらなあかんねんて。日本人のその贖罪意識でーこう悪いと思ってるんですよ。「あんたがしたんか」，「何であんたが謝る必要があるのか」って。もう一何て言うんですか，あのーさむいぼができるっていうの。嫌悪を感じててね。贖罪ですか，朝鮮人に対して日本人が。一方では差別的な日本社会でさ，急に私たちに近づいてきて，日本人の青年たちが，昔は悪いことして，過去の歴史に罪を犯したとかね，もう嘘臭い。とってもなんかね。（H氏①2010）

1955年生まれの在日2世であったH氏は，排他的な日本社会の中で，幼い頃から日本人への不信感が募っており，その「反動」からとても「頑な」になっていたという。教会青年会メンバーとして携わっていたオモニ学校開設の準備が着々とすすんでいく中で，日本人と一緒にやることの「耐え難さ」をぶつけずにはおられなかったのだろう。彼女の主張は，虐げられてきた在日1世の両親たちが，日本人に日本語を教えられることの違和感，実践するならその子どもたちが主体になることであった。

さらに，彼女の発言は，「贖罪意識」を持って参加している日本人たちへの「告発」でもあった。1970年の在日華僑青年たちの「華青闘告発」にも象徴されるように，それまで社会運動の中でも周縁化されてきた民族的マイノリティが声を挙げるに及んだ。日本人の左派系の人びとの多くにとって，それまで同じ「プロレタリアート」として「連帯」する対象であった在日朝鮮人も，「謝罪」すべき対象として眼差されるようになりつつあったのである。それは重要な変化であったが，一方的な「贖罪」や「謝罪」の意識は在

日朝鮮人に「嘘臭い」という「嫌悪」の思いも引き起こし，両者の関係性にさらなる葛藤をもたらしていたといえる。

　以下では，それに対しての相互の反応が語られている。

> 　私はね，贖罪意識で擦り寄られてくる日本人をほんとに疑ってしまうのね。嘘こけと。あんたがしたんじゃないのに，なんで謝るの。それよりもやることがあるやろ。私たちに近づいてくる前に。そういう時にうちの〔現在の〕旦那がね，「在日問題ではありえない，日本人の問題だ」と，会議の中でスパって。他にも言っている人がいたんだろうけど。生意気だったんですよ，はじめてね，日本人の中で朝鮮人に偉そうにいう青年というのが，彼だけでしたね。生意気だった。実行委員をしてた彼は，テキパキと動いてたし。Ｉさんが，すごい信頼を持っていた人ですね。学生だったんだけど。〔彼は〕なにしろ生意気。でもね，彼の言うことはね，こう確かに私は教会の在日の青年の人たちの中に，ちょっと浸みるものがあったね。はっきりと言うのね，自分たちの問題は自分たちで解決しようや。だけど，あなたたちにもやることはあるでしょって。面と向かっていうのね。ほーって。（Ｈ氏① 2010）

　Ｈ氏は，準備委員会に携わりつつも，「悶々としたもの」を拭い去れなかった結果，先にも引用したように，開設直前にそのことを会議の中で日本人にぶつけたが，この取り乱しは，彼女の人生の「物語」における「最終章」でもあったという。その「最終章」として，この準備委員会において後に結婚することになる日本人青年と出会うことになる。彼は，オモニ学校準備段階からＩ氏とともに中心的に携わっていたメンバーの１人であった。在日青年による「告発」に対して，日本人だからといって言葉を呑み込まず応答しようとする日本人の存在は，Ｈ氏にとって「生意気」と感じられると同時に，「ちょっと浸みるもの」があったという。「贖罪意識」で「謝罪」の言葉だけを述べるだけではなく，たとえ既に流通していた言葉であっても，この状況の中で「在日問題ではありえない，日本人の問題だ」とはっきりと述べた日本人青年の言葉は重みを持ったのだ。

　また，準備委員会のメンバーではなかったが，東九条出身の在日２世の高英三氏も，オモニ学校の運動の内実に違和感を抱えていた者の１人であった。彼は，東九条の住民運動や指紋押捺拒否運動，労働組合運動に取り組ん

でおり，2003年に47歳で亡くなった。オモニ学校の歴史上，彼の「告発」もまた重要な出来事として位置付けられる。彼は，1979年にオモニ学校の親睦会で以下のように主張した（1984年の文字起こし資料より引用）。

　　自分が，正直いってオモニたちに日本語おしえるっていうのは，なんとなくばからしくもあったし，なぜオモニたちが日本語べんきょうせなあかんのかって，問題もかんじました。やっぱり，なぜかってのは，ぼくたちはウリマル〔わたしたちの言葉〕しゃべれへん中で今，2世，3世ていわれてるぼくたち，ウリマルをかけへんし，しゃべれへんていう中でね，ウリマル学習会に参加したり，クゴ〔国語〕をつかわずにね，日本語をまなぶっていうか，ものすごこう，少なくとも最初，ぼくはゆるせへんきもちがして，なぜオモニたちが今から日本の字をべんきょうせなあかんのやろと，〔…〕もっともっとオモニたちのほんとうのそいういう意味で日本語をべんきょうせなあかんといったとき，あのくやしさというのはぜったいある思うんですわ。そのくやしさの中でね，ぼくがかかわりあいもってるということは，そのオモニたちのくやしさを，ぼく自身のくやしさにしていかなあかん（高英三 1984）。

　以上のような語りには，在日2世としての立場から「オモニ」たちが日本語を学ぶことの「わりきれなさ」のようなものがにじみ出ている。教師会では，たびたびこのようなテーマをめぐってそれぞれの立場をはっきり表明することが求められていた。「わりきれなさ」が確かに存在する一方で，「オモニのくやしさ」を自分自身のものにしていくという言葉が象徴しているように，在日2世が，在日1世の経験にいかにかかわり自らの経験をそこに重ねるのかという問題の糸口をオモニ学校に見出そうとしていたことも分かる。

　上述の準備委員会の討議の結果，「日本語学校に甘んじてはいけない」と，「ウリマル（私たちの言葉）さえ奪われたオモニたちの痛み」にも応えるべく，「韓国語クラス」も設けることになった。その上，「ウリマル＝我らの言葉＝韓国語」を失いつつある2世，3世の青年たちにとっても良い学習の場となるという意義も確認された」という（九条オモニ学校 1989: 7）。また，生活相談など直接生活にかかわっていくような取り組みも意識されるようになった。

第I部　コリアン・ディアスポラの民族関係 —— 東アジア社会から

　こうした「告発」は，後のオモニ学校における人間関係の基礎ともなり，日本語識字の再考や教師－生徒関係を切り崩していくような識字実践の模索のひとつの契機となったともいえる。それでは，どのような日本人がオモニ学校に集まってきていたのだろうか，そして，どのような在日青年とのやり取りがあったのだろうか，次節でみていきたい。

3　九条オモニ学校における教師の語り

　開設後に集まってきた教師は，もとより正式な教員免許のような資格を持っていたわけではなく，基本的にボランティアとしてかかわっていた。また後述するように，在日朝鮮人青年が中心となって始まっていたが，開設まもなく日本人青年たちの参加のほうが多くなっていった。以下，両者の語りをみていきたい。

3-1. 日本人教師と九条オモニ学校との出会い

　以下に紹介していくのは，設立時のメンバー以外で教師の役割を果たすことになった日本人の語りである。まず，開設後数ヵ月を経て参加するようになったA氏は，1973年に同志社大学入学後，「ベトナムに平和を！市民連合」(以下略称，ベ平連) の事務所でもあった喫茶店でアルバイトをしていた。当時，ベ平連が取り組んでいた韓国軍事政権下で「政治犯」として捕らえられた詩人・金芝河の救援運動に触れ，はじめてデモに参加した。A氏は，その時の心情を以下のように語っている。

> 　でも，知らないわけ，韓国の歴史とか，朝鮮半島と日本の歴史とか，日本が朝鮮を植民地支配していたとかさ，そういうこと全然わかってないわけ。軍事政権のすごい悪者の国だとか，そこで弾圧されて詩人が殺されそうになってる，なんとかやめさせたいということで行ってるわけね。〔……〕
> 　勉強していくうちにどんどんショックが大きくなってきてさ，自分が知らないということについて，知らないできてしまったということについてさ，

第 2 章　在日朝鮮人女性の識字教育の構造

罪悪感みたいな，そういうものに悩んだというか。(A 氏② 2010)

　1970 年代の「華青闘告発」以降，日本人の立ち位置はますます厳しく問われるようになったと言える。中でも韓国における民主化闘争と日本の市民運動との連帯という課題は当時の学生運動にも影響を与えていたが，A 氏が振り返るように，日本と朝鮮半島の歴史的関係が必ずしも正確に捉えられているわけではなかった。A 氏は，日本と朝鮮半島の歴史を知らないできてしまった「罪悪感」に悩まされたという。こうした「罪悪感」は，A 氏がその後在日朝鮮人問題に取り組む契機となった。

　1975 年 11 月，同志社大学に在学する在日朝鮮人学生が，韓国で数名逮捕されるという事件（いわゆる「11・22 事件」）が起こり，A 氏自身にも衝撃が走る。当時，さまざまな救援グループがあり，その中の一人の「政治犯」の救援にかかわっていくことになる。

　　在日韓国人に会ったことがないわけ。会うときは，いつもこう日本人代表みたいな感じでさ。なんていうのかな，友だちとか日常の中で接して得た友だちじゃない。運動の中で出会うと，いつも突きつけられる側と，差別する側と，そういうことでしか出会えないわけ。やればやるほどに無力感が募るし，政治犯の救援なんてすごくつらいんだよ，すっごいつらいのね。で，やめたいわけ。でも逃げたらそれこそ〔自分への〕裏切りとかね，いろんなことがあってね。(A 氏② 2010)

　A 氏は政治犯の活動を通じて韓国や在日朝鮮人運動にさらに深く携わっていくことになるが，そこでの出会いは，常に「日本人代表」として向き合わされ，突きつけられる関係であり，そこから逃げる事は許されないという厳しい状況に追い詰められていたという。差別するものとされるもの，糾弾されるものとするものという緊迫した関係の渦中にいたことがうかがえる。その後，精神的に追い詰められた A 氏は，1 年の休学を経て復学後，かつてのアルバイト先の喫茶店で出会っていた牧師たちが開設した生野区の「オモニハッキョ」へ誘われる。最初はためらったが，「おばあさんたちに出会いなさい。あなた誰にも出会ってないでしょ」と牧師に言われて見学してみると，その 1 回で，はまってしまったという。

最初怖くていけないわけよ。行ってね，何で日本人がとか，日本語なんだとかさ，言われたらとかびくびくしてるわけよ。私が行く資格がないとかさ，すごい思ってるわけよ。で，怖々行ったら，もうそれどころじゃなくて，もう先生足りないからさ，ただ遊びに行って見学の予定だったのが，この人一緒にやって勉強してー！ 人足りないんだからー！とか，とにかくペア組まされて。（A氏② 2010）

　A氏は，かつての救援活動に辟易し，その結果，疲労困憊して社会運動に対する恐怖感を抱くようになった。「日本人」だとか「日本語」だとか，そうした糾弾があるだろうと「怖々」オモニハッキョへ行った。「行く資格がない」という意識も，先述した「罪悪感」をまだ克服できていなかったことを示している。しかし，実際は，「それどころじゃなくて」，初日から生徒と「ペアを組まされ」て，識字学習に参加することになる。

　こうして生野のオモニハッキョに通いはじめたA氏は，生野で下宿を探しているときに，オモニハッキョで出会った独り住まいの在日1世の女性の家に居候するようになり，生野や在日朝鮮人の生活に深く入り込んでいくことになる。その後，1979年頃，京都に戻ることになったとき，ちょうど開設もない東九条オモニ学校に参加することになる。そして，始まったばかりのオモニ学校を一からつくっていくことにやりがいを見出していく。

　次に，A氏に誘われて参加するようになったN氏のインタビューをとりあげることにしたい。彼女は，「クル病」という下肢骨の変形症状を理由として，高校1年生のときに，初めてイジメを受けた経験を持つ。これは非常にショックな体験となったが，イジメから自力で立ち上がっていったという。そして，1980年，同志社大学4回生のときに，障害という自分自身の問題に立ち向かえていないと思い，大学のサークル「障害者解放研究会」（以下略称，「障解研」）に参加するようになった。しかし，障害者という立場性をはっきりさせたいという思いとは裏腹に，「障解研」の参加者は，自分よりも「重度」のものが多かったこともあって，「障害者手帳の交付を受けていない軽度障害者」の彼女は，「障害者扱いされな」かった。それに伴って，自分が何者かという「アイデンティティ・クライシス」に陥っていたという。

　そんな時，オモニ学校に参加していた在日青年と出会った。その青年は，

N氏にとって初めての在日朝鮮人の友人となる。

> それまではね，私の発想は，まあ言えば被差別者の発想なんですよ。差別される側の。ところが，P〔注：在日青年，イニシャルは筆者〕に出会ってからは，差別する側の，今度は差別者としての自分に出会うわけなんですよ。だから，手帳の交付を受けられない軽度障害者の自分は被差別者なんだけれども，在日に向かっては差別者なんですよね。で，そういうのがぐっちゃぐちゃになって分からない状態になってて。
>
> むちゃくちゃ恥ずかしかったのが，在日に参政権がないことを知らなかったんですよ。それをPを通じて知って。えっ？て。それまではいっぱし運動してるし，同志社でも文科系のことやってるでしょ，時代が時代やからやってるでしょ。そやし，その22歳の私が，在日に選挙権がないっていうの知らなかったのは，ものすごく恥ずかしくて，これはあかんと思って。Aさんにハッキョ手伝ってくれと言われたときに，オモニたちに謝りたいというか，土下座をして謝りたいという気持ちでオモニハッキョに行ったんですよ。
>
> そしたら，その謝るつもりで行ったのに，全然ハッキョの雰囲気がそんなんじゃなくて，オモニたちからは，「先生，先生」て呼ばれるわけじゃないですか。ほんで初対面でも1対1でやるからね，最初のころほんとに人がいなかったから。でー「あいうえお」も書いたことないから，当然手をにぎってやるでしょ，えんぴつの持ち方から。〔……〕
>
> 私の印象としては，とにかく行ったその日に，あるオモニに字を教えたら，その人には怒られるそれこそひっぱたかれる，土下座しなあかん相手から，「先生，先生」いわれて，それでしかも最初に教えたオモニがなんと初回に身世打鈴〔朝鮮語で身の上話という意味〕が始まってしまって，〔……〕ざーっとしゃべりはったんですよ。ぜんぜんわけがわからなくなって。（N氏 2010）

それまでのN氏は，「被差別者」としての発想で，自己を模索していた。しかし，在日青年に出会って，彼と向き合ったときには，自身は「差別者」になり，その社会的背景さえ何も知らないということに気づかされた。彼女の中における「被差別者」から「差別者」への立場性の転換は，さらなる「アイデンティティ・クライシス」を引き起こし，N氏は混乱に陥った。そこで，「知らない」ということを恥じて「土下座をして謝りたい」という思いから，オモニ学校に参加する決意をした。

しかし，いざ参加してみると，「謝罪」するような雰囲気ではないオモニ学校の活気にのみこまれていく。人手が足りない中で，やはり初日から読み書き学習に参加し，「土下座しなあかん相手」から「先生」と呼ばれ，その上，身の上話が始まってしまい，「ぜんぜんわけがわからない」状態に置かれた。

N氏は，オモニ学校でのこうした出会いを，新約聖書の中にあるイエスのたとえ話「放蕩息子」と重ねて振り返る。「放蕩息子」は，父親の財産の一部を得た息子が，放蕩の旅に出て私財を使い果たし，無一文になって父親の元に戻ってきた時に，父親にひどく怒られるだろうという予想に反して，父親は放蕩息子の無事の帰還を祝福し接吻したという話である。「私にとってみたら，自分がちゃんと怒ってもらって謝って，差別者としての自分をはっきりさせようとして行ったにもかかわらず，オモニたちのほうから出向いてきて，私のことを抱いてくれた」（N氏 2010）。N氏に想起させたこのたとえ話によると，「放蕩息子」が自身であり，「父」は「オモニ」であるという関係にあたる。日本人としての「罪」を自覚したN氏は謝罪しようとしたが，「オモニ」は抱きしめて，「赦し」を与えてくれるという経験をしたことになる。

N氏はまた最初の「障解研」で経験した「アイデンティティ・クライシス」との関連で，以下のようにも語る。

> オモニハッキョをきっかけに，そして夜間中学を通ることで，本格的になったオモニとの出会いっていうのは，〔……〕〔障害者として〕宙ぶらりんやというアイデンティティ・クライシスの中にあるとしても，オモニたちの存在はもっとでっかい存在で，そのままの私を映し出す鏡の存在なんですよね。そこに映っているわたしというのは，垣根がなくてぜんぜんいいっていうか，そのままでいいっていう。ものすごく大きな等身大の自分を映し出す鏡って，わたしはよく表現するんだけど，オモニのことを。自分より完全に大きな存在じゃないと映し出せないじゃないですか。その完全に大きな存在だったわけですよ，オモニというのは。（N氏 2010）

N氏は，1981年には夜間中学の非常勤教員，1982年には常勤で務めるようになり，夜間中学においても在日1世の女性たちと深いかかわりを持つようになる。「自分より完全に大きな存在」であるからこそ，「等身大の自分を

映し出す鏡」になり得る「オモニ」たちとの出会いは，差別－被差別をめぐるステレオタイプなイメージを揺るがすような強烈な経験であった。「ぐっちゃぐちゃ」になったり「宙ぶらりん」であったりする自分でありながら，そうした自分が「そのままでいい」とも思えるような経験が，N氏にとっての「赦し」であり，「オモニ」たちがそうした自己を見出すことを手助けしてくれるような「大きな存在」になっていたということが読みとれる。

　以上の2人の日本人教師のオモニ学校との出会い方には，「無知」であることからの「罪悪感」から出発しているという共通点が見出せる。しかし，実際は，それどころではなく「先生」と呼ばれて，識字学習として始まったその場の雰囲気に圧倒されてしまう。

　こうした日本人教師たちの「罪悪感」は，在日2世のH氏が違和感を覚えた日本人の「贖罪意識」と照応しているともいえる。ただし，「贖罪意識」に駆られてオモニ学校に通い始めた日本人は数多く存在したかもしれないが，その中でA氏やN氏のようにその後も通い続けた人びとは単に「贖罪意識」に駆られて行動するのとは異なる経験をした可能性があることを留保しておきたい。「罪」を感じて，そのことへの「罰を受ける」こととは性格の異なる経験——「圧倒される」という経験は，「オモニ」の生活に深くコミットしていくようなあり方や，また「受け入れられる」とか「赦し」といった「オモニ」たちの寛容性に魅了されていくプロセスであった。では，それを契機に，どのような関係性に分岐していくのか，後ほど3-3で検討したい。

3-2．在日朝鮮人教師の九条オモニ学校への思い

　次に，在日朝鮮人教師側の語りに焦点を当てる。

　1947年生まれの在日2世のM氏は，岡山県倉敷の在日朝鮮人集住地域出身であり，在日1世の男性たちを支える女性たちの姿や，小学校での日本人男子生徒からのイジメの経験からトラウマを抱えていた（M氏 2010）。しかし，「地域の教会で自尊心を養いながら，祈りを続けていたら，小さい頃の

経験が自分をつくっていることが分かり，本音で生きよう」と思うようになり，そんなときに南部教会で神学生として活躍することになるＦ氏と青年会の交流会で出会う。1977年秋，Ｆ氏との結婚を機に京都に移り住んだ。ちょうど南部教会が再建されて，オモニ学校の設立準備が行われていた時期である。

　いろんな立場の人が，オモニ学校に集まっていた様子を語ってくれた。

> 私は，この地域のものじゃない，よそ者だし，少し距離を置いてみていると，よくみえる。青年や学生たちがよくぶつかっていた，両者は違うから。Ｈさんは，民族意識の強い人で，〔……〕それに東九条が地元で，言える人であったと思う。少し私たちとも違うの。(Ｍ氏 2010)

　Ｍ氏が言及するように，東九条出身か否かで微妙に立場が違うことが分かる。「よそ者」意識は，日本人教師だけでなく，他地域から来た在日朝鮮人教師にもあった。東九条という地域における経験が，このオモニ学校の存在を認めるかどうかの声の大きさにも少なからず影響している。

　日本人教師との関係については，Ｆ氏とＭ氏との以下の会話から雰囲気がうかがえる。

> Ｆ氏：日本人が多かったのは，人間の問題でもある。在日の青年は，オモニハッキョに来て，またここでもかと思う。家族の暗い部分を抱える在日2世としては。一方で，日本人は新鮮さがあったのだろう。
> Ｍ氏：そこに断絶があるのよね。
> Ｆ氏：Ｈの弟は，日本人が何かを分かっているかのようにオモニに接するところをみて，何を分かってると言うねんと，フラストレーションがはじけたり，教師会ではよくあった。
>
> (Ｆ氏②・Ｍ氏 2010)

　在日朝鮮人教師の参加が減少していく理由として，前項で紹介した設立メンバーのＯ氏は「教える先生方は，どっちかいうと，在日ではなくて，日本の人が多かった。在日の青年たちは，忙しいというか，生活に忙しいということもあって，なかなか，なかなか参加しづらかった部分が多いかな」(Ｏ氏 2010) と言及している。1980年代の東九条地域では，学生も少なく，労

働者として生計を支えていく青年が多かったことをふまえると，在日青年たちが継続的にオモニ学校に参加することは難しかったと想像できる。また，「オモニから学ぶ」という日本人教師の語りがちな理念は，すでに身近に在日1世の存在を感じている在日2世の青年にとって，トラウマに触れるところも少なからずあったのだろう。また，日本人教師にとっては，非識字者である「オモニ」との交流が，「無知」を埋めていく「新鮮」なものであることによって，在日朝鮮人教師にはそうした日本人教師の経験との「断絶」が意識される側面もあっただろう。

日本人教師との緊張関係でいうと，日本人がチマチョゴリを着て「はしゃいで」いるとか，浴衣を着てくるとか，在日朝鮮人教師たちにとっては，そうした行動への「許せない違和感」があったという。在日朝鮮人－日本人間の緊張関係があったことを証言したM氏は，「いつも喧々諤々緊張が走っていた」と語りながら，「より傷ついたのは，2世だったのよ」と語る。

次項では，こうした問いに日本人教師がどう応えていったのか，また実際にオモニ学校の関係性が両者にとってどのように受け止められていったのかをみていく。

3-3. 日本人－在日朝鮮人教師間の関係性と「オモニ」

上記のような在日朝鮮人教師による問いは，日本人教師にとって避けて通ることのできない課題だった。こうした問いに対する「応答」のあり方は，日本人教師間でも話し合われてきた[9]。日本人教師と在日朝鮮人教師との緊

---

9) 『十年誌』には，1983年に「韓国語クラス」に参加していた日本人の作文における差別発言事件のことが記録されており（九条オモニ学校 1989: 65），そのことを契機に1984年に「日本人交流会」が開催され討議している。当時の討議が「日本人交流会における確認と報告」としてまとめられている（九条オモニ学校 1989: 52-53）。「①オモニ学校に関わる日本人としての前提」として「民族的・民主的諸権利を奪っている日本国民の一人であることを痛みをもって告白する」とういうこと。「②生きた学びであるということ」では，「われわれはオモニ学校において，オモニたちと関わることをゆるされ，生身の話から，オモニたちの生活と思いの一端を知る場が与えられてきた。そしてこのオモニの経験を，われわれ自身いかにうけとめ，各自の持場へどの様に持ちかえるかという点に，われわれの「学び」の内実が問われている」。②とも関連して「③学校であるということ」，そして「④オモニ学校との関わりで見えてくること」においては「日本人の差別性」，最後の「⑤オモニ学校の中にあって続けていくこと」では，「日本人としてどの様

張関係により，オモニ学校の試み自体が空中分解してしまう可能性すらもあったが，そうはならなかった。そうした緊張関係に一つの変化をもたらした契機があるとするならば，やはりオモニ学校の主役である「オモニ」の存在が重要なものであったようである。M氏は次のように語っている。

> オモニハッキョは，運動ではなかったのよ。権利闘争ではなかった。共同体だった。最初から到達点は見えてなかったし，なかった。喧々諤々でやっていたけど，来る人たちを誰も排除しない。
> オモニたちのオモニたちとしてのオモニ性はみんなを包んでいたと思う。だから，日本人がきても「なんや日本人が！」とは言わなかったし，線を引かなかった。そうして出会っていた。いくら学生がオモニから学びたいと言っても，オモニに包まれているという感覚があったと思う。それが，オモニハッキョが依って立つ根拠になっていたのではないか。〔……〕
> 私たち〔在日2世〕は顔に出てしまうし，攻め合ってしまう。だけど，オモニたちの存在がそれを包みこんでしまうから，私たちもそれに依存してしまっていた。いろんな人がオモニでひとつにされてしまう面白さが，オモニハッキョにはあった。（M氏 2010）

M氏は，「権利闘争」ではなく「共同体」であったと語る。それはオモニ学校で学ぶ在日朝鮮人女性たちにとっての「共同体」というだけではなく，参加する教師たちを含めた「共同体」であり，そこには「喧々諤々」とやっていても誰もが「排除」されることはない空間が存在していたということだろう。その鍵となっていたのが，「オモニ性」とも表現される「オモニ」たちの存在であった。決して「日本人」だからと境界を引くのではなく，教師たちの間にあった緊張を包み込んでしまうような雰囲気があったというのだ。M氏も，青年たちの間に「断絶」があったとしても，「オモニでひとつにされてしまう面白さ」という感覚を持っていた。しかし，そこに「依存してしまった」とも語る複雑な想いも垣間見ることができる。

M氏の配偶者であったF氏も，全体に包まれていったそこに「赦し，贖罪があった」（F氏② 2010）と語っている。ここで，「オモニに包まれる」「赦し」「贖罪」というキーワードが浮かび上がってくる。実際，日本人教師側がど

に応えるべきかという課題」について言及している。

のようにそのことを受け止めていたのだろうか。
　前節で取り上げたN氏は，以下のように語る。

> わたしが今日最初に言った「ゆるしてほしい」というのは，「贖罪」とはまた違いますねー。それは，どっちかといえば，無知のほうで，だからソクラテスでございますね（笑）。「知らないことが罪である」というソクラテス的な意味で「ゆるしてほしい」のであって。キリスト教の贖罪というような意味合いでの「ゆるされたい」というようなことは，あくまでオモニは人間なので，そういうことは求めてないと思うけれども，ただオモニハッキョの活動の場の原点が教会である。〔……〕「教会」というキーワードは抜けないでしょー。だから，Fさんが象徴的やったけれども，まあ言えば，その場所は「ゆ・る・し・」から始まるというのかな。その場所は，「ゆ・る・し・」から始まる場所ということは言えるよね。それは暗黙のうちに創ってくれてはったんやと思う。わたしは出来上がってから行ってるから，草創のことはわからへんねんけども。日本人と朝鮮人が共同で創るということもそうやしー大阪と違ってね。〔……〕宗教的な意味での「ゆ・る・し・」というか，「和解」？「ゆるし」じゃなくて，「和解」から始まるかな。（N氏 2010）

　N氏において一般的な意味合いにおける「ゆるし」と宗教的意味合いを含む「赦し」の意味合いは区分けられているらしい。「無知」に対する「謝罪」を求めてオモニ学校へ参加した当初の想いは，単純な「ゆるし」を求めるものであったが，継続的なかかわりの中で，F氏が言及した「赦し，贖罪」とオーバーラップするような，「『ゆるし』から始まる場所」というイメージが生じている。そして，それは「和解」をもたらす空間となり得たということでもあるとN氏は表現している。
　また，オモニ学校が開設されて間もない頃，学生のときに寮の先輩に誘われて参加した日本人教師G氏は，後にクリスチャンになったのだが，次のようなオモニ学校での経験を語っている。

> オモニ学校で有名なLさん〔注：オモニ学校の生徒，イニシャルは筆者〕ていうのは，韓国教会のクリスチャンとして本当によくできた人でね，ほんとに柔和でいつでも人を励まして日本人の僕らに優しくいつも笑顔で支えてくれていた人なんだけど，そのオモニが自分の娘が「日本人と結婚したらどう

する」と聞かれたら「お前を殺して私も死ぬだけだ」，と。それくらい激しいところを生きてこられた。そういうのを可能にしたのは何かというと，その人は，信仰を持っているからだなとつくづく教えられるところがあるんですよね。〔……〕

〔苦しい生活の中で，〕なんともいえない人間的な温かみを持って接してくれる人がいるんですね，中にね。それは一体なんでそういうことができるのかなと不思議に思ったときに，たとえばLさんのように，苦しいところを越えながら，でもやっぱり自分は最終的に日本人を赦せると，赦すと，そうやってオモニ学校にかかわってくれたというのが，信仰のリアリティみたいな，赦しのリアリティを感じれる場だったわけですよ。一緒に学んだオモニがすべてクリスチャンだったわけではないけど，そういう人たちの言葉の端々に出る説得力というかなー。それは，牧師さんが説教でなんとかではない，その人の支えられてきたものが出るみたいな。その人自身の生き方が，泥の池の中に蓮が綺麗に出てくるみたいなね，そういうのに触れながら教えてもらえるというかね。だから，結局，なぜ日本人の青年たちが多くかかわったかというと，オモニの人間的な温かさだと思うんですよ。単なる温かさではない，人間がここまで奪われながら，足蹴にされながらでも，人間は温かくなれる。壊そうと思っても壊せないものがあるということを教えられる。日本人の青年は，疲れてやってくるんだけど，帰りにはオモニにたちに触れると元気をもらって帰る。（G氏② 2010）

G氏のオモニ学校での体験は，当時参加していた日本人青年の様子を的確に指摘しているように思う。G氏の出会った，日本人である自分たちを笑顔で受け入れてくれた「オモニ」がもたらしたものは，「単なる温かさではない，人間がここまで奪われながら，足蹴にされながらでも，人間は温かくなれる。壊そうと思っても壊せないものがあるということを教えられる」ということであった。日本人青年たちは，そうした「オモニ」に接していくことで，「元気をもらって帰る」という。M氏は「オモニでひとつにされてしまう」と述べていたが，参加者が結びつく拠り所は「オモニ」であったと解釈できる根拠となる語りでもあろう。オモニ学校の教師が，識字実践において単に「教える」側に安住できる存在ではなく，逆に「教えられる」存在であるという関係性の転換の可能性がそこにはあった。ただし，一方で，疲労した日本人青年たちが「元気をもらって帰る」こと，その中でもしも自分の娘

が日本人と結婚したら娘を殺して自分も死ぬというような，いわばあって当然だが自己抑制していたような彼女たちの癒しきれない思いは表現の場を失う。そのことをうっすらとでも感じる在日2世の青年たちは「オモニ」を「癒し」をもたらすものとして無意識に搾取してしまっている日本人の存在に苛立つ。そうした限界性が同時に孕まれていることも無視できない。

　しかし他方で，以下に紹介するような関係性も存在した。N氏は，1986年から子宮がんと卵巣がんの闘病生活に入っており，その過程で1991年に洗礼を受けているのだが，彼女にとっては，信仰の面でもオモニ学校の存在が欠かせないものとなっているようだ。

　　〔担当した〕2, 3人目のオモニがクリスチャンなんですよ，南部教会の。それでも聖書を読めるので，ある程度の日本語力を持ってはったんですよね。そのオモニが，オモニハッキョにくる目的はただ字を学ぶだけじゃなくて，キリスト教の宣教というような意味もあったんやねー，きっと。お茶とか飲むときの話で，「先生はなんか信じてる宗教ありますか」とか言ったら，「私はありません」というでしょ，「無神論者です」ていうやん。「何も信じてないんやったら，祈ります」とかってさ，オモニが勝手に「先生がクリスチャンになりますように」って，お祈りしはるわけ，そっから。(N氏2010)

　時を経て，卵巣がんにかかったことをきっかけに，死について考えるようになり，N氏は，I氏が当時牧師をしていた北白川教会で洗礼を受けることになった。

　　オモニの側からいえば，オモニが，この先生は信仰を持ってないから，信仰を授けたいと思って祈り続けたという，それで祈り続けたらクリスチャンになったっていうのがあるから，オモニにしてみたらすごい果実っていうのかな，というのがあって，私も実際にオモニに祈っていただいたおかげで信仰を得たと思っているし，だからすごく感謝してるし。オモニハッキョは，わたしにとっては信仰的な面でも，34歳で受洗するので，後にだけれども，今現在のわたしにつながっていく，北白川教会にもつながっていくというものになっていくんですよ。(N氏2010)

　在日朝鮮人1世の女性たちは，文字の読み書きだけを目的にしてオモニ学

校に通っていたわけではない。N氏がクリスチャンとして「果実」であったということは，「贖罪意識」解消のための手がかりに矮小化してしまわないようなコミュニケーションの形成過程があったのではないだろうか。この信徒としての「オモニ」が，「包み込む」行為主体としてのみならず，在日オモニたちが，朝鮮人教師と日本人教師たちの持つ「オモニ」像を越えた，より自律的で積極的な主体であったことを示している。

　本章では，オモニ学校の主役であるはずの「オモニ」ではなく，あえて教師たちに着目すると最初に述べたが，やはり衆多としての「オモニ」の存在を抜きにしては，在日朝鮮人と日本人朝鮮人の関係性や実践の実態も明らかにならないといえる。

4　おわりに─識字教育構造と教師の関係性─

　以上のように，オモニ学校における教育現場のとくに日本人教師－在日朝鮮人教師の関係性のあり方について考察してきた。こうした議論や場づくりに，地域や教会を基礎にしていたことや，民間識字教室であったこと，1970年代という流れを汲んでいた同時代性が規定していたことは興味深い。ただ，オモニ学校は在日1世にとっての「共同体」であったと同時に，識字をはじめとした具体的な生活の問題を抱える場であったことに留意しなければならない。

　日本人教師たちの想いが，「贖罪意識」から出発していたことは，植民地支配に由来する社会構造を戦後反省してこなかった日本人の社会運動を前提にすれば，この時代の一つの新しい表現だといえる。したがって，日本人教師の「贖罪意識」というものが，結局，内向きの自己満足的なものに終わってしまったのか，それとも，自らを変えながら新しい関係性をつくっていくきっかけとなったのか，この点については，オモニ学校とのかかわり方によって流動的であったとしても，ただ沈黙し，ただ謝罪するだけではない新しい関係性の構築への志向が底流としてあったといえよう。しかしそうした「贖罪意識」に対し反発した在日朝鮮人教師との硬直した緊張関係は依然として

あった。

　他方で，教師として参加している在日朝鮮人教師と日本人教師の間の溝を埋めるかのように，「オモニ」の存在で全体が「包み込まれる」雰囲気があり，それが「和解」の場として意識される瞬間もあった。「癒し」の対象としての「包み込むオモニ」像に依存することで，在日朝鮮人女性を対象にした識字教育の現場における教師たちが，そこに存在することの承認を欲求してしまう。また，信仰という宗教的空間の中で，そのイメージは，「赦し」の遂行をより強く促され，「オモニ」たちの経験や想いは複雑で変化していくにもかかわらず，ある種のステレオタイプ化されたふるまいを強いられることにもつながる。日本人教師たちの「贖罪意識」は，「包み込むオモニ」像を拠り所にすることによって，「オモニ」が「和解」をもたらす存在のようにまつり上げられてしまうことの危うさを持ち合わせていたと言える。このことは，識字さらにいえば日本人の植民地支配責任論の構造的問題の落とし穴でもあろう。

　ただ，オモニ学校に深くかかわるなかで，そのような関係性に留まらないコミュニケーションのあり方も存在していた可能性が秘められていたことは事実であろう。つまり，識字教育の客体・受け手とだけイメージされがちな彼女たちが，教師のために「祈る」行為を通して積極的な主体になっているという事実は，そのことを単純にネガティブな現象とみなすこともできない。

　一方，1980年代以降，在日2世青年の参加が減少していくにつれて，「告発」を契機としたやり取りは見られなくなり，開校当初のオモニ学校の雰囲気は変容していく。そうした意味で，70年代に詰め切れなかった議論が，今日の課題として残り続けているといえるだろう。在日朝鮮人成人女性非識字者を規定する社会構造を変えるには至っていないし，経験や記憶が共同体の主体によってステレオタイプに陥って思考停止状態になることがしばしば起こる。また，本章は，教会という宗教的な場が拠点になっていることによって可視化される〈救う-救われる〉という関係性における課題への考察は，上記の問題を解決する視点としても重要であろう。

謝　辞

　インタビューを受けてくださった，また資料を提供してくださった，元オモニ学校スタッフ・関係者やご協力してくださった皆さまに対して，この場を借りて御礼申し上げます。

・参考文献・

阿部慶太 2007「大阪市生野区の地域活動 30 年 ── 生野オモニハッキョの 30 年」イエズス会社会司牧センター機関紙『社会司牧通信』139 号（2010 年 10 月 5 日取得 http://www.kiwi-us.com/˜selasj/jsc/japanese/bulletin/no139/bujp139_10.html）。

東九条地域生活と人権を守る会．1982．『九条思潮　PART5』。

かどやひでのり 2009「識字運動の構造 ── 同化主義・能力主義の再検討によるコミュニケーションのユニバーサルデザイン」『社会言語学』9: 17-42。

金富子 2005『植民地期朝鮮の教育とジェンダー ── 就学・不就学をめぐる権力関係』世織書房。

高英三 1984「ぼくはうそのつけない朝鮮人であるし，ぼくが朝鮮人であるってことを生きてゆく中で証明してゆく」（語り自体は，1979 年 12 月）九条オモニ学校『어머니（オモニ）』2: 5-10。

九条オモニ学校 1989『九条オモニ学校十年誌 ── オモニに学ぶ』。

日本基督教団京都教区「教会と社会」特設委員会在日・日韓小委員会 1998「戦時下の在日韓国人教会 ──『京都教會 50 年史』より」。

宇野豊 1983「東九条の歴史」京都キリスト者現場研修委員会『第 1 回京都東九条現場研修・報告書　東九条に学ぶ ── 私の課題をさぐる』4-6 頁。

───── 2001「京都東九条における朝鮮人の集住過程（一）── 戦前を中心に」世界人権問題研究センター『研究紀要』6: 43-80。

山本崇記 2009「行政権力による排除の再編成と住民運動の不／可能性 ── 京都市東九条におけるスラム対策を事例に」社会文化研究会編『社会文化研究』11: 159-181。

在日大韓基督教京都教會 50 年史編纂委員 1978『京都教會 50 年史』。

第3章 「見えない朝鮮族」とエスニシティ論の地平
日本の新聞報道を手掛かりに

権　香淑(クォン　ヒャンスク)

1　「見えない朝鮮族」をめぐる問題構制

　メディア報道は，現代社会に生きる私たちの価値観や判断に大きな影響を与える。その情報伝達は，テレビ，ラジオ，新聞，書籍などのマスメディアはもちろん，インターネットなどの新たなコミュニケーションツールを通して，より広範囲な社会に及ぶ。一方で，それらの報道内容は，世論を作りだす側面も併せ持っている。報道が人々の知る権利に対応する活動であるとすれば，その内容は人々の認識や関心の反映でもある。このような相関関係から，メディア報道は，私たちの現実認識を反映する媒体であり，いわば「鏡」として位置づけることができる。

　本章では，こうしたメディアの特性を踏まえ，エスニシティに関する報道，とりわけ中国朝鮮族[1]（以下，朝鮮族）に関連する新聞記事を対象に分析を行

---

[1]　朝鮮族という呼称は，1949年以降，中国で少数民族政策が実施される過程において，中国東北部の朝鮮人に付与された少数民族としての名称である。しかし，筆者がフィールドワークにおいて出会ったインフォーマントは，朝鮮族という呼称を称賛的に使う者と，あえて使わず，「在中コリアン」や「中国同胞」，「僑胞」といった呼称を好んで使う者とで異なっていた。この背景には，中国社会および韓国社会における社会的マジョリティによる可視的・不可視的な蔑視に対する異議申立て，又はその他の在外コリアンとの平等を主張する当事者の問題意識が反映されているほか，グローバル化に伴い世界各地に移動する朝鮮族の，移動先における社会関係の中での生活実践の数々が存在すると思われる。本章では，呼称に付与された政治的／社会的なニュアンスを排除しつつ，彼（女）らの主体性を尊重して使うことを大前提とする。

う。膨大なニューストピックやメディア報道のなかで，あえて「朝鮮族」の「新聞記事」に着目するのはなぜか。それは何よりも，「まるごと朝鮮族」をモットーとする筆者のフィールドワーク[2]の一環であるが（権 2011），より直截には，1990年代以降，世界経済のグローバル化に連動するかのように移動する朝鮮族を，移動先のホスト社会がどのように認知・認識しているのか，といった問題意識からも言及しうる。

朝鮮族は，現在，日本におよそ5万名以上も居住していると言われる[3]。しかし，日本には，朝鮮族を「見えない存在」として不可視的なエスニシティ（invisible ethnicity）（박 2009; 権 2008）たらしめる諸条件が存在する。主に中国パスポートを持って来日する朝鮮族は，日本の出入国統計上に明示されず，社会的にも日本語の音読みを使い，中国名を名乗る状況がある。つまり，彼（女）らが自ら名乗らない以上，あるいは彼（女）らを意識的に知ろうとしない以上，「朝鮮族であること」が日本社会で浮き彫りにされる機会はきわめて乏しい。

このような状況に加え，エスニシティを起点に据えて新聞報道を捉える研究も多くはない[4]。あるとしても，エスニシティをめぐる論点が「取り組むべき課題」として位置づけられるか，逆に「取り上げられない問題」として指摘されるかのいずれかに二分される傾向にある。エスニシティが，「第一義的には国家社会の枠組み内での文化的社会的な，あるいは人種的な異質性，思念された異質性を基礎に，人々がそれへ帰属するアイデンティティをもって構成する下位集団」（前山 2003: 330-32）という構造的な位置づけにあることも一因であろうが，とはいえ，多角的な視点からの検討が求められる

---

[2] 二度に亘る実態調査（2001年度と2005年度）のほか，① 1996年以降，断続的に行ってきた朝鮮族の集住地域における聞き取り調査，② 2000年以降，継続的に進めてきた日本の朝鮮族の団体活動に対する参与観察など。なお，これら二本柱でのフィールドワークは現在も継続中であることを明記しておく。

[3] この5万名という数字は，日本のアジア経済文化研究所の劉京宰所長の論考から引用したものである（류 2008: 22）。また，最近の新聞報道では，10万名と指摘するものもある。2010年12月24日付記事「在日朝鮮族エリートたち，力強い集団として浮上」『吉林新聞』（原文は朝鮮語）。

[4] エスニシティという枠組みには必ずしも当てはまらないが，「中国残留孤児」に焦点をあて新聞報道を検討した研究として，張嵐「〈中国残留孤児〉に関する朝日新聞記事分析 ── インタビュー調査と対比して」『社会と調査』有斐閣，2010年，第5号がある。

ことは言うまでもなかろう。

　ただし，上記したエスニシティをめぐる名指し・名乗りの問題状況は，近年において急浮上したわけではない。戦後，在日朝鮮人と日本人との関係において，長らく提起され，実践されてきた問題である（金 1999; 玄 2008）。にもかかわらず，日本のなかのエスニシティをめぐる問題状況は，本質的な変化が見受けられず，むしろ世代交代が進むにつれ，より複雑に，問題が先送りされる形で現在にいたっている。煎じつめれば，「見えない朝鮮族」という問題状況は，日本における「戦後」，あるいは「日本帝国」の拡大と崩壊による移動と環流（蘭 2008）のポストコロニアルな問題としても位置づけられる。

　他方，朝鮮族というエスニシティの表象，とりわけ報道のそれにおいては，エスニックな側面が強調される場合と，厳然たる中国国民としての認識枠組みが前景化する場合とがあり，より優位に扱われるのがどちらなのかは，その状況や局面によって異なる。つまり，朝鮮族をめぐる報道のありようには，否応なく深化し続ける東アジアのグローバル化（本書で言う「現代のアジア地域における親密圏と公共圏の再編」）が反映されており，ナショナル/エスニックな問題の絡まり合いが見てとれる。したがって，「見えない朝鮮族」の問題状況は，ナショナリティとエスニシティの交錯を，他者または外部がどのように認識するのかを考えるうえで，恰好の事例となるように思われる。

　エスニック・グループをめぐる外部の認知やその変遷を対象とする論点は，従来のエスニシティをめぐる学説（関根 1994）においても，とりわけ画期的だとされてきたバルトの境界論（Barth 1969; 青柳 1996）の射程にも含まれておらず，卑見の限り，この分野の先行研究は手薄である。そこで，本章では，朝鮮族をめぐる新聞記事を分析することで，ホスト社会におけるエスニシティの認知状況の一端を浮き彫りにし，そのまなざしを通してナショナリティ/エスニシティの交錯をめぐる問題状況を逆照することを目指す。このような試みは，人びとが互いの文化的違いを認め合い，対等な関係を築きながら地域社会を構築することが求められる昨今，「多文化共生」社会の実現に向けた議論の素材を提供しうるという意義づけができよう。

以上のような問題意識と意義づけを踏まえ，本章では，「なぜ，朝鮮族は不可視的な存在なのか」という問いを立て，前述した統計的な不可視化の条件とは別の要因について，新聞報道の内容分析から答えを探る。具体的には，朝鮮族に対する社会的な認知が，新聞記事にどのように反映されるのか / されないのかを考察する。総じて，朝鮮族に関する日本の新聞報道のありようを探ることが本章の主眼である。なお，紙幅の関係上，本章で使用するデータについては，「過去20年間（1990年7月1日〜2010年6月30日）における日本の主要新聞（朝日，読売，毎日，日経）のうち，「朝鮮族」というキーワード検索でヒットした全ての記事で，その内容の大半は，あくまでも「朝鮮族が主題化されていないもの」という対象記事の定義[5]に留めることにする。

2 朝鮮族をめぐる報道内容とその傾向

2-1. 報道量と記事の種類

過去20年間の朝鮮族に関する報道は1,031件[6]で，新聞別に多い順から記すと，朝日369件（35.8％），毎日337件（32.7％），読売223件（21.6％），

---

5) 「朝鮮族」が見出しと本文に含まれていた記事は，第一段階のキーワード検索において，通常，第二段階のサンプリングで抽出されるデータ量に匹敵するほどの量であった。そのため，文字数の制限や，無作為抽出は行わず，第一段階で検索された過去20年間のすべての記事を分析対象とした。ただし，第二段階のサンプリングは省いたものの，中心テーマの確認作業は行った。ここで言う「中心テーマの確認作業」とは，記事が「何に関して報じているのか」について，見出しとリード（最初の文章）から暫定的に判断したうえで，その判断が妥当であるかどうかを検討することを指す。この確認作業は，すべての記事に対して行った。その結果，後述するように，ごく一部の記事を除き，朝鮮族そのものを主題に書かれてはいないことが判明した。したがって，該当しない記事を除外するなどの作業は行わなかった。なお，新聞記事検索では，各紙それぞれの記事データベースである「聞蔵II」（朝日），「ヨミダス歴史館」（読売），「毎日ニュースパック」（毎日），「日経テレコン21」（日経）を利用した。
6) 参考までに，韓国の朝鮮族に関する報道件数は，以下のとおりである。新聞記事の横断検索が可能なデータベースKINDSで全検索をかけたところ，2010年7月4日現在，「朝鮮族」というキーワードでヒットした過去20年間の件数は26,202件であった。「中国同胞」，「在中同胞」などを入れると，その倍以上の件数となる。

第3章 「見えない朝鮮族」とエスニシティ論の地平

表3-1 新聞別記事件数（1990.7.1-2010.6.30）

	朝日	読売	毎日	日経	合計
件数	369	223	337	102	1,031
%	35.8	21.6	32.7	9.9	100

「朝鮮族」に関する年度別記事件数（1990.7.1-2010.6.30）

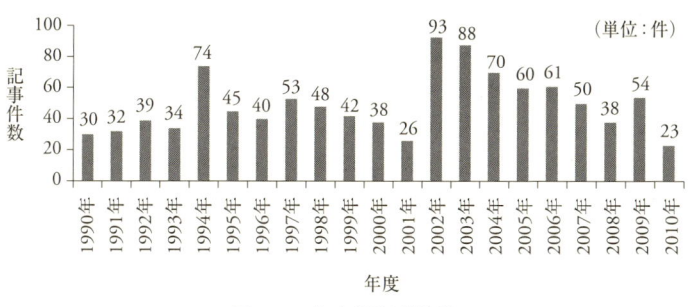

（単位：件）

年度	1990	1991	1992	1993	1994	1995	1996	1997	1998	1999	2000	2001	2002	2003	2004	2005	2006	2007	2008	2009	2010
記事件数	30	32	39	34	74	45	40	53	48	42	38	26	93	88	70	60	61	50	38	54	23

図3-1 年度別記事件数

日経102件（9.9％）であった（表3-1）。報道件数を時系列で見ると，過去20年間の報道量は年度別に報道量の違いが目立つ。最も多く報じられたのは，2002年（93件）で，次いで2003年（88件），1994年（74件），2004年（70件），2006年（61件）となっている（図3-1）。最上位を占める2002年は，日中国交正常化30周年，中韓国交樹立10周年など，日中関係，中韓関係における記念すべき年であり，企画記事や関連行事に関する報道の多さが背景にある。また，1990年以降，初めての山となる1994年は，前年度の北朝鮮によるNPT脱退，IAEA査察受け入れ拒否を受け，74件中33件（約6割）が北朝鮮の核問題に関連付けられた報道であった。

表3-2は，対象記事を種類別に集計した結果である。それによると，「一般報道」が765件（69.9％），「企画」が220件（20.1％），「分析・解説」が75件（6.8％），「コラム」が23件（2.1％），「その他」が12件（1.1％）である。記事の7割近くが事実を伝達する「一般報道」であるというのは，本研究に限ったことではなく，韓国や日本の新聞においても一般的特徴であることが

81

表 3-2　記事の分類

	一般報道	企画*	分析・解説**	コラム***	その他	合計
件数	765	220	75	23	12	1,031
%	69.9	20.1	6.8	2.1	1.1	100

*インタビュー記事 (22 件) も一緒に分類。**社説 (2 件) も一緒に分類。***読者投稿 (10 件) も一緒に分類。

表 3-3　主題領域

	国際論点	国内論点	特別論点*	合計
件数	355	332	344	1,031
%	34.4	32.2	33.4	100
字数	463,496	327,221	408,987	1,199,704

*脱北者問題，中国残留孤児，戦後補償，東北工程，慰安婦問題，韓流など。

指摘されている（金 2008: 113）。報道された事実の背景などを説明する「分析・解説」よりも，特定の事柄や争点に焦点を当てて取材・調査して報道を行う「企画」や「インタビュー」が多い点は，本章が対象とする記事データの傾向として読み取ることができる。

2-2. 主題領域

　主題領域は，「国際論点」（二国家間・多国家間関係，国際機関や地域の枠組みで議論され扱われるもの）が 355 件（34.4%），「国内論点」（一国内の動向やその枠内で言及されるもの）が 332 件（32.2%），「特別論点」（朝鮮族に関わりのある懸案問題）が 344 件（33.4%）で，三つの領域に大差はない。それぞれ全体の 3 割ほどが各論点に関する記事であった（表 3-3）。一般的に，国単位で報道の量や内容を分析する研究では，特別論点の割合が 1 割にも満たないケースが多い（李 2008: 132）のに対し，朝鮮族に関連する記事には，特別論点に分類される懸案が多いといった特徴がある。

　特別論点の内訳は，脱北者問題，戦後補償，中国残留孤児，東北工程，慰安婦問題，韓流となっている。344 件のうち 216 件（62.8%）の主題が脱北者に関するもので，特別論点のうちの 6 割強が，脱北者問題との関連で報じ

られている。次いで、「コリアン・ディアスポラ」が 63 件（18.3%）、「中国残留孤児」が 18 件（5.2%）となっている。また、特別論点が、いずれも国家間における懸案であることを踏まえると、国際論点と特別論点の計 669 件（67.8%）、つまり全体の 7 割弱が、国家間関係に跨る問題として位置づけられている。

2-3. 主題化された記事と問題領域

　前述したとおり、対象記事の「中心テーマ」に関する確認作業において、朝鮮族が主題化された記事は非常に少なく、その内訳は、1,031 件のうちの 63 件（6.11%）であった。その 63 件のうちの 51 件（81.0%）が犯罪関連の報道記事で、残りの 12 件（19.0%）のみ、朝鮮族を主題とした記事であった。つまり、記事全体の 8 割強が事件・犯罪報道であり、2 割に満たない記事（全体の割合は 1.12%）が朝鮮族の活動や現状に関する記事であった。前者は「犯罪者としての朝鮮族」、後者は「媒介者としての朝鮮族」と類型化しうるものであるが、以下、順に一例ずつ紹介する。

> 〈韓国人変造旅券〉で密入国の中国人 5 人を拘束／福岡入国管理局
> 　……韓国人名義の変造旅券を所持した中国人五人が、十一、十二月に福岡空港で相次いで不法入国を図り、福岡入国管理局が出入国管理及び難民認定法違反（不法入国）の疑いで身柄を拘束していたことが、二十三日わかった。五人は「韓国人ブローカーから変造旅券を買った」と供述しており、韓国在住者を装って中国、日本のビザ（査証）を取得したうえで香港経由で福岡に入ろうとしていた。入管は、中国人を対象に新たな手口で密航を手引きする組織があるとみて警戒を強めている。……いずれも朝鮮民主主義人民共和国（北朝鮮）との国境に接する中国・吉林省に住む朝鮮族で、韓国語を話せるという。……韓国人ブローカーは、韓国人が中国と日本へ渡航する際に必要なビザを両国の在韓国公館で取得し、変造旅券と一緒に渡していた。……同入管は「韓国には五万人以上の中国人が不法滞留しているとの情報もある。韓国の経済危機で仕事が少なくなり、韓国人名義で日本への密航を狙う中国人が増える可能性がある」と分析している。……（1997 年 12 月 24 日付『読売』西部朝刊）

表 3-4　朝鮮族が主題化された記事

地域	見出し	刊行日	字数	新聞
中国	日中韓トリリンガル（経済気象台）	2003. 1.27	746	朝日
	中国朝鮮族　若者の間に離郷ブーム　金星光（私の視点ウィークエンド）	2005. 3.26	915	朝日
韓国	中国から労働者2万人，韓国へ「研修」派遣	1992. 1.14	387	朝日
	「3K」労働者は滞在認める　不法滞在者に韓国法務省（地球24時）	1992. 8. 4	207	朝日
	中国の朝鮮族女性と韓国男性の結婚1割が破局　韓国籍取得後　家出のケース相次	1994. 1. 6	296	毎日
	韓国の「在外同胞法」改正案，中国の朝鮮族は除外—韓国法務省	2003. 9.24	396	毎日
	朝鮮族の里帰り（特派員メモ　ソウル）	2003.10. 8	512	朝日
	（特派員メモ　安山）故郷を離れて	2008.11.22	506	朝日
日本	（在日華人　第10部　鼓動潮流）朝鮮族，アジア結びたい	2010. 2.12	2,930	朝日
	（在日華人　第10部　鼓動潮流）増えた同胞へ歌声送る　元アイドルの金京子さん	2010. 2.12	183	朝日
	アジア人が集う街東京オオクボに住んでみる（4）国境越え働く中国朝鮮族	2010. 5. 1	1,349	日経
その他	［憂楽帳］バンコクの朝鮮族	1996. 1. 8	486	毎日

　アジア人が集う街東京オオクボに住んでみる（4）国境越え働く中国朝鮮族
　……中国の朝鮮族は約190万人。そのうち9割は吉林省など東北地方の三省に住んでいる。池田さん夫妻に限らず，朝鮮族の移民志向は強い。中国の上海など国内はもちろん，言葉が通じる韓国に働きに行く人も多い。日本にも現在，約5万人が住む。……日本にいる朝鮮族は中国語，朝鮮語，日本語が話せる。英語もできる金さんは4ヵ国語の使い手だ。「語学力と大学で学ぶ法学の知識を生かし，国際的な仕事をしたい」と夢は膨らむ。鳩山由紀夫首相が提唱する東アジア共同体構想。だが日中韓3ヵ国の間には複雑な問題が横たわる。朝鮮半島をルーツに持ち，中国で生まれ，日本で暮らす金さんは「3ヵ国を客観的に見ることができる」と言う。在日朝鮮族はまさに東アジア人。構想推進に向け，金さんのような朝鮮族が橋渡し役として大きな役割を果たす時が来る。……（2010年5月1日付『日経』夕刊）

　表3-4は，朝鮮族が主題化された12件の記事を表にまとめたものである。

該当記事の見出し，刊行日，字数，新聞などのほか，どの地域の朝鮮族に関する報道なのかについて分類している。中国の朝鮮族に関連する報道が2件（0.19％），韓国の朝鮮族に関する報道が6件（0.58％），日本の朝鮮族に関する報道が3件（0.29％）であった。いずれも一桁台で，それぞれ全体の1％にも満たない結果となっている。

　ここでは，朝鮮族が主題化される枠組みの違いから，犯罪者として／媒介者としての朝鮮族という異なるイメージが提示されることや，過去20年のうち，日本の朝鮮族に関する社会の様子が，2010年になって初めて取り上げられていること，また，在日華人特集の枠組みから取り上げられていることを特記しておきたい。

3　朝鮮族の報道内容から読み取れるもの

　朝鮮族そのものが主題化されていないとすれば，検索でヒットした記事は，どのような中心テーマで記されているのか。全記事の構成内容を読み込み，表3-5のように，7つのテーマでの分類を試みた[7]。図3-2から3-9までは，それぞれの項目別件数の出現頻度を年度別に表したものである。

3-1．マクロ状況に規定されるエスニシティ

　「北朝鮮動向・朝鮮半島情勢」に関する記事件数は，1990年の3件を筆

---

[7] 分類に関する留意点は，以下のとおり。①一次的に「北朝鮮動向・朝鮮半島情勢」に分類される黄長燁亡命事件は，脱北者という位置づけも可能であるが，中国側の対応や外交手腕など国家レベルでの交渉などがテーマ化されているので，「地域開発・国家間関係」とした。この中には，北朝鮮での核実験や核問題への各国の対応についても含まれる。②脱北者を取り上げてはいても，中心内容が中国側の対北朝鮮関係を念頭においた対応であれば，「地域開発・国家間関係」に含めた。③「金正日書記バッジが延辺で売られていた」といった記事などに見られるように，延辺での出来事でも，北朝鮮関連の報道であれば，「北朝鮮動向・朝鮮半島情勢」に含めた。④中国側の記事であっても，対外政策や二国間関係に直接関わる事象である場合は，「地域開発・国家間関係」に含めた。⑤国家間関係に跨り，政府や国家に関する記事は「地域開発・国家間関係」にしたが，南北交流・南北関係に関しては，「北朝鮮動向・朝鮮半島情勢」に分類した。

表 3-5 記事構成要素の表現内容

分類	具体的な内容
北朝鮮動向・朝鮮半島情勢	経済状況，核開発・核実験，脱北者問題，体制問題，経済特区，南北交流，朝鮮戦争
地域開発・国家間関係	環日本海経済圏，豆満江開発，国連開発計画（UNDP），自然経済圏（NET），中朝，中韓，日中，日朝，露朝，朝中露，日中韓，6者協議，北東アジア，安全保障
市民交流・実践活動	草の根での交流，市民活動，学術交流，芸術活動，書籍出版など
中国・延辺事情	中国内の改革開放，地域格差の現状，少数民族問題，延辺の現況と紹介など
事件・犯罪報道	スパイ容疑事件，密輸・密売・密航，麻薬報道，殺人事件，詐欺事件
コリアン・ディアスポラ	離散家族問題，同胞コリアン間交流，在日朝鮮族，在韓朝鮮族
戦後・歴史問題	戦後補償，従軍慰安婦問題，中国残留孤児，戦争，歴史問題，東北工程
その他	イベント・案内，スポーツ，メディア，探し人

「北朝鮮動向・朝鮮半島情勢」記事件数（1990.7.1-2010.6.30）

図 3-2 「北朝鮮動向・朝鮮半島情勢」記事件数

頭に，一桁台から増えている。1994年に一つ目の山（39件），1997年に二つ目の山（30件），その後，2002年と2003年で三つ目の山（42件，55件）がある（図3-2）。1994年は，1993年に始まるいわゆる「北朝鮮核疑惑」から翌年の「米朝合意」までの一連の関連報道が多く，さらには，国家主席の死亡

「地域開発・国家間関係」記事件数（1990.7.1-2010.6.30）
（単位：件）

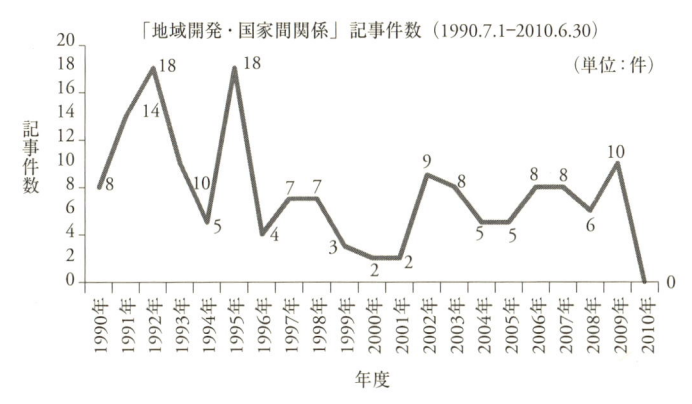

図 3-3　「地域開発・国家間関係」記事件数

（1994 年 7 月 8 日）や脱北者の増加も報道量に影響を与えている。1997 年は，黄長燁亡命事件を皮切りに，北朝鮮の実情に関するルポや特集が次々と組まれた。最も件数が多かった 2003 年は，北京の日本大使館駆け込み事件があり，55 件中，南北交流 1 件，核問題 3 件，金剛山観光などの 3 件を除く 48 件が脱北者に関連する報道であった。

「地域開発・国家間関係」は，前半 10 年間が 94 件，後半 10 年間が 63 件と，前半期に報道量が多い（図 3-3）。前半，18 件の記事が報じられた 1992 年は，前年度から始まった国連開発計画（UNDP）が具体化する動きがあり，そのことが件数に反映されている。また，1992 年は中韓国交樹立や，日中国交正常化 20 周年という国家間関係の節目で，18 件のうち 13 件が国家間関係の好転に関する企画記事であった。同じく 18 件の記事があった 1995 年は，17 件が豆満江（中国名・図們江）開発に関する報道で，残りの 1 件は中朝関係を取り上げるものであった。前半の記事に比べ，後半 10 年の記事件数が減少したが，その要因は開発計画の頓挫と言ってもよかろう。後半 63 件の中に，開発計画に関するものは 1 件もなかった。

すでに触れたように，本研究が対象とするデータの 9 割以上が，朝鮮族を付随的に関連づけたものであることを踏まえると，「北朝鮮動向・朝鮮半島情勢」や「地域開発・国家間関係」といったマクロな政治経済関係は，エスニシティ状況を規定する必要条件として位置づけられる。かかる枠組みで

「市民交流・実践活動」記事件数（1990.7.1-2010.6.30）
（単位：件）

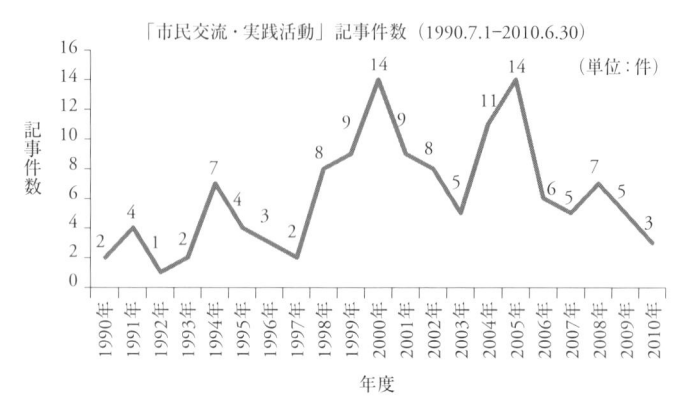

図3-4 「市民交流・実践活動」記事件数

報道がなされる限りにおいて，人びとは朝鮮族を認知することになり，マクロ状況に関連づけて認識されやすいことは否めない。他方，「市民交流・実践活動」の129件は，等身大の朝鮮族に対する理解を促すような方向性をもっている（図3-4）。最も件数が多かった2000年と2005年（それぞれ14件）の内訳は，留学生・研修生の国際交流，地方都市と延辺朝鮮族自治州との交流，読者投稿などであった。なお，全体の129件のうち，書籍に関する紹介記事や書評は25件ほどであった。

3-2. 朝鮮族をめぐるフレーム
―― 中国の少数民族＝朝鮮族，犯罪とつながる朝鮮族

「中国・延辺事情」は，記事件数の浮き沈みがあるものの，「少数民族としての朝鮮族」というフレームで，期間全体にわたり比較的同量の記事が報道されている（図3-5）。図3-5では，1996年と2001年がそれぞれ0件または1件と報道量が極端に少ないが，この間，朝鮮族の記事が全くなかったことを意味するのか。「事件・犯罪報道」に関する図3-6と合わせてみると，必ずしもそうとは言い切れない。1996年は，それまで皆無であった「事件・犯罪報道」の件数が急激に伸びる最初の年で，9件ほどの記事がある。1996

第 3 章　「見えない朝鮮族」とエスニシティ論の地平

「中国・延辺事情」記事件数（1990.7.1-2010.6.30）
（単位：件）

図 3-5　「中国・延辺事情」記事件数

「事件・犯罪報道」記事件数（1990.7.1-2010.6.30）
（単位：件）

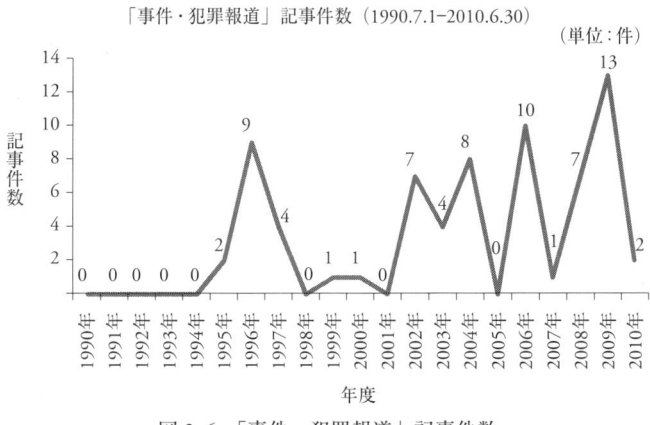

図 3-6　「事件・犯罪報道」記事件数

年に韓国社会を震撼させた「ペスカマ号事件」を報じるもの 2 件のほか，覚せい剤の密売や集団密航などが，日中韓の三ヵ国を介して行われている様子が報じられている。

　図 3-6 では，2000 年「以前」が 17 件であるのに対し，「以降」は 52 件と 3 倍近くの件数となっている。2000 年以降，増加傾向にある在韓朝鮮族の現状や，「脱北者 1 万人時代」（2003 年）を迎えた韓国社会の状況が，日本

89

「コリアン・ディアスポラ」記事件数（1990.7.1-2010.6.30）
（単位：件）

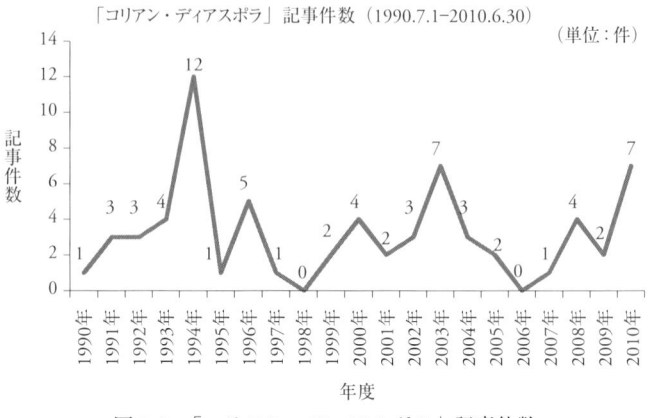

図 3-7 「コリアン・ディアスポラ」記事件数

の報道にも逐一反映されると同時に，それらに準じて密航・密輸・密売を報じる件数も増えていることが窺える。10件の報道記事がある 2006 年は，滋賀県長浜の園児殺害事件や強盗事件などが大きく報じられ，2009 年は，アメリカ人記者拘束事件をはじめ，中朝国境地域での密輸・密売などが引き続き懸案として記事化されている。犯罪との関連で報じられる朝鮮族のイメージは，肯定的に認識されることは決してない。

3-3. 歴史的な未解決問題の当事者

　「コリアン・ディアスポラ」として分類された記事内容（図 3-7）には，ロシアの高麗人，サハリンの朝鮮人の歴史や現状が報じられ，朝鮮族も連なる。しかし，その記事内容は，非常に雑駁で誤記入が目立つ。たとえば，朝日新聞は，1994 年 1 月末（21，25，26，27，28 日）に，企画シリーズとして，「中央アジアの朝鮮族・カレイツイ（1～5）」を報じているが，記事内容は朝鮮族に関するものではない。近年，激しい移動を経験している朝鮮族が，ロシア沿海州やモスクワにも大勢いるが，そのことへの言及ではなく，あくまでも「高麗人」と呼ばれるロシア在住朝鮮人に関する歴史と現状を紹介している。

「戦後・歴史問題」記事件数（1990.7.1-2010.6.30）
（単位：件）

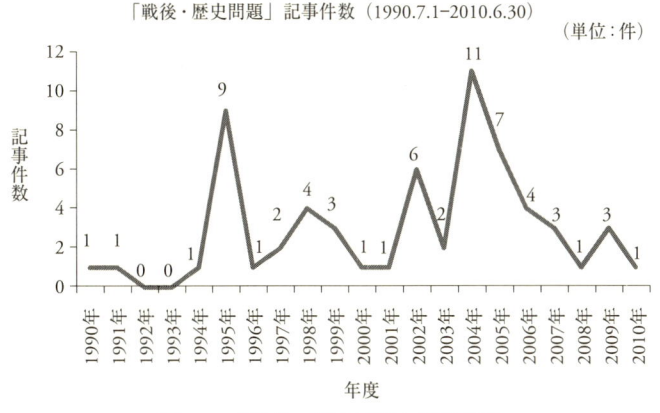

図 3-8　「戦後・歴史問題」記事件数

　「戦後・歴史問題」は，国家間関係に跨る朝鮮族の場合，問題が複雑に絡み合っている（図3-8）。全62件のうち，18件が「残留孤児問題」，13件が「東北工程」，3件が「慰安婦問題」となっており，そのほかは，「〈万人坑〉新たに2ヵ所［中国平和の旅］で発見」（1995年10月11日付『読売』）といった事実発見の報道や，「旧満州［懺悔］の旅 侵略に加担した宗教 大東仁」（2002年6月19日付『朝日』）など過去の歴史と実直に向き合う様子が報じられている。1995年と2005年に量的な特徴がみられるが，その内訳をみると，1995年は9件のうちの7件が残留孤児の問題，2005年は11件すべてが高句麗論争をめぐる東北工程に関する疑義や論争に関する報道であった。戦後の未だ解決していない記事は多岐にわたるが，その一例を紹介しよう。

> 空白の戦後補償 満州から旧日本軍へ徴兵，中国籍の朝鮮族
> ……中国黒竜江省のハルビン。路地に入った古ぼけた5階建てのアパートに，鄭鉉柱さん（81）＝写真＝は住んでいた。……現在の同省牡丹江で3ヵ月の訓練を受けて，ハイラル（今の内モンゴル自治区）にある部隊に配属された。45年8月には，ソ連の部隊との銃撃戦も経験。終戦後，ほかの日本兵とともに旧ソ連に抑留され，森林伐採などの現場を転々とした。……48年12月に解放され，49年に家族のいるハルビンに戻った。……60年代に始まった文化大革命では元日本兵の経歴から「日本の特務」と疑われ，1年間の「隔離審査」

を受けた。……山東省青島の近郊に住む金成基さん (81) ＝写真＝も中国籍の朝鮮族。やはり「満州国」で日本軍に徴兵された。終戦後，旧ソ連のクラスノヤルスクに抑留され，49年初めにナホトカ経由で北朝鮮の興南（現在の咸興）に送還されたという。……（2006年7月19日付『朝日』）

　日本政府は，1972年の日中共同声明における中国政府の立場（日本への賠償請求権を放棄）を踏襲する。上記した引用文で取り上げられている朝鮮族を「旧日本軍現中国東北地区朝鮮民族出身日本軍人復員者」と位置付けるものの，補償問題は「解決済み」という立場を崩さない。2010年6月，シベリア元抑留者に対し1人当たり25万から最高150万円を一時金として支給する「戦後強制抑留者に係る問題に関する特別措置法（シベリア特措法）」が成立したが，日本国籍をもたない朝鮮族は補償の対象外である[8]。いかなる現行の法的措置からも救済されない問題の構図は，朝鮮族の元「慰安婦」についても同様である。

3-4. 北朝鮮情勢を伝える朝鮮族

　過去20年で報じられた対象記事を，内容項目別に多い順からまとめてみた。「北朝鮮動向・朝鮮半島情勢」373件（38.7％），「地域開発・国家間関係」157件（16.3％），「市民交流・実践活動」129件（13.4％），「中国・延辺事情」106件（11.0％），「事件・犯罪報道」69件（7.2％），「コリアン・ディアスポラ」67件（7.0％），「戦後・歴史問題」62件（6.4％）であった（図3-9）。上位の「北朝鮮動向・朝鮮半島情勢」と「地域開発・国家間関係」の二項目が，ともに国家レベルの政治経済問題であることに鑑みると，両者を合わせた55％，つまり半分以上が，ハイ・ポリティックスに関する論点を含んでいることになる。

---

[8]　日本国籍を持つ元軍人・軍属らは，1950年代から障害年金や遺族年金の支給を受けている。外国籍の元日本兵（台湾出身者や在日韓国・朝鮮人）には，死亡者や重傷者に限り，不十分極まりないが，1980年代以降に一時金が支払われた。韓国在住の韓国人については，韓国政府が1974年一時金を支給する立法化を行ったものの，日本政府は，あくまでも1965年の日韓請求権・経済協力協定で解決済みとの立場をとる。なお，本文に引用した記事に出てくる鄭賢柱氏ほか，朝鮮族の元「日本兵」については，戸田 (2011) の第1章，29-43頁に詳細な聞き書きがある。

第 3 章 「見えない朝鮮族」とエスニシティ論の地平

内容項目別　記事件数と比率（1990.7.1-2010.6.30）*

（単位：件）

- 北朝鮮動向・朝鮮半島情勢
- 地域開発・国家間関係
- 市民交流・実践活動
- 中国・延辺事情
- 事件・犯罪報道
- コリアン・ディアスポラ
- 戦後・歴史問題

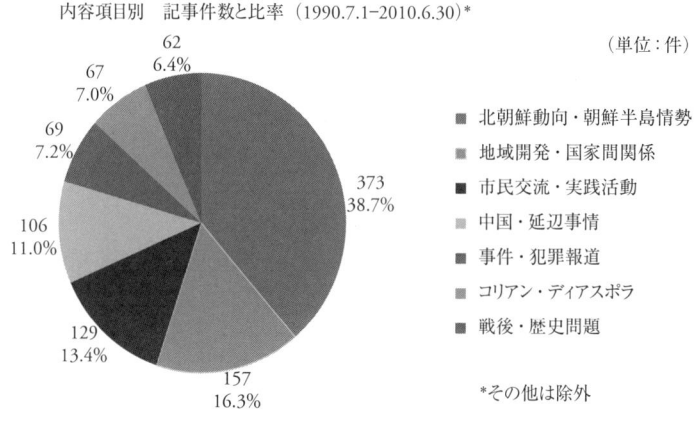

373　38.7%
157　16.3%
129　13.4%
106　11.0%
69　7.2%
67　7.0%
62　6.4%

*その他は除外

図 3-9　内容項目別　記事件数と比率

内容項目別　記事件数　5年単位（1990.7.1-2010.6.30）*

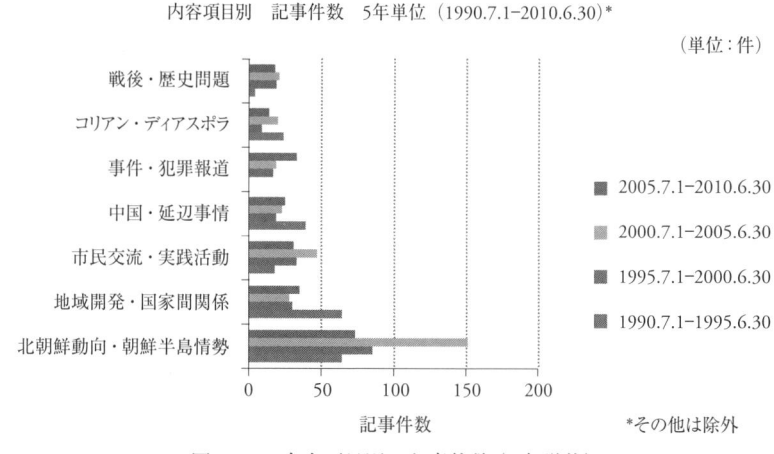

（単位：件）

- 2005.7.1-2010.6.30
- 2000.7.1-2005.6.30
- 1995.7.1-2000.6.30
- 1990.7.1-1995.6.30

*その他は除外

図 3-10　内容項目別　記事件数（5 年単位）

「北朝鮮動向・朝鮮半島情勢」の件数が群を抜いて多いことはすでに指摘したが，5 年単位で区切られた図 3-10 でも，すべての期間において 50 件を超えたのは，「北朝鮮動向・朝鮮半島情勢」のみであった。朝鮮族の出身国および地域である「中国・延辺事情」の項目ではなく，「北朝鮮動向・朝鮮半島情勢」という項目において頻度が高かったという結果は，特記すべき

93

である。朝鮮半島からの移住民である朝鮮族の特殊性ゆえであろうが，日本と国交のない隣国——北朝鮮に関する情報が乏しいなか，比較的自由に北朝鮮に出入りができる朝鮮族が，北朝鮮情勢を伝える媒介者として位置づけられていることが窺える。

　参考までに，朝鮮族というキーワードの属人性/属地性を調べたところ，前者が 638 件（61.9％），後者が 398 件（38.1％）であった。ここでいう属人性/属地性とは，記事の中で朝鮮族という用語が少数民族としての「人」に焦点を当てたものなのか，延辺朝鮮族自治州などの「地域」をベースとする固有名詞などにヒットしたものなのかを指しているが，多くの場合，「人」を指し示す用語として使用されていることが判明した。いずれにしても，日本の主要な新聞報道において朝鮮族に関する報道は，北朝鮮動向ないしは朝鮮半島情勢と関連づけられている，という傾向を指摘することができる。

4　エスニシティ論の地平を拓くために

　本章では，日本の新聞が朝鮮族をどのように報道してきたのかを明らかにするため，報道内容の分析を試みてきた。「なぜ，朝鮮族は不可視的な存在なのか」という冒頭の問いを改めて想起したうえで，以下，5 つの知見を記す形で，本章の結論と今後の課題を示すことにする。

　第一に，朝鮮族に関連する新聞報道は，高次の政治経済状況から取り上げられることが多く，その傾向が，過去 20 年間の新聞記事データから明らかとなった。国家間関係などのマクロな要因が，エスニシティの状況を規定する一因であることはほぼ通説となっているように思われるが，新聞報道からもエスニシティ状況が規定されうる点が確認された（外在性）。

　第二に，マクロ要因のなかでも，「北朝鮮情報・朝鮮半島情勢」との関連で記事化される傾向が強く，朝鮮族が希少な情報の媒介者としての役割を担わされている様相が浮かび上がった。これは，朝鮮族をトランスナショナル・アクターとみなす観点（宮島 2008）とも重なりうる（媒介性）。ただし，日本の朝鮮族に関する記事が極めて少ないことに鑑みると，等身大の朝鮮族

に関する報道量との乖離を指摘する必要がある。

　第三に,「特別論点」の項目で反映されていたように,朝鮮族に関わる日本の報道記事の多くが,多国家間に跨る論点を主題としている。これは,筆者がこれまでフィールドワークを通して得た気づき,すなわち朝鮮族というエスニシティ状況が「存在とイッシュウ」という意味付けにおいて,常に表裏一体であるという知見（権 2010）にも繋がる（跨境性）。

　第四に,朝鮮族に関する日本の主要な報道は,彼（女）らの出身国家──「中国における少数民族」もしくは「日本の中の外国人」という認識枠組み（本章のデータに依拠する限り犯罪者に結びつく）のいずれかで捉えられる傾向にある。前者が中国の「内部における下位」,後者が日本の「外部における下位」といった違いはあるものの,両者はあくまでも国境を前提とした「下位」に位置づけられている点で共通している（下位性）。

　最後に,いまだ解決に至っていない戦後・歴史問題の彼方に,例外なく朝鮮族が位置づけられている。朝鮮族というキーワードから,戦時の徴兵制,従軍慰安婦,中国残留孤児などに関する記事が検索される事実は,かかる問題との絡み合いとその根深さを物語る。加害者,被害者という二項対立的な用語では見えず,むしろ後景化してしまう論点が,そこには山積している。当事者としてのエスニシティという問題領域である（当事者性）。

　以上,「エスニシティの外在性 / 媒介性 / 跨境性 / 下位性 / 当事者性」と表現しうる知見は,朝鮮族が不可視化される要因と言い換えることができる。これらの視座には,一国主義的なアプローチから登場したエスニシティ論の限界を乗り越える理論的な含意がある。換言すれば,これまで蓄積されたエスニシティ研究の成果をめぐる新たな読み直しや刷新を迫るような認識枠組みが見受けられる。

　本章の知見とその含意は,エスニシティ / ナショナリティの変容を促す移動の経験が否応なしに孕む歴史性,政治性,集団性を見据えながら追求するディアスポラ論（武者小路 2008）の課題にも接合しうる。何よりも「見えない朝鮮族」をめぐる問題構制を,世界中に散在する「コリアン・ディアスポラ」の経験と現状を参照しつつ,同時代的かつ系譜学的に捉える試みが求められよう。その具体的な検討については,グローバル化を背景とするナショ

ナリティとエスニシティの交錯を捉える際の，今後の論究課題として留め置くことにしたい。

• 参考文献 •

日本語文献

青柳まちこ編・監訳 1996『「エスニック」とは何か —— エスニシティ基本論文選』新泉社．

蘭信三編 2008『日本帝国をめぐる人口移動の国際社会学』不二出版．

李洪千 2008「日本の新聞における韓国・中国報道 —— 1996-2005」伊藤陽一，河野武司編『ニュース報道と市民の対外国意識』慶應義塾大学出版会，129-153頁．

金泰泳 1999『アイデンティティ・ポリティクスを超えて —— 在日朝鮮人のエスニシティ』世界思想社．

権香淑 2008「〈在日本中国朝鮮族〉の形成過程に関する一考察 —— 移動，文化資本，集合行為に焦点を当てて」京都大学グローバルCOEワーキングペーパー『在日朝鮮人社会における親密圏と公共圏の変容』112-127頁．

——— 2010「グローバル化と〈朝鮮族〉—— 移動から見える東北アジア跨境論」，村井吉敬編『アジア学のすすめ —— アジア社会・文化論』弘文堂，36-60頁．

——— 2011『移動する朝鮮族 —— エスニック・マイノリティの自己統治』彩流社．

玄善允 2008『「在日」との対話 —— 在日朝鮮人は日本人になるべきか』同時代社．

関根政美 1994『エスニシティの政治社会学 —— 民族紛争の制度化のために』名古屋大学出版会．

戸田郁子 2011『中国朝鮮族を生きる —— 旧満州の記憶』岩波書店．

前山隆 2003『個人とエスニシティの文化人類学 —— 理論を目指しながら』御茶の水書房．

宮島美花 2008「エスニック・トランスナショナル・アクター再考（3）」『香川大学経済論叢』80（4）：111-133．

武者小路公秀監修，浜邦彦，早尾貴紀編 2008『ディアスポラと社会変容 —— アジア系・アフリカ系移住者と多文化共生の課題』国際書院．

韓国語文献

류경재 2008「중국조선족의 글로벌 코리안 네트워크」『글로벌 코리안 경제 문화 네트워크』민족출판사（リュウ・キョンジェ 2008「中国朝鮮族のグローバルなコリアンネットワーク」『グローバルコリアン経済文化ネットワーク』民族出版社［中国］）．

박광성 2008『세계화 시대 중국조선족의 초국적 이동과 사회변화』한국학술정보（パ

ク・グァンソン 2008『グローバル化時代における朝鮮族のトランスナショナルな移動と社会変化』韓国学術情報）。

英語文献

Barth Fredrik. 1969. *Ethnic Groups and Boundaries: The Social Organization of Culture Difference*. Long Grove, Illi: Waveland Press.

第4章 ポスト冷戦期における在日朝鮮人の移動と境界の政治

趙 慶喜
(チョウ キョンヒ)

1　ディアスポラの逆移動

　ポスト冷戦とグローバル化に対する自覚と関心は，移動 (mobility) の観点から近現代社会を再解釈する必要性を提起してきた。東アジアは世界的にも資本と人口の移動が流動的な地域であるが，その現象の背景に，20世紀初頭の日本の植民地支配と冷戦体制下で離散を余儀なくされたコリアン・ディアスポラの存在を見いだすことができる。1990年代以後，韓国社会の民主化とグローバル化の進展，2000年代以後の民族和解の時代状況のなかで，コリアン・ディアスポラによる韓国往来はかつてないほど活発化した。こうした国内外の変動にともない，韓国社会と在日朝鮮人の関係をめぐる位相も明らかに変容しつつある。20世紀の在日朝鮮人の移動の経験が，植民地主義と冷戦の現実を反映したとすれば，近年の在日朝鮮人の韓国への逆移動 (return migration) 現象は，ポストコロニアルとポスト冷戦の現実と課題を反映している。しかし他方で，政権交代をはじめとする韓国内の政治状況の変化と南北関係の悪化が，依然として移動の可能性を遮断する現実も存在する。また，物理的な国境線に限らず，在日朝鮮人は韓国社会の分断的な制度とイデオロギーにさらされ，それに対し日常的に妥協や回避，対抗や活動などの方法で交渉する。本章は，このような相互交渉的な境界の政治を考察することで，ディアスポラと「祖国」との新たな可能性と限界を考えようとす

る[1]。

　移民の発生が植民地支配と密接な連関を持つとすれば，特に旧宗主国に移住・定着した在日朝鮮人の経験は特殊な様相を呈した。他のコリアン・ディアスポラとは異なる在日朝鮮人の特徴には次のようなものがある。第一に，在日朝鮮人の存在は1945年の解放後も持続的に日本の植民地主義的政策によって規定され，その結果，朝鮮/韓国籍を持つ外国人集団として，日本の出入国管理の対象と見なされてきた。この点は，居住国の国籍を取得してその国の国民として生きてきたその他の「在外同胞」とは著しく異なる。第二に，植民地主義の帰結としての朝鮮半島の分断状況もまた，在日朝鮮人の日常に深く介入していった。長い間大韓民国への帰還が困難であった中国や旧ソ連の「同胞」たちとは異なり，東アジア反共陣営の日本に在住する朝鮮人は，韓国政府にとって政治的介入の対象であると同時に，経済的に母国を援助する人的資源であった。第三に，朝鮮民主主義人民共和国の支援のもと総連は在日朝鮮人の民族教育を積極的に実施したが，民団系をはじめとするその他多くの在日朝鮮人は成長過程で民族教育の機会を得ることができなかった。その結果，多くの在日は制度とアイデンティティの乖離を経験することになった。こうした点は，たとえば中国朝鮮族とは対照的な特徴である。

　韓国出入国統計によれば，2013年2月現在，日本出身の「在外同胞」の数は，韓国国籍者が13,071名，日本国籍者が748名である（法務部2013: 36; 法務部2011）。このデータは，韓国に滞在する「在外同胞」が入管に居住地を申告する「居所申告制度」に基づいたものである[2]。「在外同胞居所申告」は外国人登録とは異なり義務ではなく任意であり，実際には居所申告を行わない者，また居所申告をした後に出国したケースも多数含まれるため，韓国在住の在日朝鮮人の正確な数を把握するのは困難である。少なくとも明らかなことは，居所申告制度ができた1999年以後，約12,000人以上の在日が韓

---

[1] 本章は，韓国語の拙稿「탈냉전기 재일조선인의 한국이동과 경계정치」（『사회와 역사』91, 2011）を翻訳，加筆したものである。

[2] この国内居所申告制度は1999年の在外同胞法制定時に，同胞たちの便宜をはかるため「住民登録番号に準ずる」制度として新設されたものである。しかし，実際には住民登録制度が支配する韓国社会において，この居所申告番号では，携帯電話の契約やクレジットカード発給のみならず，オンライン上の会員加入すらまともにできないのが実情である。

国に一定程度定着したという事実である。ただ，現在韓国に滞在する中国朝鮮族（475,915 人）や在米コリアン（75,661 人）の数字に比べると，その規模は非常に小さい。しかもほとんどの在日は，朝鮮族のようなコミュニティの基盤をもたず，それぞれ個別的な生活を送っている目に見えない「帰還同胞」である。果たして彼/女らは「帰還者」であるのか，「移住者」であるのか。「同胞」なのか，「他者」なのか。こうした二分法は有効であるのか。

　近年，韓国に移る在日朝鮮人の経験とアイデンティティに関する研究も少しずつ生まれている。権粛寅は，若い世代の在日朝鮮人の韓国での事例を通して，「より完全な韓国人」になるために「帰還」を選択した在日が，韓国社会の無理解に直面するなかで民族的アイデンティティを修正したり自ら妥協するようになる過程を考察し，韓栄恵は「朝鮮」から「韓国」へと国籍表示を変更した在日 3 世たちの選択を，家族と社会関係のなかで描き出した（権粛寅 2008; 韓栄恵 2011）。また，文化資本の観点から，在日朝鮮人の韓国での文化実践に着目した金艾琳は，依然として在日朝鮮人を拘束する現実的制度と，若い世代の欲望のあいだにある複合的な関係に焦点を当てた（金艾琳 2009）。これらの研究は，在日朝鮮人の越境的な活動とアイデンティティの発現，主体的な選択などに注目するが，その過程で直面する硬直した制度や境界線に対する分析が不十分だといえる。本章では移動の可能性が遮断される状況にも着目し，ポスト冷戦的主体と冷戦的現実が交差する地点を浮き彫りにするだろう。

　もっとも，移動性に基づくディアスポラ概念の拡散は，実はこのよう冷戦的規範の影響を適切に捕捉できない場合が多い。この間「ディアスポラのディアスポラ」（Brubaker 2005）が指摘され，この概念のインフレーションに対する問題提起がなされてきた。ユダヤ人の歴史的経験に特化した古典的ディアスポラ，すなわち領土と文化の排他的な結合を起源に設定し，これに向けた帰還を目的とする本質主義的な概念に対し，ポストコロニアルとグローバル化の過程における移動（movement）と転位（displacement），文化的混交（hybridity）を前提とした象徴的ディアスポラ概念が定着して久しい（Hall 1993; Clifford 1997）。韓国でも同じようにディアスポラ概念の輸入は，既存の「民族」「同胞」パラダイムの持つ排他性と中心性に対する多様性と差異，

分散性を志向してきた。

　ただ注意しなくてはならないのは，移動性と分散性，脱領域化したアイデンティティの発見が，ディアスポラの非移動の現実を看過させてしまうことである。ここで非移動性とは，グローバル化に伴う一般的現象としてのローカル化というよりは，強いられたローカル性，すなわち離散経験の結果としての定住志向性や再移動の困難を意味している。これに関してソニア・リャンは，ディアスポラ概念あるいは状態の動的側面と静的側面が区分されるべきであると述べている（リャン 2005）。すなわち，本人の意思にかかわらず，その場に閉じ込められた状態の人々もまた，ディアスポラの特徴の相当部分を占めているのである。また金貴玉は，よく知られたサフランのディアスポラ定義，すなわち「国外に追放された少数集団の共同体」を「旧ディアスポラ」，よりグローバルな人口移動と分散居住現象自体を「新ディアスポラ」に区分し，朝鮮半島の南北離散家族や在日朝鮮人は依然として「旧ディアスポラ」として 21 世紀を生きていると指摘した（金貴玉 2010）。現在の在日朝鮮人の現実は，このような冷戦／ポスト冷戦，あるいは移動／非移動の両面を通じて，そのダイナミズムを考察することを要求している。以上の点をふまえ，本稿では在日朝鮮人が韓国社会と関係を設定する過程で，自らを規定する相反する規範をいかに解消するのかにも注目する。

　主な調査方法としては，2011 年 6 月から 9 月にかけて主に韓国と日本で 15 名の聞き取りを行った。聞き取り参加者たちは，在日朝鮮人 2，3 世のうち，現在韓国で居住していたり過去に居住した経験のある者 11 名と，現在移動に困難を抱えている者 4 名である。参加者の韓国内での制度的地位は，15 名のうち 2 名が朝鮮籍，1 名が日本籍を持つ「外国籍同胞」，その他 12 名は，韓国籍を持つ「在外国民」に該当する。15 名のうち，朝鮮学校を経験した者が 9 名，日本学校のみに通った 6 名中 3 名も大学時代に民族団体で活動経験があり，民族的な文化資本を一定程度身につけたケースである。また，15 名中 10 名が大学院修士以上の高学歴を持つという点でも特徴的である。ここには調査者の人的ネットワークがそのまま反映されているという

点をあらかじめお断りしておきたい[3]。本章では，15名のうち朝鮮学校に通った経験のある，あるいは朝鮮籍を維持していた在日朝鮮人に主として焦点を当て，彼/女らと韓国社会の新たな関係と構造的な限界を明らかにしようとする。

2 境界線上の国籍

2-1. 朝鮮籍者の越境

　20世紀の時代を経て，私たちは国境によって区分された国民国家の主権を普遍的で固定的な原理として理解するようになった。戦争，占領，植民地支配など政治的暴力の産物である国境線とそれによる個人の国籍は，日常生活のなかで絶えず自然化され，家族の離散，生活圏の分割，疎通の断絶をも正当化してきた。このように自然化された国境を設定する場合，在日朝鮮人の国籍問題は迷宮に入り込むほかない。逆に境界地帯に生きる当事者たちからすると，自らの所属を定義する国籍は常に不安定で流動的である。

　在日朝鮮人にとって国籍とは，本来的に不確実なものである。それは何よりもまず，日本の外国人登録上に記載された「朝鮮」「韓国」の区分を通じて決められるという，本末転倒な事態から生じている。朝鮮籍/韓国籍とは，日本の外国人登録上の国籍表示が「朝鮮」である者と「韓国」である者を指しているが，国籍の決定は各国の国籍法に基づくため，この日本の外国人登録上の表示が当人の国籍を確定するわけではない（高 2003）。しかし韓国領事館は，これまで何ら法的根拠のないまま，朝鮮籍を事実上の「北韓国籍」と見なし，慣習的に国籍変更を要求してきた。より正確にいえば，朝鮮籍者は，日本でも韓国でも法的に朝鮮民主主義人民共和国の国籍を認められたこ

---

[3]　本章では，聞き取り対象者を探すうえで，あえて語学堂や交換留学などで来ている短期滞在者を除外した。その理由は，韓国で容易に経験しうる差別や疎外感を重点的に取り上げるよりは，韓国社会と戦略的に交渉していく過程に焦点を当てようとした問題意識のためである。もちろん，より広範囲な対象への聞き取りは今後の課題である。

とがないにもかかわらず，権利が拒否される場合にはそのような扱いを受けるのである。

　ポスト冷戦期に特徴的なのは，韓国でいわゆる「朝総連系」とくくられる在日朝鮮人の韓国往来が急速に増加した点であるが，そのなかには韓国入国のために国籍の変更を強いられた人々が多数含まれる。彼/女らは，韓国入国を試みた初めの段階から分断体制の現実に直面し入国をあきらめたり，駐日韓国領事館の指示に従い外国人登録の表示を「朝鮮」から「韓国」へと変更することになる。そのうえで，長いあいだ祖国を離れていた在日朝鮮人が大韓民国のパスポートを取得するためには，散在している先祖たちの「戸籍」（韓国では 2008 年に戸主制度が廃止され，戸籍は「家族関係登録簿」に変更）を探し出すことから始めねばならない。この登録簿整理と国民登録を経たのちに正式のパスポートが発給される。こうした手続きをもって初めて大韓民国の国民に組み込まれる。パスポートという身元確認のシステムが「国家による合法的『移動手段』の独占化」（トーピー 2007: 11）という性格を持つとすれば，分断国家のパスポート発給は，それ自体が体制競争に向けた国家権力の発動を意味する。また，駐日韓国領事館が日本政府による在日朝鮮人管理の原型である外国人登録体制と結託して国民化を進める過程は，まさに植民地主義的な日韓癒着のあらわれでもある。

　他方で，1990 年代以後，韓国政府は「旅行証明書」の発行を通じて，朝鮮籍に一時的な韓国渡航の道を開いてきた[4]。「旅行証明書」を通じた朝鮮籍者の韓国入国は，たとえ制限的であれ，朝鮮籍の歴史性を維持したまま韓国往来を行う唯一の道であった。しかし李明博政権に入り，韓国政府と領事館は「旅行証明書」の発行拒否を繰り返し，2010 年 3 月に韓国哨戒艦沈没事件が起きると，すべての発行申請を拒否するにいたった[5]。現在，朝鮮籍を維持する者は年々減りつづけ，全体の 5% 程度であると推測されている。こ

---

[4] 1990 年に制定された南北交流協力法第 10 条（外国居住同胞の出入保障）では，「外国国籍を保有せず大韓民国の旅券を所持しない外国居住同胞が南韓を往来するには，旅券法第 14 条 1 項による旅行証明書を所持しなくてはならない」と規定している。この条項が朝鮮籍者に対する旅行証明書発行の根拠となると見られる。

[5] 外交通商部の統計によれば，朝鮮籍在日朝鮮人の旅行証明書発給件数は，2006 年 8 件であったのに対し，2010 年には 279 件に増加した（『連合ニュース』2010 年 10 月 18 日）。

写真4-1　韓国政府発行の「旅行証明書」(左)と日本法務省の
「再入国許可書」(右)
朝鮮籍者は，一回きりの「旅行証明書」で韓国に入国・出国し，「再入国許可書」
で日本を出国・再入国する。

れは，韓国への移動のために，国籍もまた移動しなくてはならない現実のあらわれである。在日朝鮮人の国籍問題の持つ本来的な不確実性は，未完のポストコロニアルとポスト冷戦の現実を集約的に見せてくれる。

　韓国籍を持つ語り手12人のうち10名が成長過程で「朝鮮」から「韓国」への変更を経験し，そのうち5名は直接的に韓国移動のために自ら選択したケースである。2006年に韓国籍を取得したジュニョン (33歳) は，朝鮮民主主義人民共和国のパスポートで海外旅行に出かけ仁川空港を経由したときの恐怖心を鮮明に覚えている。一貫して日本の学校に通ったが，地域の統一祭りにボランティアとして参加するなど在日コミュニティと接する機会がたびたびあった。しかし，自分が在日であることの証明するものがないことに限界を感じていた。その頃東アジア共同ワークショップ[6]を通じて，多くの韓

---

6) 東アジア共同ワークショップは，1997年に北海道朱鞠内で強制労働の末になくなった朝鮮人犠牲者たちの遺骨発掘作業から始まったワークショップである。その後北海道，ソウル，済洲島，大阪，智異山などの各地でフィールドワークやシンポジウム，文化行事などを続けており，韓国人と日本人，在日朝鮮人のあいだの世代を超えた連帯をすすめてきた。その他にも2000年代前後に東アジア規模の多くの学術会議やNGO活動が始められ，語り手の多くはそれらの活動を通

国人と貴重な出会いを経験する。国籍を変えて韓国行きを選んだのは自然な成り行きであった。彼にとって朝鮮籍を維持することは「内容もないのに形式だけ守ること」に近かったと振り返る。それよりは，直接できることを探したほうがいいと今は考えている。

　2005年に韓国人男性との結婚を契機に韓国籍を取得したリヘ（35歳）の場合，結婚という人生の転機がなければ，朝鮮籍を「捨てる」ことはなかったと述べる。むしろ，自らのアイデンティティを変えてまで移動の手段を得るということに対して懐疑的であった。しかし，同時に韓国人と韓国文化の魅力にも徐々にはまっていった。6年が過ぎた今，彼女は自らの選択に対して全く悔いはないと述べる。韓国生活に適応するなかで，視野が広がり人生が豊かになった。実質的な面では何よりもパスポートを持てたことが，もっとも大きな変化であった。パスポートを通じた移動性の獲得は彼／女らに実利的な便宜と安定感を味わわせる。移動の権利を得た者にとって国境線は問題にはならない。ジュニョンもまた，日本と韓国，そして第三国を自由に行き来することで「現世的なメリット」を得たのが，単純かつ大きな発見であったという。

　一番最近に国籍を取得したテファン（32歳）の場合，朝鮮籍で韓国に長期滞在中に天安艦事件が起き，旅行証明書の更新が拒否されたケースである。韓国に仕事が残っていた彼は仕方なく韓国パスポートの申請を急いだ。朝鮮学校時代のコミュニティと緊密な関係を維持していたテファンは，朝鮮籍を変えろという領事館の圧力と，それに反対する周囲の暗黙の視線のなかでディレンマに陥りながらも，韓国籍取得に踏み切った。朝鮮籍という不確実な正体は，双方の冷戦論理が拮抗する政治的な磁場となりうる。言いかえれば，朝鮮籍者の韓国籍取得は，移動というポスト冷戦的契機が，冷戦的な論理の発動の場にすりかえられてしまう逆説と緊張をはらんでいる（金艾琳 2009: 368）。他方で，パスポートを通じて得られた移動性は，当事者たちに一種の特権性の獲得として受け止められている。

　　　国籍変えてからは（国境を）意識しなくなりましたね。楽すぎて何も感じな

じて互いに知り合いであったり，韓国での経験を共有していた。

くなりました。そのまま何の手続きもなく来れるじゃないですか，チケットさえ取れば。びっくりするくらい。今までの苦労は何だったんだ？って。有効期限さえ残ってれば，船でぷらっと来ることもできるし。今までは全部予定表出して……だから逆に自分がいかに特権的かってのは考えなきゃなと思います。実際来れない人たちも周囲にたくさんいるから。(テファン 32歳)

　もちろん，韓国との関係いかんで組織との関係が疎遠になる場合が多かった一昔前を思えば，状況は大きく変わった。しかし，テファンは今も韓国籍を取得した事実を周囲に積極的に言おうとはしない。むしろ自らの立つ位置が安全地帯ではない「どっちからも裏切り者扱いされる，危ないやつ扱いされる可能性」を常に自覚し警戒する。ただ今は，この中間的な位置を最大限活用するだけである。2000年以後に韓国籍を取得した彼/女たちは，具体的な韓国人との出会いを通じて移動の可能性，手段としての国籍を「選択」した。韓国への移動は彼/女たちに，新しい生活世界と人間関係の拡張という実質的なメリットを与えた。しかし制度的安定感と移動の自由が，すぐさまアイデンティティの安定や解放を保障するわけではない。たとえばジュニョンにとって韓国籍取得が合理的決断であったのに対し，リヘとテファンには現実との妥協という性格を持っていた。朝鮮籍から韓国籍への制度的な越境は彼/女たちの生をリセットするのではなく，むしろ自らの歴史との連続性のなかでより微視的な境界の政治を作動させている。国籍の持つ歴史的な象徴性と現実的な機能性のあいだの葛藤は，韓国社会との関係においても，在日のコミュニティとの関係においても，容易に解消されるものではない。結局のところ自由で主体的な国籍選択が成立しないのである。

2-2.「危険な国民」の出現

　このように在日朝鮮人の国籍取得は，ポスト冷戦とグローバル化の時代状況が要請する分断国家の不均衡な国民化の一例である。これに対して現在韓国政府は，新たに韓国国民となった在日朝鮮人をふたたび危険な存在に祭りあげている。たとえば，近年の在外同胞をとりまく大きな制度的変化に在外国民投票権の付与があげられる。2009年に公職選挙法等が改正し，2012年

4月の国会議員総選挙と12月の大統領選挙から在外国民の投票権が認められることになった。しかし，在外同胞に対する国籍に基づく政治的権利の拡大は，分断国家としての韓国の「安保」に深刻なディレンマをもたらすと認識されている。外交通商部内外では，新しく韓国籍を取得した「朝総連系同胞」をどのように見極めるのかが大きな争点として浮上している。

たとえば民団ではより明確に「朝鮮籍から韓国籍に切り替えて韓国の旅券を所持し，韓国国政選挙への選挙権を有しながら，総連活動に従事する同胞が相当数にのぼっている実態を見極め，総連から心身ともに離脱した同胞と峻別して対処すること」を強調するにいたった（『民団新聞』2010年12月27日）。政府関係者も「在外国民を偽装して入国する間諜は安保上の脅威であるだけでなく，選挙にも多大な影響を与えることになる」として，「主な嫌疑者に対して国籍取得以後も監視を強化する方針」を明らかにした（『文化日報』2011年10月20日）。長いあいだ韓国政府が実施してきた国民化プロジェクトの不確実性を，今になって在外国民の「不純な正体」のせいにしようとする。いまや問題は，朝鮮籍を維持する者のみならず，韓国籍を取得した無数の元朝鮮籍者にシフトしている。彼／女たちは制度上その「不純」さが見えないため，より危険な存在として映るのである。

このような認識のもと，現在駐日領事館が行う思想検閲キャンペーンは，在日朝鮮人に具体的な苦痛と困難を与えている。キョンファ（23歳）の場合，過去に学生団体活動で朝鮮民主主義人民共和国に訪問したのが引っかかり，韓国籍であるにもかかわらず旅行証明書の発行を拒否された。彼女は領事館職員からの電話で「韓国籍を持つ者が総連に関与するのは違法であり，韓国政府の許可なく北韓を訪問したのは犯罪だ」「あなたの思想はまだ朝鮮籍だ」など脅迫めいた言葉を浴びせられ，全身の力が抜けて言い返す言葉を失った。現在新たに韓国籍を取得する者が増えている状況のなかで，このような思想検閲は際限ない不信の悪循環をもたらしている。すでに中学生の頃に韓国籍を取得したソンイ（27歳）も同様である。人権問題に従事する彼女が朝鮮籍者に対する韓国政府の対応を批判する文章を書いたところ，それを見つけた韓国領事館職員が実家の家族に「韓国籍を持った若者がそんな発言をするのは困る」といった内容の電話をかけてきた。これらは一部の特殊な事例

ではない。その他にも韓国領事館は，韓国籍を持つ在日朝鮮人の身元調査を通じてパスポートの有効期限を恣意的に制限したり，更新を拒否するなどの一種の制裁をくりかえしている[7]。在外国民が参政権を行使するには，パスポートによる身分証明が必要となるからである。

以上のような身元調査という名のもとでの思想検閲は，制度的境界を越えた「国民」に対して，分断国家の二分法がいつでも活性化する様子を実に露骨に見せてくれる。パスポートの発行という「移動手段の独占化」を通して大韓民国が行ってきた国民拡大プロジェクトは，今その臨界地点において，既存の冷戦的秩序に人々を回収しようとする力との相克を引き起こしている。しかし，このような過剰な反応は，ディアスポラの流動性が分断国家の境界を揺るがす過程でおきるバックラッシュであり，すでに韓国社会が「境界都市」であることを逆に証明しているのではないか。韓国政府の対応とは裏腹に，一部の保守政治家たちが「偽装在外国民」と呼んだ多くの元朝鮮籍者たちがすでに韓国社会に定着している。先述のとおり，特に2000年以後のポスト冷戦の風潮のなかで，いわゆる総連系在日朝鮮人と韓国社会の接点は急激に増えていった。

90年代初頭に韓国人と結婚したナムジ（42歳）は，90年代までは在日橋胞（チェイルキョッポ）といえば「民団系か，朝総連系か」を必ず聞かれたというが，2000年代に入りそうした質問がなくなったと述べる。あるいは世代的な差異でもある。40代以上はどちらかを質問することで，「正体」を確認する場合が多いという。国家保安法が現存する韓国社会では，政治状況によって反共イデオロギーの矢がいつ自分に飛んでくるか分からない。そのなかで総連系在日朝鮮人は，韓国社会で自らの位置に対して自覚的であり，朝鮮学校で学んだ朝鮮語をソウル言葉に修正したり，自分の祖父母の故郷が南にあることを強調す

---

[7] 韓国では2010年9月20日の旅券法施行令改定により，パスポートの有効期間に関して，次のような項目が新設された（第2章第6条第5号）。「国外に滞在する『国家保安法』第2条による反国家団体の構成員として，大韓民国の安全保障，秩序維持および統一・外交政策に重大な侵害を惹起する憂慮がある人：1年から5年までの範囲で侵害憂慮の程度にしたがい外交通商部長官が定める基準による期間」。これに該当するかどうかは関係行政機関との協議を経て決定するとしている。この規定の新設は，明らかに参政権を行使する在外国民の統制を念頭に置いていると思われる。

第 I 部　コリアン・ディアスポラの民族関係 ── 東アジア社会から

写真 4-2　朝鮮学校の風景
2000 年以後，東京・大阪・北海道など，朝鮮学校と韓国の NGO 団体や市民たちとの接触も増えてきている。

るなど情緒的な結びつきを探ろうとする。ナムジをはじめ，韓国人男性と結婚したリヘ（35 歳）やミヨン（37 歳）も，夫の家族や親戚，周囲の人間にあえて朝鮮学校出身であるという事実を明かすことはない。隠すわけではないが，何も自分から分断線を引く必要はないと判断するのである。

　テファンの場合，幅広い自己表象の仕方を得ている。彼は自らの資源が多いという事実に最初から自覚的であった。日本語を話せば日本好きの人々に一目置かれ，朝鮮学校出身であることを明かせば進歩派の活動家たちに歓迎される。彼は朝鮮学校出身者が韓国で言葉が通じないと卑屈になることに対しても警鐘を鳴らす。ディアスポラの駆使する語彙や発音が現地化されているのは当たり前という立場である。朝鮮学校出身者たちの言語的緊張を考えるうえで共通に思い浮かべる禁忌語は「トンム」（友人の意味）であるが，知らないうちにこの言葉が口から出てしまい冷や汗をかいたナムジに比べ，テファンはむしろこの言葉を肯定的に受け止める韓国人がいることが新鮮であった。

　こうした違いの背景には，もちろん個人的な性向に加えて，時代的あるいは世代的経験の違いがある。90 年代初頭に初めて韓国に接したのと，2000

年代後半の開かれた韓国社会に接したのとでは，その経験が異なるほかない。しかし，こうした一般的な違いにもかかわらず，彼/女たちの場合，冷戦/分断イデオロギーに対して戦略的な交渉の仕方を自ら鍛えている。特にテファンの事例からは，韓国社会の視線と自分自身，つまり表象とアイデンティティを統合し，多様な層と適切に交渉していく姿を見てとることができる。こうした柔軟な主体のあり方は，韓国籍取得過程で彼自身が経験した制度的な硬直性に対する代案的/対抗的な意味を持つものととらえることができる。

3　民族/多文化のダブル・スタンダードを超えて

　他方で，韓国に定着するほぼすべての在日朝鮮人が経験する日常的な境界線は，言語と文化に関するものであろう。近年韓国社会で急速に広まった単語のひとつは多文化主義であるが，韓国社会で設定された「多文化」の構成員に，一般的に「同胞」たちの存在は含まれていない。韓国社会の多文化主義は，主に東南アジアからの移住労働者と国際結婚による移民者の増加と定着を背景に，地域の労働・教育現場が直面した問題から発している。たとえ文化的異質性を持っているとしても韓国籍の在外同胞に付与される価値は，あくまでも「多文化」ではなく「民族」である。一般的に多文化主義が単一民族国家幻想に対する代案的な価値を内包しているとすれば，この多文化主義と民族主義の両立をどのように考えるべきだろうか。

　ユン・インジンらが実施した意識調査によれば，韓国社会の文化的多様性について55.4％が肯定的な認識を持っている一方で，単一民族国家に対する自負もまた62.9％が肯定的に受け入れている。つまり，韓国社会では多文化主義と単一民族主義が，衝突するのではなく，共存する価値として根づいている。この点は，分断国家における多文化主義が，民族主義を代替する価値にはなりえないという現状をあらわしている。問題は，こうしたダブル・スタンダードが，内部化（民族）/外部化（多文化）という形で，きわめて恣意的に適用される傾向があることである。二重の視座の共存は「われわ

れ / 他者」あるいは「同胞 / 外国人」という二分法それ自体を揺るがすことはない。場合によって，どちらかを選択するのみである。

　こうした二分法的視座から在日朝鮮人自身も自由ではない。長いあいだ日本で外国人として生きてきた在日は，韓国でもよそ者扱いを受けることに対して過敏にならざるをえない。母国語習得のために韓国に渡る多くの在日朝鮮人に対して，韓国社会全体が発動する二分法はしばしば彼 / 女らの韓国生活の意味と意志そのものを打ち砕いてしまう。先行研究でも見られたように，在日朝鮮人自身が韓国社会との関係を語る際に，「傷」「失望」「裏切り」「疎外」「片思い」などは口にしがちなワードである。このような「典型的パターン」「挫折コース」に対してほぼすべての語り手が自覚的であり，それとは別なる関係を築こうとする姿が共通して見られた。

　2世のチャン（50歳，男性）は，大学時代に韓国語をすこしかじったが，その後「深刻な民族アイデンティティの欠落」を感じ，40歳で韓国に渡った。地方新聞社の記者として年収1,000万を稼いでいたが，その地域の既得権層と付き合いながら記事を書くことが，自分にとって何の意味もないことを思い知るようになり，思い切って留学に踏み切った。その時代と比べると彼の韓国生活は経済的に不安定であるが，韓国語習得を通じて「欠落したアイデンティティ」が満たされる過程を経験している。日本に帰るとまた言葉を忘れてしまいそうで，10年目ここで何とかがんばっている。ただ，彼には自己主張が強く荒っぽい韓国社会は決して楽な場所ではない。周囲にいる進歩的な人々によりその傾向があると感じており，心を通わせる友人をつくるのはすでに諦めたという。自分を「日本人に近い」と評価する彼は，韓国生活に少し疲れたと述べた。

> 何年か住んでみて韓国の様子が分かってきた。良かったと思ってるよ，「祖国」だと観念的にとらえていたのが，具体的に肌で感じるようになったから。祖国は祖国だから。水は合わないけど，それが当然だと思えたのも成果なんだよ……それを切り離して，こっち（韓国）がだめだからこっち（日本）っていうのは，祖国を観念的にとらえているんだよ。まあ俺だってそうだったし，今だって（日本に）帰ろうかなと思うよ。日本人のほうが付き合いやすい。やっぱり日本人は堅実だよ。こんなふらふらした生き方してる人なんかいない

(笑)。基本的に韓国もそうならなきゃだめだと思うんだよ。(チャン, 50歳)

　彼は観念的な思考から脱したとき,「祖国」をあるがままに受け入れられたことを強調した。それは結局, 生まれ育った日本がより楽な社会であることを自ら認める過程でもあった。「失望」や「裏切り」ではなく, 韓国社会をちゃんと知って批判的にとらえることができたのは, まず第一に彼が10年間の韓国生活を通じて母国語習得に一定の成果を見たからであり, もう一つは大学で日本語を教えながら「在日が確実に受け入れられている」という実感を得ることができたからである。90年代から日本語講師として働いてきたナムジ (42歳) の場合, 2000年以後の韓国社会の変化は, より実感として迫るものであった。彼女は日本語教育の専門家として, 同じような経歴と経験を持つ在日の先輩たちと交流を続けてきた。韓日のはざまで民主化と経済発展を経験してきた彼/女たちは, 自分たちが民間交流の架け橋となってきたことを自覚している。しかしその裏面で, 日本語講師として働く在日朝鮮人は一般的に日本名を強要されたり, 在日であることを隠して日本人に成りすますことを要求されてきた。そうした慣行は今でもさほど変わりはない。

　　日本人のふりしてほしいって, 大学では本名でもいけるとこありますけど, 学院(ハグォン) (語学学校) は全部だめでした。私は普通最初に確認するんですけど, 言っていいですかって。最初は気分悪かったですよ, なんでこっちにきてまで…でも今はもう割り切ってます。別にルールが決まってるのではなく, 学科長の裁量とかで決まるんでしょう……学生もそうですけど, 学生の親がネイティブ信仰があるから……もう在日を雇用しないと決めた大学もありますよ, 願書自体がシャットアウト。韓国籍だと外国人雇用の助成金取れないから。あっちでもこっちでも中途半端ということ。(ナムジ, 42歳)

　ナムジはこうした問題のために, むしろ在日を好む職場を選ぶようになり, 今は本名で講師を続けている。周囲でもこうした事例を容易に探すことができる。語学という国民国家の枠組みを前提とした分野において, 在日朝鮮人は韓日間の架橋という美名のもとに正体を明かさないまま隠れた功労者の役割を果たしてきた。他方で2000年以後, 韓日文化交流の構図が変化するな

かで，韓国人の日本語需要は減少し，逆に日本人の韓国語需要が増えている状況がある。2000年代後半に本格化した韓流は，韓国に移動する在日朝鮮人に新たな道を拓いている。

最近韓国で働く在日のなかには，韓流関連の文化産業や観光業に従事する場合がしばしば見られる。大学院の途中で韓国語留学の道を選んだジュニョンの場合，日本人を対象とした韓国情報サイトをつくる仕事や韓国ドラマの関連グッズを制作する仕事をしながら生計をたててきた。会社で「日本人スタッフ」として仕事をすることに特に拒否感はない。むしろこっちで食べていける道があることが有難かった。日本では人文系大学院を卒業しても自分に適した就職先を見つけるのが難しいからでもある。唯一の問題は10名以上の日本人スタッフがいる職場では，韓国語の上達がなかなか望めないことである。そのため彼は週末には在日をよく理解している韓国人の知人をたずね，韓国語の感覚を取り戻している。ナムジとチャンも日本語講師として働くかたわら，大学院で韓国近現代史を研究するなど，ライフワークを別に持つことで境界でバランスを保っているように見える。

8，90年代からの日本語講師，2000年代以後の韓流関連スタッフは，在日朝鮮人が韓国で住むうえで重要な生計手段となってきた。彼/女らが日本で体得した複合的な文化資本は，韓国で在日朝鮮人の生存戦略として根付いてきたのである。同時に，語り手のなかには，日本での経験や知識を単純に生活の手段ではなく，より象徴的なかたちで活用する場合も見られる。90年代後半に韓国に住みつき15年以上ホンデ（弘益大）近辺で文化実践をつづけてきたチヒャン（40歳）は，コーディネイターとして，韓日間の多様な文化的実践の一部分を先駆的に担ってきた。入国当時朝鮮籍であった彼女は，在日の権利擁護のためのNGO活動に参加していたが，徐々に文化交流の方向にシフトしていった。コーディネイターという職業は当時まだ根づいていなかったが，自己犠牲的な運動よりも生産的であったと考えている。通訳やコーディネートの仕事を機軸に韓国情報雑誌の編集，日本風雑貨屋，オーガニックカフェ運営など，幅広い仕事を通じて，エステと芸能に偏った韓国の文化発信をより分厚いものにしてきた。現在彼女はカフェ経営の傍ら，地方の食文化の専門家として，自分なりのスローライフを実践している。この基

底には，日本で染み付いたローカルなものや「아기자기한 것（小さくて可愛いもの）」に対する愛着が生きている。

> 韓国では，フェアトレードのコーヒーを出したりするのが初めてだったんですよ…結局オーガニックっていう言葉はね，綺麗な食べ物のことではなくて，有機って，繋がりとか根源，オリジン，どう生きるかって生き方の問題。ゆっくり吟味して，ゆっくり作る。地方に旅に行くたびに，ちまたの農家とかに寄ってその人たちの作る食べ物を直接見たりして，自分のライフワークがカフェに戻ってくる。その相乗効果で今は楽しくない仕事がない。
> 韓流というとちょっと違うけど，韓国を見てもらう仕事をしてきた大勢のなかの一人という自覚はあります。やっぱりそのときに在日の役割が大きかったと思う。日本と韓国の関係に対する愛，それはまあ自分への愛だったりするわけですが。基本的にこの二つの国は生きていく土台でもあり，家族が住む場所でもあると考えたときに，いってみたら仲人みたいな感じで。（チヒャン，40歳）

チヒャンの実践は在日朝鮮人が日本で体得した知識や技術，感覚やネットワークなどを韓国で有効に活用していく代表的な事例である。それは単純に経済的な意味を持つというよりは，身体化された文化資本（habitus）に近い。在日が身につけた境界的な文化資本は韓国で再文脈化され，より重層的な性格を持つようになる。韓日のはざまで消耗することも多かったチヒャンは，オーガニック（有機）という言葉によって自分自身の位置と生き方を見直すことができたという。

彼／女たちに韓国と日本は生活的な面でも，また拠り所という面でも，互いに排他的な選択肢ではない。どちらかに定住するより，韓国と日本を行き来しながら暮らすことを望んでおり，韓日をまたいだ領域を自分たちの生活空間としている。京都出身のジュニョンには，ソウルがいつのまにか東京よりも近いところになった。また，日本よりもキャリアを積める場所でもある。反対に，キンポ空港から30分の場所に住むナムジにとって，日本はプサンに行くよりも近い。韓国生活15年の彼女の夫の家族は，彼女が日本の永住資格を放棄して，韓国の住民登録を持つ「完全な韓国人」になることを望むが，自分の一部である「日本」を捨てる気はない。むしろ子どもたちの日本

留学を真剣に考えている。彼/女たちにとって韓国は，単に自らの民族的アインデンティティをかけて「帰還」するところではなく，生活が拡張した空間であり，自分自身の中途半端さをうまく活用し，不安定さを肯定的な資源に転化することができる場所となっている。

　民族/多文化の境界を生きる在日朝鮮人にとって，日本か韓国かの二者択一は，不当な選択を強いるものでしかない。ここで問題となるのは境界線それ自体ではなく，境界線が常に自分の意志の前に恣意的に引かれること，つまり境界線の基準が常に自分の外にあるという点である。内国人/外国人，同胞/多文化が厳然と区分される制度と慣習に対して，韓国社会に定着する在日朝鮮人の現実は，民族の「帰還者」でありながらも，同時に文化的異質性を持った「移住者」として接近する必要を提起している。これは韓国社会の多文化主義政策にディアスポラたちの存在を含めよという単純な要請ではない。むしろ「外国人の韓国人化」を掲げる大韓民国中心の多文化主義を，ディアスポラたちの存在を通して問うことができる。「民族」と「多文化」は，別々の範疇として存在するのではない。民族こそが多文化であり，同胞それ自体が無数の境界を内包した混成的な実態であるという認識の転換が必要なときにきている。

4　〈想像的移動〉の効果

　最後に検討するのは，在日朝鮮人の韓国移動の背景にある文化的，情緒的文脈である。2000年以後の東アジアで見られた韓流による文化的構図の劇的変化は，在日朝鮮人の韓国移動にいかなる影響をもたらしてきたのだろうか。ほとんどの在日朝鮮人が朝鮮半島南部にルーツを持つ一方で，朝鮮籍あるいは総連系の在日朝鮮人にとって，大韓民国は長いあいだ想像上の「祖国」であった。公式的には韓国への移動と交流が遮断されていた彼/女たちにとって，韓国大衆文化の登場は民主化と脱分断の過程を実感させる大きな契

機となった[8]。母国語の基礎を習得した朝鮮学校出身者たちは，韓国大衆文化に対する理解度において有利な条件を持っている。つまり思想的に韓国と相対するという公式的見解とは異なり，民主化と脱分断を志向する韓国社会と容易に接続できる言語的，情緒的な基盤を持つ。朝鮮学校出身者たちの非分断的な志向性の意図せざる効果を，彼／女らと韓国社会との関係のなかに見出すことができるのである。

　語り手のうち朝鮮学校を出た何人かは，日本にいる頃，90年代から韓国の大衆文化を積極的に受け入れてきた経験を持っている。韓国移住2年目のミヨン（37歳）は，すでに10年前から芸能人のファンサイトやファンミーティングを通じて，韓国人と知り合う機会がたびたびあった。さらに90年代初頭に，初めて韓国ドラマを見た時のことを次のように述べる。

> 　韓流がはじまる前から一人韓流で，一番最初に見た韓ドラが，…アボジ（父親）がたぶん韓国クラブからビデオを借りてきたんだと思うんだけど……「戦争と愛（전쟁과 사랑）」で，昔のパルチザンと南の軍部の恋愛とかあって，自分が習ってきた近代史がそのまま出てすごく面白かった。家族親戚中で見てて。あと「モレシゲ（砂時計）」とか，すごくリアリティあるんですよ。出てる俳優もすごく好きになって，ネットもけっこう早くから始めました。当時は動画がこんなちっちゃくて……（ミヨン，37歳）

　日本で会ったソウォン（45歳）もまた，韓流が出てくる前から韓国ドラマを見て韓国語の発音や言い回しを覚えた一人である。

> 　最初はやっぱり「モレシゲ（砂時計）」……オモニ（母親）と夜更かししながら見た。光州をこんな風に描くんだ，って新鮮だった。あとドラマの内容もそうだけど，自分もウリマル（朝鮮語）をこうやって使いたい，という衝動をもろに奮いたてたね。それから韓国ドラマといえば，何かしら入手して見た…1999年に韓国のブログ始めたから，ちょっと早いわけ。私にとっては，

---

[8] もちろん非公式的な交流は常にあった。親戚はもちろん7,80年代まで日本に来ていた密航者たち，80年代以後の事業家と留学生たち，また韓国クラブで働く女性たちとの接触は，事実上在日朝鮮人と韓国人ニューカマーとの関係の下地となってきた。ここで登場するソウォンの場合も，70年代に密航できた叔父に対する記憶，そして韓国クラブの厨房で働く母親の周りにいた韓国人女性たちの記憶が原風景を形づくっている。

第Ⅰ部　コリアン・ディアスポラの民族関係 —— 東アジア社会から

写真 4-3　韓国ドラマ『モレシゲ（砂時計）』
韓国ドラマ『モレシゲ（砂時計）』は，80 年代の民主化運動を背景に若者たちの人間模様を描いた。1995 年 1 月に韓国 SBS で放映され平均視聴率 50% 以上を記録した。

　　ネットのブラウザが韓国だったから，いつもそこに飛び込みたいと思ってて。はじめて韓国に行ったときは，まだブラウザだ，と思った。（ソウォン，45 歳）

　韓国ドラマが日本で商品化されたのは 2000 年代中盤であり，90 年代まではニューカマー韓国人たちが非合法的に運営するレンタルビデオを通してのみ視聴が可能であった。宋連玉によれば，ニューカマーたちの集中地域である大阪今里に，韓国映画やドラマのレンタルビデオ店が急増しはじめたのは 1993 年頃である。そこに資本と語学力のある総連系在日朝鮮人が参入し，早い時期に主な視聴者となっていった（宋連玉 2008: 240-241）。また韓東賢の調査によれば，朝鮮学校出身者たちは，当時の韓国ドラマを非公式的な流通経路を通じてほぼリアルタイムで接しており，視聴の基本パターンに韓国近現代史に対する関心や憧れ，共有などが入り混じっていた様子がうかがえる（韓東賢 2006: 25）。その後 2004 年に NHK で放送された『冬のソナタ』の爆発的なヒットによって，日本人が韓国ドラマの主な視聴者層を形成していくことになった。宋は，もともと KNTV では，韓国社会の民主化を反映するようなドキュメンタリーや歴史番組が字幕なしで放映されていたが，徐々に

第 4 章　ポスト冷戦期における在日朝鮮人の移動と境界の政治

日本人の好むような恋愛ドラマやバラエティ番組へと偏重していったと指摘する（宋連玉 2009: 243）。イ・ヒャンジンの韓流研究でも，在日朝鮮人が日本人とは異なり時代劇とドキュメンタリーを選好することが指摘されている（イ・ヒャンジン 2008: 78）。このような傾向は，おそらく民主化以前の韓国の姿を知っている世代，韓国社会の変化を肌で感じる世代に特有の特徴であろう。

　80 年代末に朝鮮高校を卒業したソウォンの場合，韓国の政治的言説をリアルタイムで接し，激動の時代を韓国の民主化勢力と共有した記憶を持っている。朝鮮籍のまま 2000 年にはじめて光州を訪れたソウォンは，80 年代に民主化運動をしてきた同世代の人々と出会い，その後オンライン上でのやりとりを続けてきた。ソウォンは，韓国入国が不自由な自分への理解と配慮を惜しまない彼/女たちに，一般韓国市民の「道徳的で良質的なもの」を垣間見たと自負する。無名であっても，誠実さとユーモアをもって生きようとする人々との対話は，研ぎ澄まされた言語の訓練の機会でもあった。ソウォンは彼/女たちとに出会わなければ，自身の韓国語がより薄っぺらいものになっていたと回想する。現在ソウォンの韓国への移動を代替するのは，日本にいる韓国人との関係である。ソウォンは彼/女たちと韓国語で会話し，文化を共有することで日常的に擬似韓国を味わっている。身をもって体験した 2000 年代以後の変化について，次のように述べた。

　　90 年代初めに韓国行きたいというのは，闘争精神しかなかった。私も彼らと一緒に運動するんだっていう，強い思い。そこには一切，情緒的，生活感覚的なものはない。それが変化していったね。行きたい，住みたい，文化，情緒，生活。居場所。ほんとに思う，このまま光化門の路地裏のキムチチゲ食べに行きたい。ただ，私は韓国に確かに行ったけど，大韓民国というより，光州に，済洲道に，ソウルに行ったというのが強い。たとえばある人は「国家保安法がある限り自分たちは行かない」って言うかもしれない。でも，明らかに金大中政権以後の 10 年間をその前の時代と同じ物差しで計るのはナンセンスで，やっぱりそのためにどれだけの血と汗と犠牲があって，私はその人たちを尊敬する気持ちで韓国を訪問したいし，その人たちが息づいている土地に行きたいと思う。むしろ分断時代にこそ韓国をどんどん訪問するべき

だと，2000 年以後は思うようになった。(ソウォン，45 歳)

　大学まで朝鮮学校に通ったソウォンは，成長過程において朝鮮民主主義人民共和国とより緊密な関係を維持してきた。しかし現在の彼女は，共和国との文化的，情緒的な共感や親密感が欠落していると自らを分析する。その反面，過去に朝鮮学校で見つけた朝鮮語と民族的所属意識，歴史認識を，現在あらためて韓国社会との関係のなかで再確認している。彼女に限らず，韓日のあいだで仕事をする人々はもちろん，韓流を受け入れる多くの朝鮮学校出身者たちは，幼い頃からの民族教育を通じて体得した言語的，情緒的な資源を，韓国という文脈で再構築していると見ることができる。そうした機会が増えつづける一方で，それと反比例するように，もともと密な関係を持っていた朝鮮民主主義人民共和国は，日本社会で「悪魔化」される状況が存在する（金泰植 2011）。冷戦とポスト冷戦が交差する地点で，総連系在日朝鮮人は不均衡な歴史的現実のなかに投げ出されている。しかしこのことは，彼/女らの位置や思想が「朝鮮」から「韓国」へと移動したことを意味するのではない。過去と現在は絶えず交渉し葛藤しつつ，より微視的な政治を発動させている。

　もちろんここで言及した特長は，在日朝鮮人全般に該当するわけではない。イ・ヒャンジンが紹介した事例でもあるように，在日朝鮮人の誰もが民族的アイデンティティを優先させて韓流を受け入れているわけでもない（イ・ヒャンジン 2008: 91）。しかしポスト冷戦期の在日朝鮮人の韓国移動と大衆文化受容の基底には，さまざまな形で「祖国」との非分断的な関係の緒を手放さなかった人々の歴史と経験が存在する。先にみたとおり，危機的状況において分断の力学はいつでも再活性化しうるが，すでに今日のグローバル化を生きる私たちは，物理的に動いていなくても常に移動を果たしている（バウマン 2010）。移動の想像力を過去の秩序に閉じ込めることはもはやできない。特にここでみたソウォンの事例は，物理的移動が遮断された状態がより豊かな想像的移動を可能にした姿を見せてくれる。

5　むすびにかえて

　これまでポスト冷戦期に韓国に移動する在日朝鮮人2,3世の事例を通して，彼/女たちが日常的に直面する境界線とイデオロギー，これに対する交渉過程を考察した。こうした考察を通じて，グローバル化とポスト冷戦の段階において，ディアスポラと祖国との関係がどのように再編成されるのかを明らかにしようとした。朝鮮籍の在日朝鮮人が韓国移動の初めの段階で経なくてはならない国民化の過程は，歴史的な象徴性と現実的な機能性のあいだの葛藤を引き起こし，結果的に彼/女たちにより微視的な境界の政治を発動させている。彼/女たちはまた韓国社会の多様な層と柔軟な関係を結ぶことで，制度的な硬直性を克服しようとした。

　日常的には，彼/女たちに韓国と日本は相互に浸透しあう生活空間にほかならない。その拡張された生活圏内で自らの持つ重層的な文化資本の可能性を探り活用する。その背景には，2000年前後にはじまった韓日あるいは東アジア規模のNGOや交流団体などの役割があり，ここで出会った「親密な韓国人」の存在が，彼/女たちの韓国生活を安定的に支えていたこともまたうかがえる。両方にまたがる状態を特権と見なす韓国社会（および日本社会）の視線と現実に対し，彼/女らはそうならざるを得なかった個人の経験を歴史化し，また両方へのメンバーシップを自らの歴史に対する正当な権利として要求し始めている（趙 2012）。

　経験の歴史化という点では，ほぼすべての語り手が「帰還」という言葉に違和感を表明した一方で，彼/女たちの歴史的記憶は自らの逆移動に特別な意味を与えている。たとえば「私がまるでハンメ（祖母）と入れ替わったみたいで。ハンメは12歳の時に向こうから渡ってきて，ボロ集めとかして。どういうわけか今は私がこっちに住んで」（ナムジ，40歳），「ハラボジ（祖父），ハルモニ（祖母）の代わりに戻ったからきっと喜んでるって，一世が果たせなかった思いをお前が果たしてるんだって言われると，ずしっとくる」（ミョン，37歳）といった発言に見られるように，ディアスポラの逆移動は，彼/女たちを否応なく歴史と接続させる。ここには，過去の離散経験の帰結

が現在の越境的な行為と存在様態を可能にした,歴史と現実のダイナミズムを見てとることができる。

　他方で,移動しない,あるは移動が遮断された在日朝鮮人は,ディアスポラの移動というテーマから除外されるのではなく,それらの文化的,情緒的な接続過程もまたもうひとつの重要な移動の基盤となってきた。特に言語的な文化資本を持った朝鮮学校出身者たちは,物理的に留まっているにもかかわらず,だからこそ活発な想像的移動をすることができた。より詳細な調査は今後の課題に残されている。移動するディアスポラに焦点を当てることは,朝鮮半島の離散と分断,多文化の問題が互いに絡み合っていることを明らかにする重要な作業となるだろう。今日,境界を内包した同胞たちの存在は,大韓民国という国家の正体性(アイデンティティ)を逆に問い続けているのである。

• 参考文献 •

日本語文献

イ・ヒャンジン著/清水由希子訳　2008『韓流の社会学 ── ファンダム,家族,異文化交流』岩波書店。

金泰植　2011「分断される在日朝鮮人」『インパクション』180: 226-228 頁。

クリフォード,ジェイムス/毛利嘉孝ほか訳　2002「ディアスポラ」『ルーツ ── 20世紀後期の旅と翻訳』月曜社。

高英毅　2003「日朝国交正常化交渉と在日コリアンの地位」姜尚中・水野直樹・李鐘元編『日朝交渉:課題と展望』岩波書店,152-158 頁。

杉田敦　2005『境界線の政治学』岩波書店。

宋連玉　2008「在日朝鮮人にとっての〈韓流〉」徐勝ほか編『「韓流」のうち外 ── 韓国文化力と東アジアの融合反応』御茶の水書房,237-250 頁。

趙慶喜　2009「韓国社会の在日朝鮮人認識の変遷」『Quadrante』11: 115-131 頁。

─── 2012「在韓在日朝鮮人の現在 ── 曖昧な『同胞』の承認にむけて」『インパクション』185：152-161。

トーピー,ジョン・C.著/藤川隆男訳　2008『パスポートの発明 ── 監視・シティズンシップ・国家』法政大学出版局。

竹前栄治・中村隆英監修/松本邦彦訳　1996『GHQ 日本占領史 16　外国人の取り扱い』日本図書センター。

野口道彦/戴エイカ/島和博　2009『批判的ディアスポラ論とマイノリティ』明石書店。

韓東賢　2006「韓国ドラマ『モレシゲ(砂時計)と朝鮮学校出身者 ── 三八六世代

との同型性をめぐって」『現代思想』3(4): 230-245。
韓栄恵　2011「在韓在日朝鮮人：本国との新しい関係 ——"朝鮮"から"韓国"に"国籍変更"した在日3世を中心に」『移民政策研究』3: 123-139。
バウマン，ジグムント著 / 澤田眞治・中井愛子訳　2010『グローバリゼーション——人間への影響』法政大学出版会。
法務部出入国・外国人政策本部「出入国・外国人政策統計月報」(2013年2月)。
法務部出入国・外国人政策本部「外国国籍同胞国内居所申告申告現況」(2012年12月) http://surl.kr/11hRb
リャン，ソニア著 / 中西恭子訳　2005『コリアン・ディアスポラ —— 在日朝鮮人とアイデンティティ』明石書店。

韓国語文献

権粛寅　2008「디아스포라在日韓人의 '帰還'」『国際地域研究』1(4): 33-60頁。
権赫泰　2007「'在日朝鮮人' 과 韓国社会 —— 韓国社会는 在日朝鮮人을 어떻게 '表象' 해왔는가」『歴史批評』春号，234-267頁。
金貴玉　2010「分断과 戦争의 디아스포라 —— 在日朝鮮人問題를 中心으로」『歴史批評』秋号，53-93頁。
金艾琳　2008「移動하는 国籍, 越境하는 主体, 境界의 文化資本 —— 韓国内在日朝鮮人3世의 정체성정치와 文化実践」『尚虚学報』第25集，349-386頁。
尹麟鎮他　2010『韓国人의 移住労働者와 多文化社会에대한 認識』이담。

英語文献

Brubaker, Rogers. 2005. "The 'diaspora' diaspora", *Ethnic and Racial Studies*, 28(1): 1-19頁。
Clifford, James 1997. "Diaspora", *Routes, Travel and Translation in the Late Twentieth Century*, Harvard University Press.
Hall, Stuart 1990. "Cultural Identity and Diaspora", *Identity: Community, Culture, Difference*, London: Lawrence & Wishart.
Ryang, Sonia. 2002. "Diaspora and Beyond: There is No Home for Koreans in Japan", *Review of Korean Studies*, 4(2): 55-86.
Safran, William. 1991. "Diasporas in modern societies: Myths of homeland and return", *Diaspora*, 1(1): 83-99.

第Ⅱ部
民族的共同性生成の現場
― 日本社会から ―

第5章 在日朝鮮人のナショナル・アイデンティティを再考する
3・4世朝鮮籍者の「共和国」をめぐる語りを手がかりに

李　洪章

1　目的と問題意識 ── 多彩な在日朝鮮人のナショナル・アイデンティティ

　在日朝鮮人は，いまだ日本社会において生のあり方を他者から規定されている存在である。朝鮮籍はそれを象徴する最たる例である。後述するが，朝鮮籍は外国人登録法（以下，外登法）上の国籍表記であり，朝鮮民主主義人民共和国（以下，共和国[1]）の国籍を指すものではない[2]。すなわち，それは朝鮮半島との法的なつながりを示すものではなく，あくまでも日本における法的地位を表すものにすぎない。また，朝鮮籍には，あるときは「非韓国籍取得者」，またあるときは「無国籍者」，さらに近年においては「北朝鮮シンパ」であることを示す「記号」として，常に恣意的な意味づけがなされてきた。その意味において朝鮮籍は，在日朝鮮人を政治的・文化的・精神的に支配するための一つのツールとして機能してきたと言える。

　本章は，朝鮮籍を有する在日朝鮮人（以下，朝鮮籍者）のうち3・4世の若い世代の語りを分析することで，上述したように単色的に捉えられがちな朝

---

1)　日本では一般的に「北朝鮮」という略称が用いられるが，これは朝鮮民主主義人民共和国が正式な国家ではなく，「朝鮮半島の北半部地域」という意味を込めて使用され，日本ではしばしば俗称，蔑称として用いられる用語であるため，本章における略称としては使用しない。

2)　なお，本章では便宜上，外国人登録上の国籍表記を括弧つきで「国籍」と表記している場合がある。

鮮籍者のナショナル・アイデンティティの複雑な内実を明らかにすることを第一の目的としている。具体的には、「ナショナリティの強制力」に対して、若い世代の朝鮮籍者がどのように対応しているのかに着目する。「ナショナリティの強制力」は、在日朝鮮人に対して、共和国との心理的紐帯の一切を断ち切るか、もしくは一貫して共和国国民としてふるまうかのいずれかの選択を強要する。しかし、朝鮮籍者がそれに対して常に受動的にふるまっているわけではもちろんない。かれ・かのじょらは、それらのまなざしを踏まえたうえで朝鮮籍になにかしらの意味づけを行い、対抗・回避・拒否などといった態度を打ち出そうとするだろう。本章では、その営みにみられる心理的変化の過程に着目することで、重層的かつ錯綜した在日朝鮮人のナショナル・アイデンティティの一端を明らかにする。

　また本章は、在日朝鮮人のアイデンティティ研究領域に対して新たな視角を提供することをもうひとつの目的としている。ナショナル・アイデンティティは、ポストモダン・アイデンティティ論のもとでは国家主義と安易に結び付けられがちであり、結果として上述した朝鮮籍者をめぐる「ナショナリティの強制力」の問題は放置されてきたと言えるだろう。本章ではそれに対して、マイノリティがマジョリティからの差別意識と排除のまなざしを受けながら生きていくうえで、集合的アイデンティティのもつ意義をすくい上げる。具体的には、朝鮮籍者が「ナショナルなもの」との関係性について思考する様子を、ネイションに対する「参加」の姿勢を確立する過程としてとらえることで、個人から国家に向けられた「下からの」アイデンティティの能動性に着目する。すなわち、ひとびとが国籍観や国民像などといったナショナル・アイデンティティの源泉となる事実を、与えられるままにではなく、取捨選択や解釈変更を通したうえで受容するプロセスを考察の対象とする。

2 朝鮮籍とは何か ── 管理体制の変遷と現在

2-1. 朝鮮解放後の朝鮮籍者の法的地位

　まず，朝鮮解放後の在日朝鮮人の法的地位について簡単に整理・確認しておく。解放後，日本に残留することになった朝鮮人[3]は，連合国軍最高司令官総司令部（以下，GHQ）によって「解放民」かつ「敵国民」という，二重の規定によって取り扱われた。この二重規定を使いこなすことによって，GHQと日本政府は「占領政策，在日朝鮮人政策の都合によって」在日朝鮮人を「実質的無権利状態に陥れ」た（金昌宣 2008: 197）[4]。その後，1947 年 5 月 2 日には，外国人登録令が「最後の勅令」として公布，即日施行され，「台湾人のうち内務大臣の定める者及び朝鮮人は，この勅令の適用については，当分の間，これを外国人とみなす」ことが明記されることとなった（いわゆる「みなし規定」）。また，1952 年 4 月 28 日のサンフランシスコ講和条約（以下，サ条約）発効に先立ち，「朝鮮人は講和条約発効の日をもって日本国籍を喪失した外国人となる」[5]という内容の通達が出された。日本国籍の「喪失」にかんしては様々な解釈があるが[6]，在日朝鮮人の意思とは無関係に，またその時点ですでに在日朝鮮人を自国民として位置づけていた共和国と韓国が

---

[3]　植民地期の朝鮮人は日本国籍を保有した「帝国臣民」として位置づけられていた。ただし，戸籍制度は「内地」と「外地」とで明確に区別されるなど，日本人と朝鮮人が平等な法的地位にあったわけではない。

[4]　具体的には，日本の戦後補償関連法の多くに国籍条項が設けられ在日朝鮮人が「外国人」としてその対象から除外される一方，148 名もの朝鮮人が軍事法廷においては日本国籍者として扱われ，「B・C 級戦犯」として裁かれるという事態を生んだ。

[5]　1952 年 4 月 19 日民事甲第 438 号法務府民事局長通達。

[6]　この通達は，条約は国内法上法律に優位するので，法律事項である国籍を，通達をもって規律するのが許されるとするのが多数説となっており，最高裁も 1961 年にこの解釈を採用している（最大判昭和 36 年［1961 年］4 月 5 日民集 15 巻 4 号 657 頁）。これに対し大沼（2004）は，条約の国内法的効力の観点からこの通達をもって在日朝鮮人から日本国籍を剥奪するのは憲法第 10 条に反するとしており，解釈論として在日朝鮮人は日本国籍を争うことができるとしている（通達違憲説）。しかし，こうした解釈に対しても，そもそも韓国併合そのものが無効であり，それゆえ在日朝鮮人が今なお日本国籍を有しているということにはならないという反論が行われている（金東鶴（2006）など）。

不参加である条約によってその国籍は規定された。このようにみてみると，解放後の在日朝鮮人の法的地位は，当事者の意思とは無関係に，一方的に規定され続けてきたことがわかる。

それ以降も，在日朝鮮人の在留資格はめまぐるしく変遷することになる[7]。なかでも在日朝鮮人の法的地位を考えるうえで重要なものとして，1965年の日韓条約成立とともに締結された「日本国に居住する大韓民国国民の法的地位および待遇にかんする協定」(いわゆる法的地位協定) を挙げる必要がある。その理由は，在日朝鮮人の法的地位に，より深く朝鮮半島の分断構造が持ち込まれたという点にある。すなわち，日韓条約をもって日本政府が韓国を唯一合法政府として承認するのに伴い，韓国籍取得者に対してのみ，新たにこの協定によって設けられた「協定永住」の資格を付与することが決定されたのである[8]。他方，共和国は「未承認国家」とされ，朝鮮籍を有する者に永住権が付与されることはその後10年以上なかった[9]。つまり，これを機に，朝鮮籍は朝鮮半島出身者を指す表徴から，韓国籍を取得しなかった者であることを示す単なる「記号」となり，朝鮮籍者は事実上，無国籍者として取り扱われることになったのである[10]。

2-2. 新在留管理法制にみる朝鮮籍観の変遷

しかし，日本政府は近年，一貫して朝鮮籍者を無国籍者として取り扱ってきた立場を変化させつつある。たとえば，2006年7月5日の共和国による「ミサイル発射」以降，日本政府は共和国に対する経済制裁の一環として，

---

7) 在日朝鮮人の在留資格の変遷については，金東鶴 (2006) に詳しい。
8) 協定永住者とは，①韓国国民で，1945年8月15日までの間に日本で生まれ，その後申請まで引き続き日本国に居住している者，②及びその子孫として1971年1月16日までの間に日本で生まれ，その後申請の時まで引き続き日本国に居住している者で，効力発生日である1966年1月17日から1971年1月16日の間に申請を行った者 (いわゆる「協定1世」)，③1971年1月17日以降これら申請によって「協定永住」許可を受けた者の子として生まれ，出生後60日以内に申請をした者 (いわゆる「協定2世」) を指す (金東鶴 2006: 160)。
9) 1979年の国際人権規約，難民条約批准に伴って，1981年に出入国管理及び難民認定法が制定され，朝鮮籍者にも「特例永住」が付与されることとなった。
10) 日韓基本条約締結に至るまでの日韓両国の交渉のプロセスに関しては，高崎 (1996) に詳しい。法的地位協定の問題点に関しては，金昌宣 (2008) を参照。

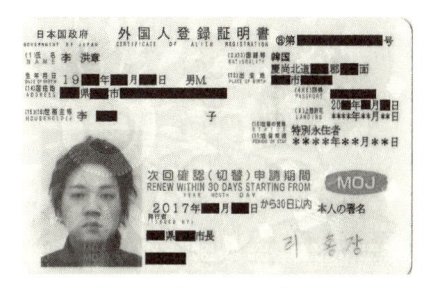

第 5 章　在日朝鮮人のナショナル・アイデンティティを再考する

図 5-1　外国人登録証

図 5-2　朝鮮民主主義人民共和国旅券（柳学喆氏提供）

朝鮮籍者に対する出入国許可の発行に制限をかけている[11]。このことから，日本政府は現在，在日朝鮮人を「北朝鮮の海外公民」とみなし，対共和国敵視政策の一環として朝鮮籍者に対する弾圧を強めているように思われる。本節では，そうした傾向を象徴するものとして，09 年 7 月 15 日に公布された「出入国管理及び難民認定法及び日本国との平和条約に基づき日本の国籍を離脱した者等の出入国管理にかんする特例法の一部を改正する等の法律」（いわゆる新在留管理法制）[12]を検討する。

　この新制度の特徴は，以下の 2 点にまとめることができる。第一に，これまでは総務省が外登行政を，法務省が入管行政をそれぞれ担当していたが，新在留管理法制においてはこれを一元化したため，正確かつ継続的な外国人管理が可能となった。第二に，特別永住者は在留管理制度の対象からは外された。当初在日朝鮮人の側が懸念していた「特別永住者証明書」の常時携帯義務は結果的に制定されず，在留管理制度の対象者である中長期在留外国人だけが「在留カード」の常時携帯義務を負うこととなった[13]。第一の特徴を

---

11) 具体的には，それまで朝鮮籍者には有効期間内に何度も再入国が可能ないわゆる「数次許可」が出されていたのに対し，2009 年 7 月 5 日以降は，原則として「単数許可」を発行されているようである。
12) 「新たな在留管理制度」については，李春熙（2008）と金舜植（2009）による論考を，2009 年 7 月 15 日の一連の法改定の結果を踏まえ，整理・検討したものである。
13) 外登法においては届出義務違反に対して刑事罰が課されているのに対し，住民基本台帳に加えられてからは日本国籍者と同じ，行政罰が課されることになる。ただし，「新たな在留管理制度」の対象となる外国人には常時携帯義務と刑罰制度があわせて導入されるなど，問題はほとんど改

見るかぎり，すべての外国人に対する管理強化を目的とした「改正」ではあるが，特別永住者である在日朝鮮人にとっては，他の外国人と比べ管理体制が緩和されたようにもみえる。

しかし，「外国人住民の利便性を向上させる」ことを目的として導入される，いわゆる「みなし再入国許可制度」の存在が，新たな問題として浮上している。「みなし再入国許可制度」とは，有効な旅券及び在留カード（特別永住者については特別永住者証明書）を所持する外国人で 1 年（特別永住者は 2 年）以内に再入国する場合には，原則として再入国許可を受けずとも再入国を認めようとするものである[14]。ここで問題になるのが，「有効な旅券」という文言である。共和国を「未承認国家」とする従来の解釈からすると，共和国発行の旅券はこの「有効な旅券」に該当しないため，朝鮮籍者はすべて「みなし再入国許可制度」の対象外となる可能性が高い[15]。この「みなし再入国許可制度」の制定は，国連自由権規約委員会が永住者に対する再入国許可制度を撤廃すべきとする要請[16]をはじめとした，国内外からのあらゆる批判に対応したものだと思われるが，結果的には朝鮮籍者をめぐる問題のみが放置され続けてきたという事実をいっそう際立たせる内容となっている[17]。また，継続して朝鮮籍者の移動の自由が制限されることにより，「国籍」を韓国籍あるいは日本籍に変更しようとする動きに歯止めがかからないことが予測される。

善されていない。
14) 入国管理局ホームページ内「入管法が変わります！ ── 新たな在留管理制度」(http://www.immi-moj.go.jp/newimmiAct/newimmiAct.html　2011 年 3 月 16 日アクセス) より引用。
15) 他にも，外登上の国籍表記が韓国であっても，韓国への国民登録を行わず大韓民国のパスポートを保有しない者は，「有効な旅券」を有していないことになる。
16) 1998 年 11 月第 4 回日本政府報告書審議に対する総括所見。
17) なお，出入国管理局は 2006 年 7 月に行われた共和国の「ミサイル」発射実験に伴い，経済制裁の一環として朝鮮籍者の再入国許可の発行に制限をかけている。そのため，再入国許可の取得そのものが困難となっている。

③ ナショナル・アイデンティティ論導入の有用性

　在日朝鮮人にとっての「ネイション」は，「国家」という文脈だけでみても，共和国，韓国，統一朝鮮，日本など様々であり，在日朝鮮人社会そのものに帰属を見出す者も多く存在するだろう。また，かれ・かのじょらがそのいずれか一つに一貫して帰属を求めるとも限らない。在日朝鮮人は，他者からの語りかけの内容に応じて逐一「ネイション」とみずからを縫合する。たとえば，朝鮮学校に通う学生が，学校では「共和国の海外公民」として教育を受けながら，アルバイト先では日本名を用い，日本人の友人に対しては「在日韓国人」であると自己紹介する，というような「使い分け」は，若い世代の在日朝鮮人にとっては日常的な行為であるといえよう。だとすれば，在日朝鮮人のナショナル・アイデンティティは，特定のネイションに回収されない多元的かつ可変的なものであると理解すべきである。

　しかし，そのナショナル・アイデンティティが，排他的なナショナリズムの源泉となる場合もある。それは，たとえば「純血」であることを正統とする風潮としてあらわれ，「混血者（ダブル）」を排除し，周縁化する。鄭暎惠（2003）も指摘しているように，それは，日本社会の「不純物」としてまなざされる在日朝鮮人が，純血性にアイデンティティの拠り所を求め，抵抗運動を組織した結果として生まれたものである。では，多元的で可変的であるはずのナショナル・アイデンティティが，その純血主義の源泉となっている事実を，われわれはどのように理解すべきだろうか。

　この点，中谷猛（2003）が，ナショナル・アイデンティティという用語に「『国家的一体感』の訳語のみが付与されるならば，それは政治的感情としての『ナショナリズム』と混同され，イデオロギー的な役割の過剰性が前面に押し出されることになる」（中谷 2003: 20）ことに注意をうながしながら，個人と国家の接点のあり方を知る方法論として，ナショナル・アイデンティティの多義性と重層性を解明する必要性を説いていることはきわめて示唆的である。

　中谷は，アンソニー・ギデンズ（Giddens 1985＝1999）が従来のナショナリ

ズム論があまり関心をはらってこなかった「ナショナリズムの心理学的力学」に焦点をあてていることに注目している。「心理学的力学」とは、「ナショナルな経験」に由来する「故国に対する愛着」であり、その愛着は「人々が一体感をいだく集合体のなかに包み込まれたい」という欲求を生む(Giddens 1985 = 1999: 247-49)。その欲求こそが、ナショナリズムの重要な要素を構成しているという。中谷は、こうした心理学的解釈によって「従来ナショナリズム感情という表現でかたづけられた領域は、複雑な集合意識と個人的心理との結合領域」(中谷 2003: 16)であることが明らかになると述べている。すなわち、人びとの心理過程に着目するアイデンティティ論を導入することによって、これまで偏狭な「ナショナリズム感情」と理解されてきたものが、多面的なナショナル・アイデンティティの一側面だけを象徴化することによって生み出される一つの作用であるということが明らかにされるのである。

　在日朝鮮人は、ディアスポラ状況や朝鮮半島分断の影響を受け、複数のネイションのあいだで思考をめぐらせながら自らのナショナル・アイデンティティを定義しなくてはならない。そのうえ、ナショナル・アイデンティティを自由に選択する権利すら与えられていないため、葛藤がより大きなものになるということは容易に想像がつく。したがって、朝鮮籍者のナショナル・アイデンティティについて理解するためには、そうした葛藤や矛盾を考察の対象に含めなければならない。この点、川上勉は、ナショナル・アイデンティティは「参加」と「動員」の二つの側面に分けて考えるべきだと主張している(川上 2003: 73)が、朝鮮籍者のナショナル・アイデンティティは、まさしく彼の言う「参加」のアイデンティティに該当するといえるだろう。たとえ、人びとをナショナルな領域へと動員する「力」が強制を伴うものであっても、ナショナルなものへの「参加」のアイデンティティ —— 朝鮮籍者個人が「朝鮮籍者」という枠組みや共和国という国家などの存在を受け入れるうえでの意識や態度のあり方 —— は人それぞれだろう。したがって、「参加のアイデンティティ」の複数性は、集合内の均質性を求める「動員のアイデンティティ」の抑止力となるはずである。

　以下に、その可能性について、朝鮮籍者個人と集団の関係性に着目しなが

ら論じていく。そうしてこそ，在日朝鮮人のアイデンティティが常に政治的な文脈からのみ読み取られ，国家言説へと回収されることを批判しながら，マイノリティの連帯の基礎を提供するという集合的アイデンティティの本来的意義を強調することが可能となるだろう。

4 インタビュー・データの分析

4-1. 調査の概要

　本調査は，2009年7月から9月にかけて，大学生・専門学校生を参加対象としている総連傘下団体の所有する名簿のうち，朝鮮籍を有する者，あるいは最近韓国籍への書き換えを行った者を対象に，8名へのインタビューを行った[18]。8名のインフォーマントは，受けた民族教育の程度と当該民族学生団体への参加度に偏りがないように選んだが，多少なりとも民族団体との接触機会を有している点で一定程度の偏りがあることに注意されたい。上述したように，筆者は朝鮮籍をめぐるインフォーマントの葛藤や矛盾を含んだ思考のあり方に着目しているため，インタビュー方式としては半構造化面接法を採用し，ライフ・ストーリーや国家・民族観，朝鮮籍を維持・変更する動機，「国籍」に対する認識などに関する設問を盛り込んだおおまかなチェックリストに従うことでインタビューの一定の方向性は保ちながらも，インフォーマントの自由な発話をできるだけ遮らないように心がけてインタビューを進めた。インタビューの際に了承を得たうえで録音を行い，その逐語記録を作成し分析に用いた。

　本章ではこのうち，成基柱（ソン・キジュ，仮名）と李泰聖（リ・テソン，仮名）とのインタビューの考察を行う。両者は，朝鮮籍を維持する意義を見出そうとしている点で共通しているが，成は日本学校，李は朝鮮学校出身であることをはじめ，対照的なライフ・ストーリーを有している。また，朝鮮籍

---

[18] なお，本章では朝鮮籍維持者の共和国や朝鮮籍に対する認識を観察することを目的としているため，韓国籍に変更した者のインタビューの分析は他稿にゆずる。

維持の理由や，ナショナル・アイデンティティのあり方もそれぞれ異なるので，本章ではこの2名のインタビューを取り上げることにした[19]。

4-2. 事例1：成基柱 ――「個人的抵抗」としての朝鮮籍維持

在日朝鮮人3世の成基柱は，小学校から大学まですべて日本の学校に通った。父親は朝鮮籍であり，母親は離婚後に韓国籍を取得した。両親はともに朝鮮学校に通ったが，将来日本で生きていくうえで，朝鮮学校を卒業しても「役に立たない」ので，成を日本学校へ通わせることにした。ただし，彼の母親が中学生になって初めて在日朝鮮人であることを聞かされ「ショックだった」ため，息子には同じような思いをさせたくないという思いで，彼が幼い頃から在日朝鮮人であることを伝えてきたという。また，彼は学校でも朝鮮名を一貫して用いてきた。そんな彼が朝鮮籍であることをはじめて意識したのは，大学浪人時代に入居拒否を経験したときであった。

【S-1：入居拒否】(以下，Sは成，＊は筆者の発話である。)
S ：朝鮮籍を保持していこうと思ったんは，入居拒否があって。あのー，アパートなんですよ，僕が住んでるのが。(中略)「ぜんぜん日本語しゃべれます」とか，「日本の文化分かります」とかいっても，「外国籍無理です」みたいなところが結構あって。それでもう，まぁ，あの前に変えるとしたらあの前しかなかったんです。だから，もう不利益を被った以上，もうそのままでもいいかなって。なんか，それで不利益被って変えるっていうのはなんか……なんていうんかな……屈したようで嫌やって。

彼が入居拒否経験を境に朝鮮籍を意識的に維持するようになったのは，朝鮮籍であることによる不利益に「屈したくない」からであった。彼にとっての「初めて」の被差別体験は，結果的に，朝鮮籍に対して意識的に意味付け

---

[19] 筆者とインフォーマントとの関係について言及しておくと，筆者は両者の所属している在日朝鮮人学生団体の出身者(OB)である。成とは初対面であったため，2回のインタビューの場には共通の知人に同席してもらった。成はその団体の熱心な参加者ではないため，筆者のことを，同じ団体の出身者としてではなく，研究者として認識していたようである。また，李とは既に「先輩後輩」としての関係があったうえでのインタビューであったため，初回のインタビューでは可能な限り自由な発話をうながすため，彼と同世代の2名の在日朝鮮人の友人に同席してもらった。

を行う契機を与えた。つまり，差別に対する「反作用」として，抵抗の姿勢を朝鮮籍維持に見出したのである。

しかし，この時点で彼は，朝鮮籍者に対してどのようなまなざしが注がれているのか，知る由もなかった。彼は大学入学を機に，朝鮮籍をふくめ，自らの出自についての学習を開始した。その影響もあってか，彼の朝鮮籍維持の理由はその後変化することになる。

【S-2：朝鮮籍維持の理由】
S：日本人とかやったら，日本人は日本国籍に，どんなに自分の国が嫌いやっても日本国籍になってるのは，選択の余地がないわけじゃないですか。僕は今選択できる立場じゃないですか。自分で選択したってことは，自分でそれを認めたことになるから。日本としては慰安婦問題とかちゃんと認めて，過去清算をちゃんとしたら，韓国とか朝鮮が公式に謝罪されたことを認めたら，日本籍には変えていいと思ってるけど。
S：僕はどっちかって言ったら，韓国か朝鮮だったら朝鮮のほうが好きなんですよ。その，韓国が単独選挙したところに，南北分裂の問題があると思って。あと，母親とかは資本主義が好きなんですけど，僕どっちかって言ったら社会主義のほうが。

【S-3：「こだわりを持つのはあくまで自分」】
＊：困って（国籍を）変える人とかも多いやん。そういうの見ててどう思う？
S：いや，僕はでも他の人が変えること自体については，別になんも。
＊：反対はしない？
S：実利的な感じやから，別にそれはそれで，一回の人生をそれで無駄になると思って，そのまま朝鮮籍にやるよりは，日本籍に変えて，ちゃんとしたほうが……いいとは思いますし。
＊：うん。まあ，こだわりを持つのはあくまで自分がってことか。
S：はい。自分だけ。（中略）一回の人生がそれで無駄になってしまうことを人に勧めない。

成は，朝鮮籍者が韓国・日本籍に変更するか，朝鮮籍を維持するかという「選択」の機会を有していると考えており，韓国籍あるいは日本国籍を取得しないことに意義を見出すことで，朝鮮籍であることの正当性を裏付けよう

としている。日本籍は，戦後補償問題が未解決であるという理由で拒否している。韓国籍は，南朝鮮単独選挙の強行に伴って韓国は成立しており，それが南北分断の背景のひとつになっていることと，現在の政治体制のあり方を理由に拒否している。このことから，彼は，朝鮮籍を維持すること自体に積極的な意義を見出しているわけではないということがかかる。それゆえ，【S-3】の語りにみられるように，他の朝鮮籍者に対して，国籍の維持を説得すべきではないと主張しているのである。こうした態度は，既存の運動に対するスタンスにも同様にみられる。

【S-4：既存の運動との関係】
S ：結局僕は今の総連を支持しているわけじゃないから。
＊：それは共和国の今の政治を支持してないっていうスタンスと繋がってくる？
S ：そう，結局，今の共和国を支持しているところに行く必要はない。
（中略）
S ：運動は必要やと思いますよ。運動しなきゃ伝わらないし。権利を保障してもらうための運動。でも，僕は自分がちゃんと中立的に判断できて，必要だと思う運動にだけ参加します。納得したうえでやりたいです。

彼はあくまで，自分自身に直接かかわる問題，つまり在日朝鮮人の権利保障の問題にのみ「抵抗」するという姿勢を貫いており，それゆえ，在日朝鮮人問題に限らず「朝鮮」にかかわるあらゆる問題に取り組む民族運動に身を投じることには消極的である。つまり，彼は，たとえば総連社会[20]において構築されてきたマスター・ナラティヴ ──「朝鮮籍者＝共和国の海外公民」という定式に基づいた語り ── を拒否しているので，総連社会とは一定の距離を置くが，総連主導の在日朝鮮人の権利擁護運動には，自身が必要性を感じる限りにおいて積極的に参加するというスタンスをとっている。

以上のように，朝鮮籍者に対してあらゆるまなざしが向けられるなか，彼はそのそれぞれに対して，あくまでも「個人」として態度を決定したうえで対峙している。こうした姿勢はまさに，ナショナルなものへの「参加のアイ

---

[20] 総連は「在日朝鮮人総聯合会」の略称。何らかの形で総連との関係を持つ人びとのネットワークをここでは「総連社会」と呼んでいる。

デンティティ」として読み取ることができるだろう。彼の現在の姿勢は，被差別体験を含むさまざまな経験をとおして測ってきたネイションとの距離をもとに決定された。その距離は，自分自身の個人的アイデンティティが在日朝鮮人社会における「ナショナリティの強制力」に抑圧され埋没しないために保つべきものであった。すなわち，【S-1】で述べられた，朝鮮籍であることに「屈したくない」という姿勢は，在日朝鮮人社会に対する態度にも貫かれているのである。

4-3．事例2：李泰聖 ——「共和国」をめぐる葛藤

　李泰聖は朝鮮籍在日朝鮮人4世である。幼稚園から高校まで朝鮮学校に通い，1年間の大学浪人を経て，日本の大学に入学した。現在，在日朝鮮人学生団体において積極的に活動している。父親は総連の元活動家であり，現在も継続して総連とのかかわりを持ち続けている。また，朝鮮学校に通っていたこともあり，幼い頃から「当たり前に自分は朝鮮人なんや」という意識を持っていた。彼がその「国籍」の存在を強く意識するようになったのは，16歳になり外登証を携帯するようになってからであった。

　朝鮮学校に通っていた頃，彼にとって朝鮮籍を変更することは，すなわち朝鮮人でなくなることを意味していた。また，共和国にしか海外渡航の経験がないため，朝鮮籍であることによる直接的な不便を感じたことがほとんどなかった。それゆえ，高校を卒業するまでは，「変更」という選択肢が思い浮かんだこともなかった。しかし，在日朝鮮人学生運動にかかわるなかで，「国籍」をより強く意識するようになった。それは，「国籍」を韓国・日本籍に変更する人々とはじめて接触するようになったのがきっかけだった。

　彼は，現在において，朝鮮籍を維持する理由を以下のように語っている。

　【L-1：朝鮮籍を維持する理由】（以下，Lは李，＊は筆者の発話である。）
　L：今，じゃあその（国籍を）変えることで，自分自身は，もしかしたら，生活上，もっと楽に生きられるかもしれないけれども，それって，そのまま，乗っかってもいいのかと思う。そもそもそんな，なんでそんな，分けられなあかんのかとか，っていうの考えた時に，やっぱり，変えるっていう選

択肢が，無くなったのかな。(中略) 何か主張していく時に，そういうおかしさとかっていうのを訴えかける時でも，その自分がそこ変えてしまったら，っていうのは，変えなくても，まあ，生きられる立場にいるなら，変えずに，その，訴えかける方が，当然説得力もあるのかな。

李は，朝鮮籍の「しんどさ・おかしさ」を告発するためには，朝鮮籍という立場を維持した方が，説得力があるという考えに基づいて，朝鮮籍を維持していると述べた。かつては朝鮮籍を在日朝鮮人の本質としてとらえていたのに対し，現在はそれを「抵抗」の文脈に位置づけている。

【L-2：朝鮮籍観の可変性】
L：朝鮮籍，変えないっていうところの，その，理由であったりも，ちょっとずつ変化はしてるんかなーっていう。まあ自分の中でも，いろいろまた，知ったりする中で，考えとかも変えていかなあかん，変えていかなあかんっていうよりも，常に更新していかなあかんかなとも思ってるから。今の考えってのがそのまま，続くとも思わんし。

また，彼は，自身の朝鮮籍観が可変的であり，意識的に常時更新すべきものであると主張する。学生運動は，大学生・専門学校生を対象にしているという性質上，民族運動のなかでも，在日朝鮮人のアイデンティティの流動化・液状化現象が最も顕著に現れる場であると言えるだろう。彼は，そうした状況に遭遇しながら，学生たちとの対面関係のなかで議論を交わし，在日朝鮮人学生を組織に網羅するという活動の必要に迫られている。彼の朝鮮籍観は，このような活動経験に基づいて構築されたものであると考えられる。

では，彼の柔軟な朝鮮籍観とは具体的にどのようなものなのか。

【L-3：韓国籍の拒否】
L：最初は，そういう，北でも南でも無くて，朝鮮半島指してるってところで，その朝鮮籍っていうところに，こだわりとか意義とかも見出してたとは思います。(中略) 出発点としてはそこだったかもしれないけれども，韓国国民であったりそういうのになりたくないっていうのがあって，どっちかというとそっちの方が，比重としては大きくなってるかなっていう。

【L-4：共和国との関係】
L：今はもうちょっと共和国に踏み込んで考えてもいいかなと思ってて。別に他の人にそうしろっていうわけではないですけど。今はなんか，もちろん共和国全般を背負うとか，そんなん無理ですけど，ただ単に支持するだけではなくて，もう少し共和国側にというか，立ってもいいかなって。それでも自分は在日やからっていうのはあるけど。(中略)もう少し共和国というものに踏み込んで，共和国の良くないところについての説明責任とかも背負いたいなって思うんですよね。

　この二つの語りにおいて，李は，朝鮮籍者である自分自身と共和国との関係について言及している。【L-3】をみると，彼は現在，朝鮮籍を統一志向のシンボルとして取り扱うことに疑問を持ち始めている。そして，韓国籍を取得しない結果として朝鮮籍を維持するという，消極的な姿勢がうかがえる。つまり，そもそも朝鮮籍が肯定的な意味づけを行うべき対象ではなく，いずれは放棄すべきものとしてとらえているのだろう。

　しかしながら，【L-4】においては，大学生になって訪問した際に感じた共和国とその人民への愛着がゆえに，「もう少し共和国というものに踏み込」みたい気持ちがあることを示している。この語りには，「親北か反北か」の二分法ではなく，朝鮮人としての主体的な立場から共和国との関係性を見直そうとする姿勢があらわれていると言える。

　以上のように，彼のナショナル・アイデンティティは，朝鮮籍への意味づけのあり方をめぐって錯綜している。在日朝鮮人が，自らが有する数少ない民族的要素にポジティブな意味づけを行うことは，スティグマを反転させるうえで極めて重要な営みである。しかし，朝鮮籍は，解放後に日本の植民地主義によって強要されたものであるがゆえに，その維持に積極的な抵抗の意味を付与することは，それ自体が矛盾した行為ということになる。すなわち，日本社会では朝鮮籍者に対し，「異質な他者」どころか「野蛮な敵」とみなす風潮が蔓延している。そして，かれ・かのじょらの抵抗の声は，日本社会に迫る危険な暴力としてとらえられ，本来の加害被害関係がすり替えられてしまう。自らと共和国との関係性を朝鮮籍に投影する行為は，こうした「す

り替え」に便乗してしまうことを意味するのである[21]。

彼のナショナル・アイデンティティが一様でないことは，在日朝鮮人があらゆるネイションをまたいだ存在であることを考えれば当然のことである。しかしそれ以上に，彼の語りは，複数性の議論の次元を超えて，この日本において，共和国が敵性国家として位置づけられ，朝鮮籍者がそのシンパとして取り扱われるなかで，ディアスポリックな立場性を表明することがきわめて困難であるということを示しているといえるだろう。

5 能動的かつ主体的なナショナル・アイデンティティ形成

ふたたび，二人の語りをふりかえってみよう。成は，「朝鮮籍」という記号に与えられたスティグマに対して，個人的抵抗の態度をみせている。このことは，モーリス＝スズキ（2001）が指摘するように，個人のアイデンティティは「個が特定の集団に所属することへの，社会的に生産され，ダイナミックでつねに変化し続ける表明だと考えるべき」（モーリス＝スズキ 2001: 200）だということを示していると言える。いいかえれば，成の語りは，ネイションと自身の関係がネイションの側からのみ与えられるものではなく，自ら選びとるものであるということを示唆している。そして，そのような能動的態度を「朝鮮籍」に投影し，意味づけを行うのである。

他方，李の場合，共和国に対して「良くないところについての説明責任とかも背負いたい」というスタンスから向き合おうとするがゆえに，成と同様の立場をとることができない。なぜなら，冒頭に述べた「ナショナリティの強制力」がナショナルな次元における彼の能動的なアイデンティフィケーションを阻害してしまうからだ。それゆえ，李は，朝鮮籍に対して明確なスタンスを打ち出すことができず，結果として彼の語りは錯綜していた。しかし，朝鮮籍者が他者によって強要された「記号」に積極的意味づけを行わなければならないという矛盾とせめぎあう様子は，それ自体がアイデンティ

---

[21] こうした風潮のもとでは，成のような語りも，「内部分裂」あるいは「裏切り者」的な語りとして受容されてしまう可能性があるということを同時に指摘しておく必要がある。

第5章　在日朝鮮人のナショナル・アイデンティティを再考する

図 5-3　大韓民国旅行証明書（通称「臨時パスポート」(臨パス))。
朝鮮籍者が渡韓する際に必要。一回限り有効。（写真は金泰植氏提供）

ティの脱植民地化の過程であり，いずれ朝鮮籍を放棄するときに自らがどのようにあるべきなのかを模索する行為としてとらえることができる。

　筆者による調査は，朝鮮籍者と周囲の人びととの相互行為や，在日朝鮮人運動の内実をとらえたものではない。また，李と成も，在日朝鮮人運動のあり方について直接的に言及しているわけではない。そのため，本章で在日朝鮮人社会や運動の具体的な未来像を提示することは困難である。しかし，両者の語りを，在日朝鮮人社会に対して，朝鮮籍が共和国との国民的紐帯を表すものとする従来の定義の改変を迫っているものとしてとらえることは可能

143

だろう。いいかえれば,「朝鮮籍者」という集合的アイデンティティが,もし彼らの存在を包摂する概念として再定義されるならば,それは一転して複層的かつトランスナショナルな性格を帯びるだろう。だからといって,本質主義者が危惧するように,それが朝鮮籍者への差別の不当性を問う力を失うわけではない。むしろ,そうなることで「朝鮮籍」という記号の存在そのものの不当性が問われることになるだろうし,さらには,朝鮮籍そのものが肯定的なアイデンティティ形成のシンボルとなることはないとしても,朝鮮籍を基軸として構築された共同性が個人に対して何かしらの肯定性をもたらす可能性はあるだろう。

6 おわりに ── 脱植民地主義思想としてのディアスポラ

　最後に,朝鮮籍への着目が本書の目的とどのように結びつきうるのかについて,一言だけ述べておく。2007年に0件,2008年に7件であった韓国による朝鮮籍者に対する旅行証明書の発行拒否件数は,2009年度に279件に急増した。このことは,09年の春,共和国によって「衛星」発射と核実験が行われ,南北関係の緊張が高まったことと無関係ではないだろう。だとすれば,日本と韓国は朝鮮籍者に対するまなざしを同じくしているということであり,朝鮮籍をめぐる問題は,もはや国内問題ではなく,東北アジアが内包する問題のひとつとして浮上することになる[22]。このようにみると,戦後いまだ払拭されていない日本における植民地主義的風潮が東北アジア公共圏のあり方を強く規定しており,それが朝鮮半島の分断体制を支えているということを再認識させられる。さらに言えば,本書を貫く共通テーマである「コリアン・ディアスポラ」という視点を,単なる「離散した朝鮮人」を指す用語としてではなく,植民地主義に対するクリティカルな思想として定立させるためには,在日朝鮮人という存在そのものの越境性や異種混淆性（ハイブリディティ）について語る以前に,「在日朝鮮人問題の越境性」にこそ着目す

---

[22] なお,韓国における朝鮮籍者表象については本書第4章の趙論文に詳しい。

る必要があるということを，朝鮮籍者の語りは示唆している。

付　記

・本章は，拙稿「朝鮮籍在日朝鮮人青年のナショナル・アイデンティティ」(『社会学評論』第 61 巻 2 号，2010.9) を本書のテーマに合わせて加筆・修正したものである。
・本章は，平成 20-23 年度文部科学省科学研究費補助金 (特別研究員奨励費) による成果の一部である。

●参考文献●

鄭栄桓 2007「反動の時代 ── 2000 年代在日朝鮮人弾圧の歴史的位相」『黄海文化 2007 冬号』セオル文化財団。(韓国語文献)

鄭暎惠 2003『〈民が代〉斉唱 ── アイデンティティ・国民国家・ジェンダー』岩波書店。

福岡安則 1993『在日韓国・朝鮮人 ── 若い世代のアイデンティティ』中公新書。

福岡安則，金明秀 1997『在日韓国人青年の生活と意識』東京大学出版会。

Giddens, Anthony 1995. *A Contemporary Critique of Historical Materialism, vol. 2: The Nation-state and Violence*. Polity Press (＝1995 松尾精文，小幡正敏訳『国民国家と暴力』而立書房)。

柏崎千佳子 2007「韓国籍・朝鮮籍をもたずに『コリアンであること』── 日本国籍者によるコリアン・アイデンティティの主張」高全恵星監修『ディアスポラとしてのコリアン ── 北米・東アジア・中央アジア』新幹社。

川上勉 2003「ナショナル・アイデンティティの 2 つの側面 ── 動員と参加」中谷猛，川上勉，高橋秀寿編『ナショナル・アイデンティティ論の現在 ── 現代世界を読み解くために』晃洋書房，67-89 頁。

大沼保昭 2004『在日韓国・朝鮮人の国籍と人権』東信堂。

大沼保昭，徐龍達編 2005『新版　在日韓国・朝鮮人と人権 ── 日本人と定住外国人との共生を目指して』有斐閣。

金昌宣 2008『在日朝鮮人の人権と植民地主義 ── 歴史・現状・課題』社会評論社。

金東鶴 2006「在日朝鮮人の法的地位・社会的諸問題」朴鐘鳴編著『在日朝鮮人の歴史と文化』明石書店，139-209 頁。

金舜植 2009「入管特例法改正案の概要と問題点　特別永住者の処遇について」『人権と生活』2009 年夏号, vol. 28　在日本朝鮮人人権協会，10-13 頁。

金泰泳 2005「在日韓国・朝鮮人の変貌 ── 日本社会と在日アイデンティティの現在」梶田孝道編『新・国際社会学』名古屋大学出版会，298-316 頁。

―――― 1999『アイデンティティ・ポリティクスを超えて ―― 在日朝鮮人のエスニシティ』世界思想社。

李春熙 2008「新たな在留管理制度及び在留外国人台帳制度における在日朝鮮人の処遇」『人権と生活』2008年冬号, vol. 27　在日本朝鮮人人権協会, 18-21。

李洪章 2008「肯定性を生きる戦略としての『語り』と『対話』―― 在日朝鮮人＝日本人間『ダブル』のライフ・ストーリーを事例として」『京都社会学年報』16: 75-96。

―――― 2009「『新しい在日朝鮮人運動』をめぐる対話形成の課題と可能性 ――『パラムの会』を事例として」『ソシオロジ』54(1): 87-103。

中谷猛 2003「ナショナル・アイデンティティとは何か ―― 問題整理への視角　概念・装置・言説」中谷猛, 川上勉, 高橋秀寿編『ナショナル・アイデンティティ論の現在 ―― 現代世界を読み解くために』晃洋書房, 1-24頁。

高崎宗司 1996『検証　日韓会談』岩波新書。

テッサ・モーリス＝スズキ 2001「偽りのアイデンティティへの権利 ―― あるポストコロニアルの物語」栗原彬ほか編『越境する知6　知の植民地 ―― 越境する』東京大学出版会, 191-215頁。

第6章 多様性と響き合う「在日朝鮮人」アイデンティティ
在日3世学生たちの学びの運動から

孫・片田　晶

1　在日アイデンティティの課題

　本章では，在日朝鮮人（以下，在日と略す）[1]のアイデンティティをめぐる困難，なかでも在日の多様化による在日アイデンティティの困難といった議論や，またアイデンティティというもの自体による多様性・差異の抑圧という議論を検討するために，現在世代の在日の若者たちの運動実践の事例をとりあげる。在日という集合性——従来「民族」という概念で表されてきた——は，しばしば個人の多様性と対立するものと捉えられ，集団や共同体の維持と個人の多様性の尊重は両立困難だと考えられる。しかし，様々な運動などにおいて集合的アイデンティティが構築される具体的な過程に注目すると，アイデンティティの枠組み（アイデンティティを構築・活用するための認識や実践の枠組み）には多様なものがあり，様々な枠組みの文脈依存的な有効性を明らかにするアプローチが必要である[2]。

---

1) 本章では在日朝鮮人を国籍や「血」よりもその歴史性から，植民地支配期とそれに続く済州4・3事件等の経緯で渡日した人びととその日本での子孫と定義する。したがって日本籍者やダブル（ハーフ）などが含まれる。この定義では境界を画定することは重視していない。
2) 「アイデンティティのフレームワーク」はA. Chung（2007）を参照した。韓国系アメリカ人の若い世代は主流社会と韓国系社会の既存権力の両方との交渉の中で多様な形の運動組織を形成するが，それらの運動空間は多様な生育背景・「コミュニティ」観を持つ若者たちの個人化した経験を「韓国系アメリカ人」性として解釈し語るための，エスニック・アイデンティティの様々なフレームワークを提供している。

第Ⅱ部　民族的共同性生成の現場 ── 日本社会から

　在日を主体とする社会運動にとって重要な意味を持った問題提起としてふたつの議論が挙げられる。ひとつは「祖国」を基盤としない在日アイデンティティがはたして可能なのかという問いをめぐって行われた論争（飯沼編 1988），もうひとつは反差別の運動などをも含む多くの運動が依拠しがちな，同質的・本質主義的なアイデンティティというものに内在する抑圧に関する議論である。これらは問われる運動主体の歴史的背景や具体的文脈によって様々な意味を持つが，在日運動のなかでドミナントな位置を占めてきた「祖国志向」といわれる民族組織に関していえば，祖国をアイデンティティの本質的核とするアイデンティティ言説を多用してきたため，ふたつの議論は互いに絡まりあった問題提起となる。本章の事例である学生運動団体も「祖国」の概念を核とする在日アイデンティティを構築していた時代から現在に至るまでにこれらの問題と密接に関わる運動の変化をみてきた。本章では特に本質主義的アイデンティティをめぐる問題の検討に重点を置きながら，現在の3世・4世の若者たちが，在日というアイデンティティをどのようなものとして構築し，またどのような意味を見出しているのかを考察する。

　2節で詳しく述べるが，本質主義の問題とは，マイノリティの共同体や運動が運動課題，問題の所在や運動の主体を効果的に明らかにし，人びとの動員や様々な資源の獲得を達成するために同質的・本質主義的なアイデンティティ言説を活用するとき，集団内部に存在する抑圧の問題を隠蔽したり，その規範からこぼれる者を周縁化・排除したりしてしまうことである。このような問題への注目が非常に重要である一方で，こうした問題の指摘はマイノリティ内部の差異や多様性がそのアイデンティティの維持・構築にとって常に障害であるという認識へ短絡的に結びつけられてしまうところがある。しかし，実際に差異・多様性はアイデンティティの構築にとって常に困難を意味するのだろうか。当事者内部の差異・多様性がアイデンティティ構築のマイナスとならない状況があるとすれば，それはどのような理由によるのだろうか。これらの問いに応えるには，そもそも問題のアイデンティティが実際にどのような（複数の）意味をもっているのかという問いに立ち戻る必要もある。本章は現在世代の在日アイデンティティに関してこれらの問いに応えることを目的としている。

第6章　多様性と響き合う「在日朝鮮人」アイデンティティ

　アイデンティティは多義的なものであるが，在日研究においてはアイデンティティがなぜ重要なのかについて多角的に探求されてきたとは言いにくい。たとえば，初期の社会学的在日研究では，個々の若者の意識と生き方の多様性が捉えられた一方で，アイデンティティの問題を，日本社会によって内面化させられた負の自己意識の克服といった個人の内的な転換，特に自己肯定の過程として捉える傾向があった。このような枠組みにおいては，アイデンティティの強弱という発想において強いアイデンティティが求められ，民族名を名乗る生き方などが推奨されがちであったが，そうした特定の指標が，多様な主体や文脈において一律の有効性を持たないことは指摘されてきた通りである。だが，在日アイデンティティ，またその発展や共有の問題は，個々人にとって実際どのような重要性をもっているのだろうか。本章ではこのような観点から，在日アイデンティティについて，その重要性ないし有効性の一端を具体的事例にそくして明らかにしたい。在日アイデンティティには，戦略的な動員のツールや上記のような自己肯定のほかにどのような有効性があるのだろうか。具体的な文脈における有効性を明らかにすることは，在日アイデンティティや運動の意味を本質主義的な言語を用いずに語るために役立つと考えられる。

　本章の事例，学生団体「韓学同京都」では，第3節で述べるように，2000年頃から植民地出身者としての在日の歴史的経験をアイデンティティの中核に位置づけた「在日朝鮮人」という呼称を用い始めた。この活動の重要な側面として，参加者の差異・多様性を包摂しようとするようなアイデンティティの構築過程がうかがえ，またそうした過程は実際に参加者によって重要視されている。こうした特徴をより詳しく考察するために，第4節では，参加者の個人史や語りの具体例を用い，この活動で参加者が「在日朝鮮人」という観点から自己史に新たな光を当て，自己を再構築していく経験を考察する。また，この在日の歴史性を中心要素として再構築された集合的アイデンティティは，在日としての異なる経験（個人史）を持つ者が集まる際に，その差異を柔軟に包み込みうるものとして考えられている。第5節・第6節にまとめたように，本章では，この活動に見られるアイデンティティの意味を学びの運動（自己の再定義の過程）と参加者が出会い集まる運動（集合性を再

構築する過程）という二つの有効性として捉えた。在日の学生青年団体は本質主義的なアイデンティティの運動とみなされてきたが，実際には当事者が集まるための空間であるという特徴から，アイデンティティによる抑圧を黙認するのではない柔軟な集合性の創造を重視する性質が指摘できる。

2　マイノリティの運動とアイデンティティの「ジレンマ」

　抑圧・差別と闘う主体と（戦略的）本質主義の問題について，金泰泳（1998, 1999）は在日の運動やアイデンティティをめぐる言説実践における「エスニック・アイデンティティのジレンマ」の問題を指摘した。従来の支配的な民族運動や民族教育実践の「民族的自覚や誇り」「祖国とのつながり」「奪われた文化の回復」等を内実とする「一枚岩のアイデンティティ言説」は，在日内部の抑圧を無視し，少数者（女性，日本籍者，「混血」等々）を周縁化してきた。アイデンティティ政治のこうした矛盾が明るみに出てくると，「民族的アイデンティティを確立することで同化という圧倒的な力に抵抗していこうとする」マイノリティの主体は，「解体すべきものに依拠せざるをえない」というジレンマに直面する（金1998: 41-5）。

　逆に，この「ジレンマ」を積極的な表現で言い換えれば，マイノリティの連帯の可能性はアイデンティティの暫定性によって開かれることになる。ジュディス・バトラー（J. Butler）は，マイノリティの連帯は，均質的で広く合意を得たアイデンティティによって成立するのだという前提を再考し，創発的な連帯という概念を提起した。もし「アイデンティティ」を前提視し，「女というカテゴリーの一貫性や統一性に固執すれば，具体的な種々の『女たち』が構築されるさいの文化的，社会的，政治的な交錯の多様性を，結果的に無視してしまうことになる」。そこで，連帯の結果生まれるアイデンティティのなかみを前もって定めないような連帯の可能性が論じられる（Butler 1990=1999: 41-3）。別の言い方では，マイノリティの運動や言論が，現実社会の諸矛盾と対峙しつつも，固定的な集団分節には依拠しない柔軟な連帯を編みだすという戦略が必要となる（松田2001）。当然ながら，こうした連帯

第6章　多様性と響き合う「在日朝鮮人」アイデンティティ

の可能性はいわゆる運動への動員においてだけでなく，マイノリティに関する知や言説の生産という表象の領域においても重要性をもっている[3]。

　上述の金の研究以降，本質主義的・同質的な主体像や共同体像を批判的に認識し，異なるあり方を模索するような活動の存在が事例研究によって指摘されている（倉石2007; 戴2009）。たとえば，戴エイカは，ある在日青年団体の活動について，在日のエスニシティやアイデンティティのエンパワーメントを行いつつも，「統一的な主体形成」を目指さず，「民族」やナショナルな枠組みを克服していこうとするような，開放的なアイデンティティの語りの存在を指摘している。本章では，事例にもっと踏み込んで検討することで，集合的アイデンティティが差異や多様性を積極的に包摂しながら再構築される過程を明らかにしている。もちろん，ひとつの運動でも活動の場面に応じてアイデンティティの複数の枠組みがあり，また参加者たちによる異なる意味づけがある。本章では，上述のような問題意識によって，この団体の活動のなかでもマイノリティの内部で行われる活動に分析を絞り，特にアイデンティティ言説による差異の扱いに注目する。なお，本章の関心は，個人のアイデンティティが在日であると同時に女性であり地域住民であるといった複合性をもつことよりも，あるアイデンティティ（この場合，「在日」）のなかみについて，その再定義に個々人がどのように関わることができ，柔軟な集合性を探ることができるかということにある。アイデンティティからの自由，アイデンティティの境界を自由に往来する個人という論点（鄭1996）も重要である一方で，本章では集合的アイデンティティ自体の可能性を論じる。

　在日の青年学生諸団体は，マジョリティ（日本社会）に対する運動のほかに，在日が集まり歴史的経験と現在の問題を捉え，語り合うための場を作っているが，そうした空間は在日性の再定義と連帯のための空間ともなる。多様な参加者を受け止める柔軟な集合性の構築という課題は，本事例だけでなく近年の在日青年学生団体において広く共有されている課題である。

3）　被抑圧者の自己表象は，既存の公共性における権利の承認を求めるアイデンティティ・ポリティクスとは別に，自らを表象し語る主体として構築することを通じて知の生産の権力関係に介入する行為である（米山2003: 21）。

第Ⅱ部　民族的共同性生成の現場 ── 日本社会から

3　韓学同京都の「在日朝鮮人」アイデンティティ

3-1．本章の事例とデータ

　「韓学同京都」（正式名称「在日韓国学生同盟京都府本部」，通称「学同」）は，2000年代の時期には日常的な活動に十数人から二十数人ほどが集まる，規模の小さな団体である。関西圏に住む，社会経済的階層，国籍，エスニシティのあり方，教育背景などが多様な学生たち（専門学校，短期大学，大学院等を含む）が集まっており，日常的に多くの時間をともに過ごしている（活動場所の写真6-1）。運動は1年度が単位となり，通常の学生サークルのように参加者が毎年徐々に入れ替わっていく。韓学同は1970年代に上部組織の傘下を離れて以降，学生のみで運営してきており，専従活動家を持たない点が特徴である[4]。活動経験が2年目以降の参加者の多くは，「学習部」，「文化部」，「組織部」などの役職を担って活動をつくる「執行部」になり，下級生の活動を保障することを含む多くの責任を持つようになる。筆者自身，この団体で2006年からの3年間，この「執行部」として活動していた。この筆者自身の参加体験は本章の問題意識や分析に密接に関連している。筆者はこの参加期間とその後の期間に修士論文等を目的とした活動過程の記述やインタビューを多く行ってきたが，そのうち本章で主に用いたのは，団体の機関誌（写真6-2を参照）と定期大会の配布物や中心的参加者が運動の議論を行った際の資料等の言説資料，定期学習会（2例）の配布レジュメと参加者の発言の内容を筆者が記述したメモ，そして，参加者へのインタビュー（1例）である。分析の対象時期は2000年代（言説資料の分析期間）とするが，参与観察

---

[4]　本章の事例は，孫・片田（2009）により詳しい。本章ではこの団体の「対外活動」と「対内活動」のうち後者の一部のみを論じた。前者は地元地域，他民族組織，日本人青年との連帯，大学空間などを対象とした活動である。韓学同の元上部組織は在日本大韓民国民団（現在）である。韓学同は全国4地域にあったが（各地方は基本的に独自の組織），2000年前後に大阪本部や東京の中央総本部が運動を休止，さらに2006年に兵庫県本部も活動が一時停止となったため，本章の調査の時点では京都のみが活動を行っていた。地域によっては，戴が論じた青年団体「KEY」と連携があるが，京都の場合「KEY」が存在していない。なお「KEY」の活動家には韓学同執行部・幹部の経験者が多く含まれてきた。

152

第 6 章　多様性と響き合う「在日朝鮮人」アイデンティティ

写真 6-1　活動場所「サムソ（事務所）」の一部分。手前側に一部がみえる長机を囲んで学習会や会議を行う。

写真 6-2　韓学同京都の機関誌『ムグンファ』（ムグンファはムクゲの意味。毎年「新歓号」「文化祭号」の2つが作られる。詳細は脚注9を参照。）。下段右端は毎年 11 月に行われる文化祭のビラの一例。

やインタビューは 2006 年以降のものである。

3-2.「集まること」としての「運動」

　韓学同は，戦後期の在日学生団体の分裂における「韓国系」の団体として始まるが，日本，朝鮮半島の政治状況，社会的変化とともに運動は変化してきた。1960 年代以降では，韓国民主化運動への連帯を組織のアイデンティティとして掲げ，日本と韓国の両方の政権による在日の法的地位や生活権の剥奪・弾圧への反対闘争，政治犯問題，民団の「民主化」などの政治闘争が中心的運動とされていたが，1990 年代には韓国の軍事独裁政権の終焉などの時代状況を受けて，運動が大きく変容した。京都府本部では 2000 年前後に，運動とは政治的課題のための動員であるという運動観を問い直し，「集まること」自体を「運動」として見直す姿勢が現れた。運動方針等の資料には「これまでの運動への動員を主要な目的（運動的課題・社会変革運動へと個人が収斂されていくという戦略）とした活動からの転換」，「『運動』に向けるための〈人〉を集めるだけの活動ではなく，人を集め，活動すること自体が『運動』になるという戦略」という発想の転換が述べられている。そこでは「在日同胞学生の民族的・人間的アイデンティティ構築という概念を主眼に置いた活動」とそのための「空間を保障する」ことが新たに切実な課題として見直された[5]。実際に 90 年代以降，従来的な意味の政治運動が減少し，「地域に根ざした活動」等の新しい取り組みが始まるとともに，参加者が集まる対内的空間が実践と認識の中心となっていった。

　そして，同じ時期に「在日朝鮮人」という呼称が積極的に使われ始めたが，この変化は集合的アイデンティティの重要な変化と関わっている。韓学同は，従来は韓国系の呼称を用いてきた（つまり，「在日同胞」の同義語として「(在日)韓国人」等を使い，また「韓半島」(朝鮮半島) や「北韓」(朝鮮民主主義人民共和国)などを使っていた）。しかし，1993 年にははじめて機関誌の巻頭言で「在日韓国・朝鮮人」とその省略版の「在日」が用いられ，2001 年以

---

[5]　運動の論議資料より。執行部学習会「韓学同史―80・90 年代を中心に―」(2004 年 8 月 10 日開催)。

降はそれが「在日朝鮮人」に変わった[6]。「在日韓国学生同盟」が「在日朝鮮人」を意識的に名乗ることになったのである。これ以後，2000年代には運動の意義を集約した言葉として「在日朝鮮人としての主体的生の模索（実現）」という表現が使われるようになる[7]。この「在日朝鮮人」という自己定義は，参加者たちの生活が，元宗主国に暮らす元植民地出身者という歴史性・位置性によってどのように規定を受けているのかを問う視座として活動に定着し，「集まる」こと自体を重視する運動における重要な要素となっていった。

以降の節でくわしく述べるように，このような本事例の活動における集合的アイデンティティとは，参加者が，自身が在日であることの意味を考え語り，また他の参加者たちとの関わりにおいて「我々」として考え表現することを可能にしている重要な枠組みとして捉えることができる。

もっとも，以上で述べたような変化はそれ以前の運動から断絶したものではなく，90年代にみられた，韓国情勢とは独立に在日自体へ注目する必要性の認識が積極的な表現を得たものであり，また，それ以前から政治行動と並行して存在してきた学びや語り合いの活動をそれとして価値づけたものでもあった。ただし，本章で注目しているように，「在日朝鮮人」アイデンティティの採用は，在日内部の多様性に対する積極的な認識と主題化を伴うものであった。この2000年前後の時点で日本国籍者の存在，名前や家族背景に関する多様性，また「祖国」や「民族」といった従来的な概念が何を意味しどのような重要性を持ちうるのかといった意識の多様化を視野に入れた問題意識が強くみられたことからも，実際の多様な参加者への積極的な包摂枠組みを求めての変化だったと考えられる。ここで捉えられた多様性は，「祖国」あるいは韓国の「民族史への主体的参加」を掲げて在日運動を定義していた時代には明示的または暗示的に周縁化されていた[8]。

---

[6] 韓学同が「在日朝鮮人」と名乗ることについて団体の古い出身者から批判が寄せられることもある。93年度当時の委員長への聞き取り（2010年10月23日）によると，93年時点でも，「感覚としては『在日朝鮮人』に惹かれる思いがあった」が，民団社会に立脚して民団民主化を目指すという位置取りのため，用いることはできなかったという。

[7] 「定期総会」配布冊子，2002-2010年度。

[8] この時期以降の学習会等で引用され，集合的アイデンティティの言語資源となった著作として，

3-3. 自己の可能性という主題

　2000年代の韓学同京都では，植民地支配的な制度や価値が戦後日本社会に継続してきたと考える観点からの在日の位置性に関する学びが，一人ひとりの自己に重要な意味を持つものとして，日常的に行われている。ここではその活動のなかで，在日の自己がどのように問題化・主題化されており，そうした枠組みのなかで在日内部の差異がどう扱われうるのかを具体的に見ていきたい。運動における問題設定や意義の認識はそこでつくられる主体や集合性のなかでの差異の扱いに影響を与える。

　まずは，機関誌にみられる運動の意味についての代表的な語りをみると，たとえば，機関誌新歓号の巻頭言にはよく次のような問題設定がみられる。学生は自己と社会の関係を探求することができる存在だが，在日学生の場合この「自己を見つめることの可能性」には困難がある。「日本の朝鮮植民地支配の所産」である「在日朝鮮人が『自己をみつめる』という作業を行うには，植民地支配を問うことが不可欠となる」にもかかわらず，在日の歴史性を忘却・無視しようとしてきた日本社会では，そうした作業の可能性を意識することも困難だからである。そこで，「このような在日朝鮮人の置かれている現状を踏まえて，活動を行っている」この団体では，在日という共通点において集まった学生たちが，共同で自己を「見つめなおす」ことで，社会によって強いられた現状とは異なる可能性，「主体的な生」を模索することができるという[9]。

> 　韓学同には自身の中にある「在日」という要素について向き合っていける場が保障されています。そして，「向きあう」という作業は立場や境遇を同じくした者の密な関わり合いの中でしか為せず，特に在日朝鮮人の場合は他者にその存在を規定されているが故にそのような作業が必要だといえます[10]。

　徐京植，田中宏，また鄭暎恵など他の在日作家がある。特に「在日朝鮮人」アイデンティティに関する部分では徐京植の著作がよく引用された。
9) 機関誌2006年度新入生歓迎号 p. 1。京都の機関誌「무궁화（ムグンファ）」は新入生歓迎号と文化祭号の毎年2冊で，（1990年代以降は）巻頭言，情勢特集，一般投稿などが載せられ，参加者間の対話の媒体としての役割が大きい。
10) 機関誌2004年度新入生歓迎号 pp. 1-2。

第 6 章　多様性と響き合う「在日朝鮮人」アイデンティティ

　このように，この団体では植民地支配的価値の継続や過去の忘却という問題意識を背景に在日が「自己に向き合う」という行為の可能性を強調している。そこでは在日の位置性の問題を，制度的な諸問題や差別や偏見，また差別的価値の内面化などの問題だけではなく，在日の若者たちが自分と社会や歴史との関わりを様々に語ったり学んだりすることを妨げられている現状，そのために在日であることの意味を十分に模索できない現状として捉えている。そのため，ここでいう自己に「向き合う」過程は，以降にみるように個々人の身近な次元における気づきを含む，様々に多様な過程を意味している[11]。

　また，こうした問題設定から導かれる活動の参加主体，つまり「在日朝鮮人」は，自身や家族の生を規定してきた歴史的経緯を十分に承認されておらず，そうした自身の位置性を自ら意識する必要がある人びととして定義されることに注目したい[12]。現在の特定の国籍や帰属意識，既存の文化への同一化や「血統」といった要素に固定的に依拠した場合と比べて，この主体像は在日内部の差異の問題において，特定の国籍や帰属といった性質をもつ者を逸脱者として捉える必要がない点で，幅広い背景をもった者を活動へ呼び，参加を促すうえで重要な有効性をもっていた。そこで，たとえば何国籍であるかや，両親の片方が日本人であるかどうか，在日としての意識が現在あるかどうか等々を参照点とせずに，上記のような在日性を自身の位置性としてもちうる人すべてが包括的な参加主体（「あらゆる在日朝鮮人学生」）として捉えられている[13]。

---

11)「向き合う」作業は，「不当な社会構造を直視すること」といった問題化の力を含んでおり，「誇り」の獲得や「自己肯定」には還元できない性質のものである。「肯定的であれ」「積極的に考えていけない」現状があるとされていたり（2004 年度機関誌新入生歓迎会号　p. 3），「在日朝鮮人である自己に対して否定的・無関心になる」ことと「歴史や現実から目をそむけ無条件に自己を肯定するという事態に陥る」ことは同様に問題とされている（「第 67 回定期総会」配布冊子，2010 年 12 月）。

12)「在日朝鮮人としての自身の存在を浮かび上がらせる」活動といった表現に，位置性の可視化という観点がみられる（機関誌 2004 年度新入生歓迎会号）。また「活動を通じて在日朝鮮人という存在を浮き彫りにする」という活動方針もみられる（「第 65 回定期総会」配布冊子「年間活動方針」）。

13) 両親や祖父母の誰かが「在日朝鮮人」（新渡日者は含まない）ならば参加できると考えられていた。ただし実際は日本人と新渡日韓国人を両親にもつ人の参加もあった。

3-4. 多様な在日性への注目

　次に,具体的な活動の場面を想定した語りにおける,参加者の多様性の扱いをみていきたい。上記の引用には,活動は「立場や境遇を同じくした者の密な関わり合い」とされているが,在日としての自己をめぐる活動の具体的な作業においては同質性が前提となり,差異は隠蔽すべきものとされるのだろうか。機関誌で活動内容を具体的に述べたものをみると,活動内容を説明する目的の文章においても,在日が一人ひとり「異なる」ことが捉えられている。次の文章は,新しい参加者を想定して週2回の日常活動(「学習活動」・「文化活動」)を紹介した「活動紹介」である(以下,引用文中の下線はすべて筆者による)[14]。

　　こんにちは！　2006年度韓学同京都学習部です。……毎週土曜日15時から,在日朝鮮人の歴史性や現在の自己が置かれている状況について自分にひきつけて考えるための学習会を開きます。……韓学同の学習活動では在日朝鮮人とはどのような存在なのかをともに考える場を自分たちでつくっていきたいです。<u>その人が在日朝鮮人として自らを考える作業,そして自己を取り巻く状況について考える作業は,ときにひとりひとり異なるものです。</u>でも,同じ場所に集うことで互いに気がつかされ,互いの思いを聞くことで考えを深めたり,思いもよらなかったことを共有できたり,自分について見えてきたり,学習活動でできることはいっぱいあります。ぜひ時間をつくって参加しに来てください！

　　여러분, 안녕하세요〔みなさん,こんにちは〕！！　文化部です。韓学同京都では毎週水曜日5時から우리말〔ウリマル＝私たちの言葉〕学習会をしています。毎活動後には,노래〔ノレ＝歌〕を歌っています。自分が在日朝鮮人であるということを,民族文化をみんなで一緒にすることを通して考えていきたいと思っています。みなさんは今まで生きてきた人生の中でどのように民族文化に触れてきたでしょうか。<u>いつもそばにあったと思う人,全く見たこともなかった人,あったのだろうけどそれが何かわからない人。いろんな人がいると思います。またそれがキムチであるのか,民族楽器なのか,親の呼び

---

14) 機関誌2006年度新入生歓迎号　pp. 4-5。「活動紹介」は組織部・学習部・文化部各部が活動の内容や意味を述べる。

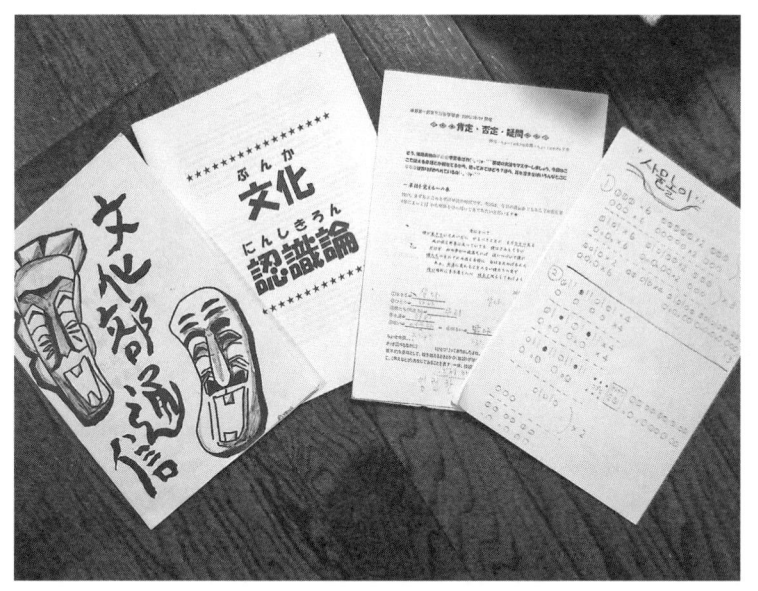

第 6 章　多様性と響き合う「在日朝鮮人」アイデンティティ

写真 6-3　「ウリマル学習会」レジュメや各人の文化観を綴った作文集などの「文化活動」資料

方なのか，法事の方法なのかも人それぞれだと思います。さまざまな環境で育ってきたさまざまな仲間と一緒に韓学同で民族文化を実践し，いろいろなことが語りあえる文化活動をめざしています。みなさんが在日朝鮮人である自分のことを考えるお役に立てるはずです。それでは水曜日に！！

　ここに表れているように，「在日朝鮮人である自分のことを考える」作業とは，参加者自身の一人ひとり異なる経験をもとにしたものであり，異なる経験の存在が強調されている。

　さらには，具体的な活動の場面で，多様な参加者が「一緒に」，在日にとっての「歴史」や「民族文化」の意味を追求する際，異なる経験や思いが響き合ってもたらされる相互的な過程への言及もみられる。ここには個々人の異なる経験がむしろ活動の資源として積極的に捉えられている点がうかがえる。

第Ⅱ部　民族的共同性生成の現場 —— 日本社会から

写真 6-4　毎活動後に歌う歌集の例。韓国民主化運動のなかで歌われた民衆歌謡などが多い。

　以上のように，この団体では当事者同士の共通性を前提に運動の意味と集合的アイデンティティを設定しつつも，多様な参加者を包摂しうる問題設定と主体像がみられ，また具体的な活動の場面でも個々人の違いに注目しながら活動が行われていることがわかる。次に，実際の活動の資料（配布物）をもとに，活動でみられる在日の自己の再定義に関する語りをみてみたい。

3-5.「在日朝鮮人」という呼称

　それでは，一人ひとり異なる在日としての経験の語りや在日内部の差異の認識と集合的なアイデンティティの構築とはどのように両立しているのだろうか。ここでは在日としての自己に関する学びの活動のなかで「在日朝鮮人」アイデンティティが明示的に共有される活動事例に注目したい。

　ここで用いた資料は学習会「在日論」（2007 年 5 月 12 日開催）のレジュメである[15]。「在日論」の学習会は一年度に 3 回程度行われ，若者たちの身近な問題とされた「名前」「国籍」「呼称」「民族」の四つの各論について，レジュ

---

15) 学習会「在日論」配布レジュメ（2007 年 5 月 12 日）。また，2006 年 12 月 9 日の学習会時の発言のノートより。

第6章　多様性と響き合う「在日朝鮮人」アイデンティティ

メの書き手が歴史的経緯などに言及した後，自分自身の考えを語る。4節もあわせ，本章では特に国籍と呼称の問題を在日内部の差異の事例としてとりあげることにしたい。国籍や呼称は，名前などとともに，活動のなかで積極的に話題となる差異の代表的なものである。なお，この例は1年を単位とした活動における5月時点のものであり，新しい参加者に配慮した導入的な語りになっている。

　最初に在日朝鮮人という呼称を紹介する部分からの語りをとりあげる。参加者たちはそれぞれ異なる国籍や家族背景などをもち，これまでの生活で用いてきた呼称（「韓国人」「在日コリアン」等々，あるいは自分を「日本人」と呼んで来た場合もある）もそれぞれである。レジュメを担当したＡ（女性，韓国籍）は，民族名だけで生活し日本学校に通ってきたため，自己紹介の際など，エスニシティに言及する機会が常にあり，主に「韓国人」という呼称を名乗ってきた。

　Ａはこの学習会以前，たとえばある別の学習会の場面（4節で言及する2006年の時点）でも自分が韓国人と名乗ってきた理由を話している。それによると，それはその場に合わせて「一番すんなり通るかな，って瞬時に考えた」選択だった。また，「朝鮮人」と言わなかったのは，「〔相手に〕そこでひっかかられたくない」という思いがあってのことだったこと，韓学同の活動を通じて，「『朝鮮』て言わんとこうと思ってた自分に気がついた」ことも話していた。この「そこでひっかかられたくない」という感覚の背景には，「朝鮮人」と名乗ることが「韓国人」と名乗ることよりもさらに問題（スティグマ・タブー）を生じるというＡの認識が表れている。呼称についての学習ではこうした各人の体験が語られ，特に「朝鮮」のつく呼称に与えられたネガティブな意味のあり方や，そうした呼称の差異に表れる在日内部の分断の存在，そして活動で用いる「在日朝鮮人」の意味が話し合われる。

　この日のレジュメでＡは，「こんなにたくさんある」在日の呼称のどれが「正しいとか，良い悪いとかじゃないと思う」と述べたうえで，重要なのは在日に「その〔特定の〕呼称を言わせる何かが存在する」という現状であり，また「その呼称を通じて主張したいことがある」ということではないか。呼称について考えることを通して「自分について考えたい，この場に集うみん

161

なのことを考えたい」と書いている。そして，なぜ韓学同京都では「在日朝鮮人」を使っているのかを説明しながら，その意味について次のように書いている。

> 『いやいや，呼称について考えるとか言っておきながらもうはじめっから「在日朝鮮人」って使いまくってるやん！』と思ったあなた。よう言うてくれました。……みんなにあてはめれる呼称だと思うから，勝手に使ってます。……私は「在日朝鮮人」と自分やここに集う人びとのことを呼びます。理由は大きく分けてみると2つ。自分のルーツは朝鮮半島にあり，<u>自分は朝鮮植民地出身者であるから。そこに向き合いたいと思うから。全員が最低限共有できるものであり，また，共有したいと思うから</u>[16]。

「在日朝鮮人」アイデンティティを植民地出身者という位置性に「向き合いたい」という思いの表現として用い，またその位置性を「全員が最低限共有できるもの」として構築していこうとする，こうした語りは，集合的アイデンティティを構築していく過程の一部である。以上にみたように，この場面でAが具体的に捉えている植民地出身者という位置性，つまり「在日朝鮮人」のなかみは，様々な呼称の背景にある制度やまなざし，それらをめぐる選択にさらされながら生きている存在というものである。そしてAの語りは他の参加者にこうした認識枠組みを共有し，各人の個別的な経験をその枠組みから捉え直してみることを促している。この語りの受け手がこれに共感する，あるいはこの集合性のなかみを交渉しつつも関わり続ける場合に，（「この場に集うみんな」の異なる経験のように）多様な在日としての経験が「在日朝鮮人」の集合的な経験として捉えられるようになると考えられる。

3-6.「在日朝鮮人」アイデンティティと差異

それでは，個々の参加者はこのような捉え直しがどのような意味をもつと

---

[16]「共有」は，必然的に押し付けでもあると考えられており，参加者は，はじめは納得できないまま「在日朝鮮人」を使うことも多いが，活動を経て各人なりの意味を詰めていくものと考えられている。

第6章　多様性と響き合う「在日朝鮮人」アイデンティティ

考えているのだろうか。次のような語りにその一例を垣間みることができる。Aは，韓国籍であることを在日の根拠と思ってきた自分が，活動を通じて自身が韓国籍を持つことになる家族史的な経緯を知ることなどで，認識が変化した経験を述べている。そして，自身の韓国籍を在日朝鮮人の「歴史性」として語り直している[17]。

> 長らく私にとって国籍とは……自分が「日本人」ではなく「在日」であることの「証明」を求めるものであり，「最大の理由」でした。しかし，今私が感じることは，その国籍とは，在日朝鮮人が生きてきた経緯の一つにしかすぎず，その経緯が，歴史性が，私を在日朝鮮人以外の何者でもないことを物語っているということでした。

国籍に関する学習は，在日の国籍というものが政治的過程に翻弄されながら構築されていく過程や，その当事に個々人にどのような選択肢がありえたかなどを学ぶ。参加者は自身の家族史を知ったり，他の参加者のケースを聞き知ったりすることで，それぞれの国籍をめぐる経緯と選択の存在を知る。そしてそれらの経緯を新しい集合性のなかに捉え直す（Aの語りでは，自身の差異を在日の歴史的経験の一部として語り直す）機会をもつ。また，Aは上の引用に続けて，韓国籍が存在証明ではなくなってからも自分が韓国籍にこだわろうとしている理由を，国籍に込められた「規定」や「意図」に向き合うための自分なりの生き方として述べている。

特定の国籍はその個人の在日・マイノリティとしての経験，自尊心やこだわりに結びついていることが多く，ときに家族史と関わりながら語られる国籍をめぐる経験や思いを聞き合うとき，国籍の差異は単に記号的なものではなく，異なる家族の選択肢や生き方というリアルななかみをもっている。そのうえで，各人は異なる家族史や生き方を「在日朝鮮人」の歴史的経験と現在として語り直す選択肢をもつ。Aの場合では，韓国籍を「在日」の証明とする認識を問い直すことは，Aが在日として定義・包摂できる対象の範囲を広げ，日本国籍，朝鮮籍との結びつきを模索することを可能にする。そして，

---

17) Aは自分が生まれたときには父や兄が朝鮮籍であったことを最近知って驚いたことなどを記している。

第Ⅱ部　民族的共同性生成の現場 ―― 日本社会から

写真6-5　活動場所での学習会机を囲んでの風景

Aが「在日朝鮮人」の共有を捉そうとして語りかけていたように，参加者同士のつながりに基づいて，家族史や生き方の多様な違いを包む集合的なアイデンティティの共有が試みられている。この日の参加者たちが様々な日常の経験や家族史を語った後，Aは以下のように活動を在日が出会う場所として表現している。

　　在日朝鮮人。それはつくられたものであり，私たち一人ひとりがつくっていくものだと思います。そしてそれは私の，あなたの，それぞれの生き方に大きく関係していることなんだと思います。……これまで生きてきたことを，これからを，私は私のそれに出会い，あなたはあなたのそれに出会い，私とあなたのそれが出会い，在日朝鮮人が集まるこの場所ではそんなことをしたいなぁと思うんです。

さて，3節では，活動に関する記述や活動における語りをもとに，参加者の互いに異なる経験が語られる活動を通じて集合的なアイデンティティが構

築される方法を考察した。これまでみてきたことから，ここでとりあげたような活動は，参加者の在日としての自己や個人史的経験が「在日朝鮮人」という集合性内部の差異として再認識されていく過程として捉えることができる。

そして，そうした集合的アイデンティティの構築と自己の再解釈の過程は，参加者個々人にとって積極的な意味をもった気づきや学びのようなものとして語られている。この点に関して，続く4節では3節で扱った活動内容に関わる具体的な参加者の個人史と経験の位相から，「在日朝鮮人」としての自己解釈が個々人にとってもつ意味の一端をよりくわしく考察したい。また，このアイデンティティは，参加者同士の関係性・集合性をどのように制限あるいは支援しているのだろうか。この点についても参加者の個人史への接近と実際の活動場面の記述を通じて，さらに考察をすすめたい。

4 多様な個人史と相互作用する「在日朝鮮人」アイデンティティ

4-1. 「在日朝鮮人」との出会い

4節では，中心的参加者の一人であったK（1985年生，女性，韓国籍，当時3回生）の個人史と活動の意味に関する語りから，3節で述べたような活動における「在日朝鮮人」アイデンティティの構築過程が個々の参加者にとってもつ意味を明らかにしたい。また，4節の最後には複数の参加者の学習会での発言例を示し，このアイデンティティが連帯のアイデンティティとしてもつ特徴にも言及することにしたい。

Kの事例は参加者のなかに多い韓国籍者の一例であり，また本章の関心である在日アイデンティティの構築過程がよく読み取れるのでここで紹介する事例に選んだ。Kは名前は民族名のみがあり，高校までの教育は地域の公立学校に通っていた。人に聞かれたときは韓国籍なので「韓国人」と説明してきた。以下は，初めて参加した学習会での「在日朝鮮人」という考えとの出

会いについてである[18]。

　Kがはじめて活動に来たのは2004年，大学1回生の春で，新歓イベントの後の飲み会の終わり頃に顔を出す形だった。そのときの印象は上級生らが民族名で呼び合う様子になぜか強い違和感を覚え，また雰囲気も「地味」で合わないと感じ，もう参加すまいと思った。だが，偶然の経緯があって，7月のサマーキャンプに参加することになってしまった。行ってみると，初日から「プンムル（朝鮮の農楽）が楽しすぎて！」，また，「意外にみんなキャピキャピしてるということに気づいて，楽しいやん，むっちゃ楽しいやん！」とすっかり気に入ってしまったという。そして，このキャンプで，後に自分が「『在日朝鮮人』と結びついたと思う」きっかけになった学習会があった。このときKは初めて朝鮮籍の在日という存在を知るが，それを知らなかったことへの驚き（「興奮」）は非常に大きかった。

　　K：「在日朝鮮人形成史」〔の学習会〕，Sさんがやってくれて，〔Sが〕4回生のときに。それが，やっぱ内容的には衝撃やん。朝鮮籍の存在をそこで知って。……「朝鮮籍って何」みたいな。〔後で〕お風呂の中とかで，Mに「知ってたあ？　あたし今まで生きてきて，朝鮮籍とか何も聞いたことないで！」って。

　　K：〔あのときの印象は〕知らんかったことへのびっくり。「在日」って言ってもな，みたいな。日本籍があることもたぶんそこで知ったと思うねん，〔日本籍の〕NおったしQおったし……でも，日本籍はさ，「帰化」っていうワードは知ってたから，こういうのを日本籍の在日朝鮮人っていうんやな，みたいなんはわかったんよ。けど，そもそもその朝鮮籍の存在を知らんかって，たどれば〔在日朝鮮人は皆〕自分らも実は朝鮮籍やったっていうのは衝撃やった。

「在日朝鮮人形成史」の学習会においても，1952年に行われた日本国籍の喪失や，1965年の韓日間の法的地位協定のせいで多くの人が韓国籍への書き換えを行ったことなどの歴史的経緯や，それを受けての参加者の家族史な

18）聞き取りは2006年12月31日に行い，個人史や活動について，長時間の談話のなかで尋ねた。当時，筆者とKは「執行部」同士のためKは込み入った内容も話し，また頻繁に笑いをまじえて話した。本章で述べていないが，Kは在日としての様々な悩みや困難についても語った。

第6章　多様性と響き合う「在日朝鮮人」アイデンティティ

どが語り合われる。こうした歴史が在日の家庭内で語られることは少ないため，自分の家は最初から常に韓国籍（であるゆえに韓国人）だったと思いこんでいたり，朝鮮籍者は北朝鮮出身者か支持者だと誤解していたりという場合が少なくない。Kの場合は在日を指して用いられる朝鮮人，あるいは朝鮮文化といった言葉自体を家庭のなかで聞いたことがなかった。しかし，このときに在日を「分け隔てたくないから在日朝鮮人と言いたい」という説明を聞いて「すごい納得できてしまった」ので，家に帰って親や地元の親友に，「だからな，この人らな，『在日朝鮮人』っていうねん，『韓国人』じゃないねん」と話をしたという。その後は，活動に来ると「毎日話すことがたくさん」で，「また来たい。また来たいと思って，ガッツリ，ハマっていった」。K自身が上級生という立場を経た後当時を振り返ると，ひたすら上級生との活動を楽しむことができた当時は「完全に『オルグ』されたわけやな」と笑う。

Kはこの最初の「衝撃」が自分にとって持った意味をその後の活動で広げ，深めていくことになったが，上のような語りを理解するために，その意味と関係したと考えられる家族史・個人史の語りを紹介する。

4-2.「韓国人」としての生い立ち

Kの父は日本人，母は韓国籍の在日であり，Kは「ダブル」（または「ハーフ」，「混血」）である。母方の祖父は在日の人びとが主に集っていた教会（大韓基督教会）で牧師をしていたが，その影響なのか，親族の間では常に自分たちのことを「韓国人」と言った。また，活動に出会うまで親族のほかに親しく語り合う在日がいなかった。Kの父は日本人で，在日との結婚に父方の親族は反対した。両親は強い思いを込めて，Kを母の国籍と姓である韓国籍，民族姓で育てた。

Kが子どもの頃，母は指紋押捺拒否運動などの市民活動をしていたので，「タバコの煙がもくもく」の会議によくKを連れていった。会議の横で子ども同士遊びながら，Kは大人たちが何か重苦しい話（「闇な話」）をしていると思っていた。子ども時代，在日のことをめぐり，母と自分の思いの間には摩擦があったという。保育園の卒園式のとき，母はKにチョゴリを着せたが，

チョゴリを着て登園したものの,「みんなにワーッと」騒がれると,「写真にチョゴリで写るのが嫌で」,自分の意志を押し通して,持っていた洋服に着替え直したことがあった。この出来事をKは5歳の自分が既に在日という属性に敏感に反応していたことを示す事例として記憶している。

また,小学校に入ると,母たちが学校内に在日子ども会の活動を開設したため,Kが在日であるということが目立つ特徴の一つとして周囲に認識されており,ときに嫌だったがそうした状況を受け入れざるを得なかった。隣のクラスの人権教育の時間に教師が実名でKの事例を用いながらクラスに話をしていたのを偶然知ってしまったこともあった。こうした状況はその後,阪神大震災の影響で転校したことによって変わるが,転校後は一転して「友達づくりに必死」の立場になった。在日のことについても自分自身がそれを周囲にどう示すかという問題に非常に敏感な時期を過ごしたKは,当時まわりの子どもたちにそれをどう語っていたかを次のように説明している。

> K:〔人に聞かれたら〕「韓国人やねん,でもな,パパ日本人やからハーフやねん」て,最低限だけ言って,そんなこといいやん,友達になろうやって,それ以上つっこませない感じにもっていくねん。

その後,Kは在日のことに関して,親との関係,周囲との関係で様々な経験を積んでいき,高校時代には在日のことに関する悩みを親友にうちあけられるようになった。ただ,当時在日に関して自分が話せたのは紋切り型の自己否定的な感情だけであり,そのことにもどかしさや不満もつのった。自分の言葉で実際の経験や思いを話せると感じたのは韓学同の活動後であった。

Kはこのような背景で子ども時代から大学までの時期,「韓国人」と言って生きてきていた。母の市民活動に対する自分のイメージのせいだとK自身考えているが,「在日」という言葉は,「韓国人」というより重いイメージだと小さい頃から感じていたので,「在日」とは言わなかったという。そのかわり,ずっと自分のことを「韓国人」と,努めてさわやかに言うことにしていた。特に新しい人間関係では,「まわりの子にわかってもらうために,すっきりした人と思ってもらうために,『韓国,韓国』って,さわやかに」言っていた。

このように活動の背景となる個人史や，その個人史などと向きあう活動の過程も，一人ひとり異なっている。Kは韓学同の活動で，自分の経験を「在日朝鮮人」という視点から捉え直す作業を行い，様々な考えや感情を話したり書いたりしていった。この過程は本章では扱わない多くの異なる意味や重要性を持っていたが，ここでとりあげた家族のなかでの「朝鮮」の不在という主題はKがよく活動で考えて語っていたものの一つだった。

4-3.「在日朝鮮人」としての自己の再定義

Kは，韓学同の活動のことを，自分の，そして家族の経験や感性を見つめ直す経験となったと語る。

> K：自分をさ，家族とまでいかんくても，自分を，いちから考えれるっていうか。なんで「韓国人」って言ってきたんやろうって，まともに考えたし，やっぱり。で，そのために家族のことを考えたし。名前とか，呼び方とか，一つ一つでさ。

また，在日は「自分やまわりの影響によって，『韓国人』て言ってるんやで。あえて『朝鮮』て言ってないんやで」と気付くことで各人にとって重要な問題に向き合うが，それが韓学同の活動の意味の一つではないかと考えている。

> K：だってさ，自分のことやん。自分が何で今存在してるのかの理由やんか。……知らん子は多いと思うんよ。その背景に，どデカイもんとして，日本っていう国があったっていうさ。しかも，その日本に，今，自分らが住んでるっていう。その日本と昔の日本っていう，その矛盾に一回はぶつからなあかんと思うんよ。ぶつかって，そっから何を考えるか。そういうことを必死にやるのが学同やんか。

Kのこうした語りからは，「在日朝鮮人」という概念を足がかりにしながら，従来「韓国人」という呼称で生きて来た自分の感性や，あるいはその背景となった構造に新たな観点から注目し，自身にとって重要に思える気づき

を経験していったことがうかがえる。Kがこの活動の意味を「在日朝鮮人」としての気づきや自己構築であると捉えているように，この集合的アイデンティティは，社会と自己に関する模索に焦点を与えるものであり，マイノリティとしての自己を認識する際の視点としての役割を果たしている。このような側面を強調するために，この「在日朝鮮人」アイデンティティを学びのアイデンティティと呼ぶことにしたい。それは，自身の経験や感性のあり方や家族史，社会からの規定に目を向け，それに対する対応を吟味するような姿勢を強調するアイデンティティである。

こうした学びを導いているのは，在日の位置性を主に植民地支配的問題の継続という枠組みで捉える見方であるが，本章で述べた事例でより具体的にいえば，「在日朝鮮人」という呼称ないしアイデンティティと対比的に用いられる「韓国人」という呼称は，韓国や日本という国家や国籍の自明性を意味し在日の周縁性，被構築性を見えにくくする呼称として，日本社会にみられる忘却的な歴史観と結びつけて捉えられていた。この時期の活動には自虐史観論の人気と韓流ブーム，北朝鮮バッシングといった状況への批判的認識がみられた。「なんで自分が『韓国人』って言ってたか」という上の語りにはこうした認識が反映されていると考えられる。そして，こうした認識は，現状に抵抗する生き方を含む「主体的な生」のなかみの問題へも続いていくものであるが，活動が導く個々の生き方に関してはまた多くの記述が必要となるため，本章では十分論じられない。

ここまででみたように，活動では一人ひとり異なる個人史に根ざし，日々の生活のなかでひとつの気づきや捉え直しの後にまた別の過程が続くような学びのプロセスが重視されている。在日アイデンティティの構築過程は自己肯定や民族名や民族文化の獲得といった特定の指標に還元できない位相をもっており，韓学同京都の事例では「在日朝鮮人」アイデンティティの意味は「自己に向き合う」作業の有効性として捉えられている。

さて，活動で向き合われる個人史の個別性をふまえて，4節の最後では，多様な経験が語られ，聞かれる活動の事例から，集合的アイデンティティが在日内部差異の問題に関わる側面についての考察をすすめる。これまでの事例において語られている自己の再定義の過程にも，個別的な学びというだけ

では説明できない参加者同士の関係性の領域がみられた。

4-4. 多様な在日が出会い集まる運動

Kの「在日朝鮮人」アイデンティティとの出会いは，先述のように比較的すんなりと活動での「在日朝鮮人」の意味を自分のものとしていったケースだった。ただし，それは新たに家族との間の差異や葛藤といった問題領域を生じさせた。また，「在日朝鮮人」として社会に対峙する生き方が何を意味するのかについての迷いや模索をKも経験していく。

さて，Kが「他の在日の家庭を見る力もついたっていうか，自分のなかの在日って枠のキャパはどんっと広がったんよ」と話すように，参加者たちは互いの日常的で小さな経験談や考えに耳を傾け合う。そこで，3.5節でみたのと同種の学習会「在日論」の「呼称」について，Kがレジュメを書いた会（2006年12月9日）での参加者の語りの一部を資料として，異なる参加者の感性や生き方に関する語りをとりあげる[19]。

ここまでは呼称に関して参加者が過去を捉え直す過程に注目したが，呼称は名乗りという側面も持つ。だがKの場合，外部に対して常に「在日朝鮮人」と名乗ればよいというようには考えていなかった[20]。こうした活動の外部の他者への名乗りをめぐり，Kはレジュメに自分の日常的な経験談を二つ記している。一つは，アルバイト先のコンビニでの常連客とのやりとりである。ある日レジをしていると，Kの名札に初めて注意を引かれたらしい客が，Kに名前を聞き「へー，じゃあ韓国の？」と尋ねた。Kが一瞬口ごもった後，「あ，いや，えっと，まあ韓国人で」と応えると，その客は「俺もやねん，一緒やな」と言った。Kはこの出来事を紹介し，活動で「在日朝鮮人」とい

---

19) 学習会「在日論」配布レジュメと筆者による発言のノートより（2006年12月9日）。学習会で差別経験や悩みや主張が深刻な調子で語られることもないわけではないが，学習会で話す際には個人間での語り合いよりも軽快な語りになることが多い。
20) 活動の外で「在日朝鮮人」と名乗る実践には，単に名乗るのでは，歴史の隠蔽への抵抗を込めた「在日朝鮮人」を，日本社会の日常の文脈は容易に（没歴史的な）ナショナリティへのこだわりに読み替えてしまうという問題もある。名前の名乗りの分析には受け手側の受容・消費をもっと問題化する必要がある。

う呼称の意味を見出しつつも、このときとっさに出て来た言葉は「韓国人」であったこと、そして、それは相手に「何をわかってもらえないと思って」そう言ったのだろうか、と悶々とした思いを述べている。もう一つは、自分の家族についてである。Kからみると母や祖父母は「在日朝鮮人」なのだが、母や祖母とその理解を共有することができないでいる。Kが電話での会話で祖母に「自分のこと何人て思ってる？」と聞くと、祖母は「生まれてからずーっと韓国人やと思うてるよ」と言い、続く話のなかで「ぜったい朝鮮人とは言わんね」とも言った。Kはこうしたエピソードを紹介しながら、そのとき「ハルモニのなかに、もう考えても仕方ないから無視してる『迷い』を感じた」と書き、複雑な気持ちを記している。また、Kは自身や在日一般の経験を、在日の呼称を取り巻く「矛盾」を「無視するしかないと言ってしまいたくなる社会に今いる」と表現したうえで、他の参加者らに発言を促す。

　その後は参加者らが呼称をめぐる体験や思いをその場に出し合い、様々な話が連鎖したが、ここでは、Kと異なる背景をもった参加者の発言の一部を例示する。

　S（女性、日本籍）は、自分の場合、そもそも人から「何人？」と聞かれることがないこと、「日本人として生きてきて、〔活動に来て以来〕今の自分は『在日朝鮮人』に興味をもってる」けれども、親の気持ちを思えば、「『日本人』っていう呼称は捨てられないものって思う」ことを話した。Sは日本名だけで育ち、活動に来てからも外ではその名前で生活していた。Sの民族名は韓学同に来てから出会ったものである（日本名を朝鮮語読みしたもの）。Sの両親（在日の父と新渡日韓国人の母）は、子どもたちが「普通に日本人として」生きていけるように帰化したのだから、とSに言っていた。Sは両親には活動をやめたといって活動を続けつつ、親の気持ちについても考えていた。当時２回生のSは学習会のような場所で「在日朝鮮人」への抵抗感を話す際には、少し緊張する様子がみえた。

　Sの話にはKも応答する意図の発言をしているが、さらにJ（男性、韓国籍、日常的には主に日本名）が、話を少し混ぜ返すかのように軽い調子で発言した。Jは祖母（「うちのばーちゃん」）が在日のことをひとからげにして「なんにしろ『うちら』」ということを紹介し、その「うちら」という呼称

第 6 章　多様性と響き合う「在日朝鮮人」アイデンティティ

は「学がないことが生み出した，ある意味神業やと思う」と言った。そして「だけど，なぜか俺はときどき『あんたら』と言われるけどな」と付け加えることでも皆を笑わせた。他の場面でも J の語り口にはよく，抵抗的な生き方として参加者間で共有されているイメージに対してより日常的な現実感覚を提示するような側面があった。J は当時の参加者では唯一，就職のためという母親の強い希望をうけて「帰化」あるいは日本国籍の取得という選択を取りつつあった。また，J は運動の問題意識として参加者間の階層的な差異に対して言及することもしばしばあった。

　この日の発言には「在日朝鮮人」という自称に関する個人の感想が多く含まれたが，Y（男性，朝鮮籍，民族名）も，朝鮮学校の出身者としての自分の経験を話した。朝鮮学校出身の自分がそのコミュニティでもともと見聞きしていた「在日朝鮮人」と，「学同の在日朝鮮人」とに違いがあると思っていること，「学同に来て，自分が以前使っていた『在日朝鮮人』の『朝鮮』は『韓国』と同じ意味だったと感じた」（国家を基礎としている点で）こと，そして韓学同の活動を通して「意味の組み換えが起きた」ため，今の自分は新しい意味で「在日朝鮮人」と言っていることを語った。K，J とともに活動を最もリードする学年であった Y のこの発言は，S の発言のような「在日朝鮮人」への違和感に応答し，「在日朝鮮人」の意味が個々人の背景によっても違い，また変化していくものであることを共有しようとしたものでもあったと考えられる。

　こうした活動が様々な経験を包み込んで「在日朝鮮人」を再想像していく過程であると考えられることは第 3 節でも述べた。その作業は各人に異なる意味や問題を持っているが，こうした語りの場は集団の単一の歴史を確認するというような目的ではなく，名のったり名指されたりしてきた経験が話し手自身にとって持つ意味に耳を傾け，また少し異なる自分の話をそれにつなげて語るというようなスタイルである。そしてこうした相互行為は，差異を認識しながらより包摂的な枠組みを探る過程として，積極的に意味づけられている。たとえば年間の運動方針において，国籍や呼称に限らず，様々な差異の問題が集まる活動の場は，暫定的な集合性の再構築の場と位置づけられ，それ自体が運動の意味・可能性として語られている。

173

〔韓学同京都では〕活動の中で盟員〔＝参加者〕各人が自身にとっての在日論を構築し，対話によって盟員間で共有し合い，互いの活動に影響を与えあうことで，韓学同京都の在日論を構築していき，それをまた活動へ，そして自身へと還元していく[21]。

　もっとも，先に紹介した発言例にもうかがえるように，社会や在日の言論においてより主流の在日像，あるいはこの団体内で中心的な「在日朝鮮人」像によって，実際に参加者の間には周縁化が様々に存在し，語ることが困難な差異が感じられている。本章では国籍や呼称といった，この活動で比較的習慣的に語られる項目をとりあげたが，逆に重要な問題として感じられながらも語ることが困難な差異として階層やジェンダーの問題がある。階層やジェンダーの問題は，差別をめぐる親世代の生き方や職業，結婚，国籍の選択，教育方針や，民族コミュニティ，市民運動への参加といった事柄に広く関わる問題であるので，主流的な在日像との葛藤という形や，参加者間の想像力の欠如や対話の困難という形でしばしば浮上する問題である。しかし，これらの問題は国籍や呼称に関するものに比べて活動の枠組みとして構造化されておらず，周縁性を問題化したり，他者を不在とさせていた認識に気づいたりする可能性は，個々人の力量に依存する面が強い。たとえば2000年代で「民族文化」実践などにおいてジェンダーをめぐる問題提起が新しい活動の創造といったレベルまで展開した例は2，3例しかない。また，そもそも参加者内の周縁化の問題は，活動への参加レベルの差異と切り離せない問題でもある。

　しかし，このような限界と同時に，参加者たちが「在日朝鮮人」という集合性の構築自体を重視しているように，「在日朝鮮人」は在日が出会い，集まることを可能にする場のようなものとして捉えられている。多様な個々人がそこに「集まる」ことを可能にするという目的が明確になっており，それがアイデンティティの重要な取り組みとして考えられているのである。そこで，このアイデンティティの枠組みについて学びを目的とする性格に加えて，連帯ないし集まるためのアイデンティティという性格が指摘できる。集

---

21)「第65回定期総会」配布冊子「年間活動方針」(2008年12月)。

第6章　多様性と響き合う「在日朝鮮人」アイデンティティ

まり出会うことは，活動を通じて互いの在日性のなかみに関わりあうことを可能にし，アイデンティティの模索を支援する活動の基盤でもある。多様な参加者たちが個別の経験や個人史に「在日朝鮮人」という視点から新たな光をあて，それらの経験を再解釈していく学びの活動は，「在日朝鮮人」という集合性に多様な参加者がつながっているという状況に支えられて進むというように，学びと連帯のふたつの側面は互いに関連しているといえる。そこで，上のような語り合いにおいても学びの活動の意味が特定の名乗りの実践という形へ帰結するよりも，それぞれの学びの過程を可能にしあうことがまず重視されている。

5　学びと連帯のアイデンティティの運動

　本章の3節では，機関誌などの活動の文章から，「在日朝鮮人」アイデンティティが植民地出身者としての歴史性・位置性に向き合う（自己に向き合う）ことの可能性を提起する言説実践であること，個人の多様な経験が，それらが出会う場所として想像された在日の歴史的経験の内部に捉えられていく過程が存在することを示した。4節では，参加者の語りから，「在日朝鮮人」としての自己構築とは個人史に根ざした在日性の再解釈・意味の変化や深まりとして捉えられている（学びのアイデンティティ）こと，また，この学びの過程は互いの個人史や経験，思いを聞き合い語り合う過程と不可分であるが，そうした参加者間の関係のなかで差異による周縁化を孕みつつも，「在日朝鮮人」というアイデンティティにおける在日同士の出会いが価値づけられていること（連帯のアイデンティティ）を論じた。本章の事例は，在日アイデンティティが学びと集まる（連帯）というふたつの有効性において捉えられていることによって，在日内部の差異をアイデンティティにとってのマイナスとするよりも，多様性と相互作用しうる集合的アイデンティティの枠組みをもっている。

　そして，本章では，在日アイデンティティを有効性という観点から捉えるというアプローチを用いたが，特定の活動の形に支えられた集合的アイデン

ティティの有効性をよく表現しているこうした事例は，アイデンティティの困難や本質主義に関する問題の議論を再考する契機として重要な事例ではないだろうか。様々な言論，研究活動や運動で構築されたアイデンティティの枠組みについて，その実践の文脈で捉えられている有効性を明らかにすることは，本質主義＝悪といった図式化を避けつつ，自明性を装うアイデンティティ言説を問題化する際に役立つと考えられる。特定の関心ごとによって構築されたアイデンティティの枠組みがほかの問題を看過してしまうことはある意味自然なことかもしれない。問題は個々の枠組みが教育活動や社会運動として制度化されている際などに，抑圧の看過が制度化され個々人がそれに介入していく契機が失われることである。

さらに，集合的アイデンティティの有効性には様々なものがありうるが，本章で論じた活動における関心事であった学びと連帯は，個々人にとってのアイデンティティの有効性に焦点をおいた場合にある程度普遍的な重要性をもつ項目であると考えられる。在日の位置性を生きる個々人が自身にとって重要な状況の吟味や自己の再定義を重ねていく過程，そしてそうした当事者同士がどのような理解をもち得るのかは，アイデンティティの問題と取り組んでいかなくてはならないマイノリティ個人にとって重要な課題である。これらの力量はまた様々な運動にとっても重要な要素と考えられる。また，第1節でも触れたが，在日のアイデンティティ研究には個人の自己肯定や心理的安定を求めてアイデンティティの問題を枠付ける傾向が指摘できる（その重要な研究として福岡（1993）などがある）[22]。こうした問題設定においても，学びというアイデンティティの有効性の観点を入れると，個々の若者が在日の位置性を学び，また自分自身の在日性を捉え直しながら進めていく学びの過程や，在日内部の多様性への認識を通じて自己の在日性を肯定しつつ再定義していく過程を論じることができる。自己肯定が重要であることはもちろんだが，個々人にはそのときどきの状況において自身の在日性を周囲と交渉していくためのより積極的な力が必要となり，またそうした再定義の過程はあ

---

[22] 負の意識の克服という課題は，「同化」への対抗という言説とも関連しつつ，アイデンティティの研究において暗黙の枠組みであったと考えられる。金（1999）にもこれはあてはまる。こうした暗黙の枠組みを対象化して分析する必要がある。

第 6 章 多様性と響き合う「在日朝鮮人」アイデンティティ

る時点で完了する性質のものでもない。自己肯定を目的とする心理的なアイデンティティの枠組みでは若者が悩み迷う過程がアイデンティティの苦境や障害としてネガティブに捉えられやすいことから，本章で論じたような学びの過程を認識し損なう可能性もある。

また，アイデンティティの有効性という観点から，地域の在日子ども会活動を中心的事例とした金泰泳（1999）の議論を読み直した場合，金の研究がこの運動の挫折やアイデンティティの運動の隘路を指摘したものとして読まれたことについても批判的な読み直しが可能である。この事例に関する記述には，本事例と類似の意味での学びの実践と在日同士の連帯の実践としての有効性が読み取れる。むしろ問題は，名前の名乗りの実践のみを取り出し制度化・規範化した学校実践の部分にあったと思われる。そうだとすれば，それは戦略的本質主義という以前に，（たとえば学びとつながりといった）子ども会の参加者当事者にとっての有効性を主題化し損ねた動きとして捉えるべきではないか。そこには異なる利害関係をもった具体的な行動主体の関連が存在していたはずである。

本章でみた参加者たちは，従来的なアイデンティティ言説における「葛藤の克服」に限らず，自身にとっての在日アイデンティティの意味を，他者と共有する集合性の形として交渉し，再創造することに意味を見出していた。そこでの在日アイデンティティは，アイデンティティのジレンマの問題に否定的に規定されるものではない有効性をもっていた。アイデンティティ自体を主題化する性格を持つ若者世代の運動は，参加者たちが集まっているからこそ，在日が生きる多様な現実を認識する契機にも恵まれる。また制度化された運動の文脈でのアイデンティティ政治から比較的自由なことからも，小さくとも柔軟な連帯の実践の場でありうる。もっとも，こうした運動への参加は現在の世代の間で一般的ではない。しかしながら，参加者たちが現在や将来を生きるために運動から得たと考える学びと連帯の有効性は，在日アイデンティティをめぐる議論を再考する重要な手がかりである。

なお，こうしたタイプの活動が運動の他の局面とトレードオフであるわけではないことも強調しておきたい。2000 年代の韓学同京都が対外的主張をもち，地域の文化運動や戦後補償問題，またデモなどの活動を行っているよ

うに，運動には異なる局面がある[23]。参加者は他の局面（政治的行動に参加するなど）ではまた別の文脈から本章で述べた意味での「在日朝鮮人」アイデンティティを参照しながら，自身の参加を様々に意味づけ導いている。

6 多様なアイデンティティの枠組みの可能性

　本章では，在日のアイデンティティのジレンマをめぐる議論に応えるために，多様性が強調されるようになった若者世代の集合的アイデンティティの積極的な実践事例を考察した。コリアン・ディアスポラとしての在日の課題として，本質主義的なアイデンティティ言説の相対化という課題を考えたとき，この事例は，「祖国」に依拠せず在日アイデンティティが成り立つかという問い，そして運動やアイデンティティのための本質主義的言説を回避することができるかという問いに一定のこたえを返してきたと思われる。

　韓学同京都の運動では，祖国を核とした運動を相対化する過程で，在日の新たな集合性を必要としたが，その際に「在日朝鮮人」という構造的被抑圧者としての，あるいは存在を承認されない社会的存在としての歴史的経験に基づく在日の定義を発展させた[24]。露骨な差別や貧困から相対的に遠ざかった世代において，植民地支配とその後という問題設定がなお日常的な現実を主題化する視座としてリアリティをもっていた点も強調に値するが，本章ではこの集合的アイデンティティが在日の差異と多様性に対する新たなアプローチを含んでいた点に注目した。「祖国」や「民族」などの概念を均質的に用いたり，既存の帰属に基づいて「在日朝鮮人」と名乗る人びとを集めたりするのではなく，参加者は活動を通じて「在日朝鮮人」という立場性へ自分や他の参加者を結びつけることを学び，その意味を交渉していくと理解さ

---

23) 定期総会で配布される「年間活動方針」などでは，「我々韓学同京都は」という主語による対外的政治的主張が多数載せられている。

24) 在日のアイデンティティの類型として，理念上の本国の韓国・朝鮮人と理念上の日本人（「同化」状態）の両極の間に在日の若者たちの諸類型を置くような図式化（福岡 1993: 103）は，日本社会や在日自身に浸透した支配的なアイデンティティの枠組みの反映と考えられるが，本事例のアイデンティティの活動はこうしたものとは問題設定が異なっている。

れている。「在日朝鮮人」は，歴史的に構築された在日の差異が出会う場所として想像される集合性であり，個々の在日の家族史や生き方が集まる場所として積極的に語られている。こうした事例から見る限り，単なる在日の多様化による在日運動の解体という予想は疑問視すべきものである。

個々の運動実践に注目すれば，一見本質主義的な主体を掲げる「在日同士で集まる」運動にも，逆に集まっているからこその連帯の戦略がある。アイデンティティのジレンマという認識はしばしば人びとの多様性をアイデンティティの負担とみなす認識をもたらしているが，本章では，在日の多様性は在日であることの意味を考え表現し，他者とつながろうとする作業にとっての隘路では必ずしもないことを明らかにした。そしてまた，アイデンティティの構築性を活用した小さくとも確実な連帯の戦略と実践があるとすれば，それら個別的な運動のアイデンティティの枠組みが複数交錯し交渉する大きな連帯の運動空間の可能性も展望しうるのではないだろうか。

付　記

本章は，筆者が京都大学大学院文学研究科・日本学術振興会特別研究員 DC として行った研究の一部である。

● 参考文献 ●

日本語文献

鄭暎惠 1996「アイデンティティを超えて」井上俊ほか編『岩波講座　現代社会学　第 15 巻　差別と共生の社会学』岩波書店，1-33 頁。
福岡安則 1993『在日韓国・朝鮮人』中央公論社。
飯沼二郎編 1988『在日韓国・朝鮮人 —— その日本社会における存在価値』海風社。
金泰泳 1998「アイデンティティ・ポリティクス超克の戦術 —— 在日朝鮮人の子ども会活動の事例から」『ソシオロジ』42(3): 37-54。
——— 1999『アイデンティティ・ポリティクスを超えて』世界思想社。
倉石一郎 2007『差別と日常の経験社会学 —— 解読する〈私〉の研究誌』生活書院。
松田素二 2001「文化 / 人類学 —— 文化解体を超えて」杉島敬志編『人類学的実践の再構築』世界思想社。
在日韓国学生同盟京都府本部，機関紙『ムグンファ』1990-2010 年。
孫・片田晶 2009『流動化するアイデンティティ論と在日朝鮮人の当事者運動の戦略

──「韓学同京都」に集う若者たちの実践から』修士論文(京都大学)。
戴エイカ 2009「在日コリアン青年の学び合う場 ── ディアスポラ・スタディーズ」野口道彦,島和博,戴エイカほか『批判的ディアスポラ論とマイノリティ』明石書店,138-84頁。
米山リサ 2003『暴力・戦争・リドレス ── 多文化主義のポリティクス』岩波書店。

英語文献

Butler, Judith. 1990. *Gender Trouble: Feminism and the Subversion of Identity*. New York: Routledge(竹村和子訳『ジェンダー・トラブル ── フェミニズムとアイデンティティの撹乱』青土社,1999年)。
Chung, Angie Y. 2007. *Legacies of Struggle: Conflicts and Cooperation in Korean American Politics*. Stanford: Stanford University Press.

第7章 民族間結婚による「近さ」の再編
2人の在日朝鮮人男性の「特殊」な結婚事例から

橋本みゆき

1　民族間結婚はいつまで「困難」なのか

　在日朝鮮人[1]と日本人の民族間結婚は，一般に「困難」のイメージで語られてきた。たとえば尹健次(ユンコンチャ)は，1950年代，60年代の在日朝鮮人運動の過程で身を引いた日本人女性作家を例に，「両民族の『宿命的』関係のゆえに離婚しなければならなかったという歴史」を描く。「『民族』すなわち『朝鮮』を守るすべは，現実には『家庭』にしかな」かったからだ。尹によれば，在日朝鮮人男性が「民族的主体性」を備えている場合は，妻に韓国・朝鮮籍をとらせて子供を「『朝鮮人』として」育てた例が少なくなく，逆に，「民族的コンプレックス」のとりこになっている場合は，「『日本人』として」育てており，後者がかなり多かったそうだ（尹 2001: 110-1）。また，ソニア・リャンは，2000年刊の金城一紀の小説『GO』のラストシーン —— 主人公の日本人恋人が「行きましょう」と微笑む —— について，次のように書く。「しかし，いったいどこへ？　それは描かれていない。おそらく在日の若い世代の，人生の不確かな方向を暗示してのことだろう」（リャン 2005: 152）。『GO』

---

1)　本章で「在日朝鮮人」とは，「韓国籍または朝鮮籍の特別永住者」つまり「日本による植民地支配を契機に渡日した朝鮮半島出身者およびその子孫」を想定している。筆者は通常，「在日韓国・朝鮮人」という呼称を採用しているが，それは日本に永住しても日本国籍をもたない人びとと，植民地関係の他方の当事者である日本人との関係形成を，一日本人として追究したい考えからだ。

第Ⅱ部　民族的共同性生成の現場 ── 日本社会から

左：図7-1a 角圭子『鄭雨沢の妻 ──「さよなら」も言えないで』（1996年，サイマル出版会）。尹健次が言及した日本人女性作家による自伝的小説。
右：図7-1b 金城一紀『GO』（2000年，講談社）。「コリアン・ジャパニーズ」を自称する作家の直木賞受賞作。

の主人公は在日三世である現代の男子高校生だが，相手が日本人であることを親密関係の悲観的結末と結びつける解釈は，尹が言及した一世の時代と変わらない。

　けれども見るべき点は，その関係がどれほど「困難」であったかだけではないし，また困難があったとしても，その決定的原因が相手の民族属性そのものだったかどうかは具体的に見てから言えることではないか。そうした親密関係を，新しい関係形成をめぐる相互作用の場だと考えたら，どうだろう。困難さを論評する前に，具体的人物が選びとる行為 ── 本章では配偶者・同胞共同体との関係調整およびインタビューでの語り口に焦点を合わせる ── に着目してその文脈をたどることにより，関係の「近さ」をなす新

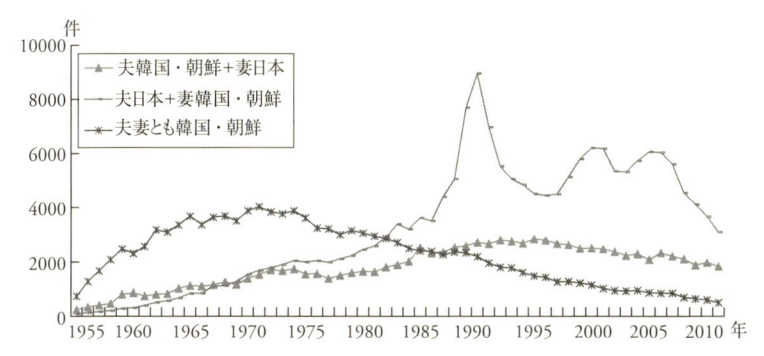

図 7-2　配偶者の国籍別・性別にみた韓国・朝鮮籍者の婚姻件数
出典：森田（1996: 179），厚生労働省「人口動態統計」[2] より作成．

たな条件が見えてはこないだろうか．

　少なくとも量的には，民族間結婚が成立しにくいとはもはや言えなくなった．図 7-2 は，戦後日本における夫婦の少なくとも一方が韓国・朝鮮籍者である婚姻の推移である（他の外国籍者との婚姻は省略）．

　1970 年代までは，夫妻とも韓国・朝鮮籍者どうしの婚姻が圧倒的に多かった．しかしこの組み合わせは 1971 年を頂点に減少し，2011 年は韓国・朝鮮籍者が関わる婚姻総数の 9％にすぎない[3]．一方で韓国・朝鮮籍者と日本籍者の婚姻が比重を高めてきた．特に韓国・朝鮮籍女性と日本籍男性の婚姻は変動が激しいものの，1980 年代からずっと最多の組み合わせである．韓国・朝鮮籍男性と日本籍女性の場合，件数はほぼ横ばいだが構成比は高まる傾向にある．

　尹は，日本人と結婚した在日朝鮮人の生き方を，子供を「朝鮮人」に育てるか「日本人」に育てるかの二者択一として描いた．そしてリャンは，日本

---

2)　厚生労働省の人口動態統計において，婚姻件数は婚姻届出時の国籍で数えられる．国籍変更歴や在留資格はわからない．そのため，「韓国・朝鮮」籍者数にはいわゆるニューカマー韓国人が，「日本」には帰化者が含まれ，また事実婚は入らない．なお，韓国・朝鮮籍女性と日本籍男性の婚姻が 1990 年前後に多い要因は未解明である．

3)　ちなみに離婚は，2008 年の場合，夫妻とも韓国・朝鮮籍 343 件，韓国・朝鮮籍女性と日本籍男性 2,648 件，韓国・朝鮮籍男性と日本籍女性 899 件．2005 年以降，双方が韓国籍である夫婦における離婚手続きが煩雑化したためか，韓国・朝鮮籍者同士の離婚が半減している（『イオ』2008 年 9 月号: 27）．

在住朝鮮人の特殊性を,「共同体なきディアスポラ」すなわち「祖国からもホスト社会からも切り離された存在的危機」に求めた (リャン 2005: 171)。国を選択する以前にどこからも見放されているというイメージである。けれども,社会が流動化したと言われる今日の婚姻状況を,果たしてそのような択一の民族とか国家とかいう抽象的上位カテゴリーによって一義的に説明することができるのか。筆者はこうした観点から疑問を投げかけたい。

　本章で紹介するのは,そうした選択の枠組みに収まらない,2組の韓国・朝鮮籍男性と日本籍女性の結婚事例である。この組み合わせは相対的に少なく,また尹が引いた例のように,しばしば男性の政治信条ゆえ悲劇は避けられないものだと語られてきた。しかしこの一見「困難」な組み合わせも,今や韓国・朝鮮籍どうしの結婚の3倍超である。そこで,2事例を分析するにあたり,結婚を通じた親密圏成立の際に彼/彼女が状況をどう判断し,自らの選択をどのように正当化し,共同体をどのように語り,再規定したのかに注目する。

　ここで親密圏とは,齋藤純一に依拠して,「具体的な他者の生への配慮/関心をメディアとする,ある程度持続する関係性」(齋藤 2003: 228)と定義する。これは,長きにわたって関わる意思をもつ重要な他者がいて,その他者との関係があることによって展開する行為の場を想定した概念であり,家族の言い換えではない。当該の親密関係自体を問う以上に,親密圏の他者との関係とそれをとりまくより広い社会関係の形成に関心を向ける概念である。齋藤は,親密圏を,異種混交的で,葛藤やディレンマを免れられないものの,言葉,行為そしてそれへの応答がある関係性と規定し,これに対し,共同体を,共通の目的をもち価値において等質な集団とする。近しい関係は,共同体内の人びととの間においては成立が容易であるだろう。しかし既存の境界(国境,宗教,民族など)を超えて親密圏が成立することにより,脱-領域的な「近さ」が再編される場合がある(齋藤 2003: 230-1)。とすると,新たな関係性が生まれる可能性は,既存の共同体に取り込むか/入れないか,あるいは共同体Aか/共同体Bかという選択の問題ではなくて,人びとが互いにどう折り合うかという調整の問題になる。親密圏が,国家や共同体という単位の覇権とは異なる関係を胚胎するとしたら,その関係性はいかに構成さ

れるのか。言い換えれば，国家共同体を前提にした「ディアスポラ」という在日朝鮮人規定が今日も有効であるのかを，事例に即して考えてみたい[4]。

2 インタビュー調査について

2つの事例は，李洪章氏と共同で近畿地方K市にて実施したインタビュー調査に基づく。2008年冬，在日朝鮮人三世の男性2人にそれぞれインタビューし，2ヵ月後，その妻たちにも合同でのインタビュー協力を得た。日本語による，1回あたり1時間半〜2時間半の半構造化面接である。

2つの結婚事例を取り上げるのは，2人の在日朝鮮人男性の語りの同形性に興味を引かれたからである。興味を覚えたのは，一つに，それぞれが自らの結婚は「特殊」[5]であると強調しながら，現在の夫婦・家族関係に少なからぬ自信を見せたことだ。どのような意味で彼らはその親密圏が「特殊」であると語り，またいかなる論理でその関係性を肯定することができたのだろうか。

もう一つは，同胞コミュニティ[6]の存在感の際立った大きさに対してである。男性たちが描いた同胞コミュニティは，実は同一の朝鮮学校を中心としたものであるが，既存の朝鮮人共同体（リャン 2005: 162）に対して筆者が持っていたイメージとは少なからず違って，つまり原初的な絆によって調和が予定された存在ではなくて，どこか選択的な目標に見えたのだ。

彼らの状況にはもともと共通点が少なくない。年齢が近く，10年以上の

---

[4] リャンは，ある在日朝鮮人の生活史を記述する前段で次のように書いた。「実際のところ，日本在住朝鮮人の今日の状況は，国家や政治共同体への所属という観点からではなく，以下の生活史でも見るように，個人がその中に自分自身を見出すことのできる生活や関係性の形（中略）という観点から理解されるべきであろう」（リャン 2005: 147）。この観点は有益だと考える。しかし，「生活や関係性の形」が見られる場として，韓国や総連はリャンの考察対象になるが，日本や日本社会はほとんど入っていない。現代の「生活や関係性」の分析でも日本を脇に置く方法が今も現実的であるか，筆者は問いたい。

[5] 拙著（橋本 2010）でも韓国・朝鮮籍女性と日本籍男性の結婚，韓国・朝鮮籍男性と日本籍女性の結婚事例を取り上げたが，自らの結婚が「特殊」だとした語り手はいなかった。

[6] 本章においてコミュニティとは，共同体とほぼ同義であるが，共同体というときには成員の同質性を念頭に置いている。

朝鮮学校就学経験があり，現在同じ朝鮮学校の保護者同士で互いに顔見知りである。また日本人である妻が日本国籍のまま夫の姓に氏変更[7]した点も同じである。特定の情報源から同じ影響を受けた結果だろうか。否，2人はそれぞれ実感のこもる自分の言葉で語っていた。したがって，より大きな社会的文脈で生じている同時的変化があるのではないかと思われた。

続く二つの節では，2組の親密圏の物語を順に，日本人配偶者の語りもあわせて読んでいく。記述において，固有名詞は基本的に仮名（敬称略）であり，個人を特定できないようプロフィールを若干加工した。年齢や状況はインタビュー時点のものである。語りを引用する際は次の記号を用いる。

（　）：筆者による補足

・：一つ当たり1秒の間

3　事例1　洪英甫の結婚

洪英甫（ホン・ヨンボ）は，1969年，中国地方生まれの朝鮮籍在日三世。4人きょうだいの末子で，日本名は「大森英甫（おおもり・えいすけ）」。初級部4年のとき両親が離婚し，27歳のとき父親が他界する。朝鮮学校には幼稚園から大学まで就学した。大卒後は，総連の専任として2年間働いた後，日本企業に転職。数年前にサービス業で自ら起業し，現在は韓国の顧客とも取引がある。

妻の大森美沙（おおもり・みさ）は1977年生まれ，同じ県出身の日本人。美沙も4人きょうだいの末子で，両親が離婚している。有資格の専門技術職であるが，インタビュー時点では育休中。

2人は，美沙の実習先に英甫が業者として出入りしていて知り合った。1998年に結婚し，美沙は夫の日本名「大森」に氏変更。2009年2

---

[7]　日本人と外国人のカップルが日本で婚姻届を出すと，日本人のみの新戸籍が編製される（戸籍法第16条3項）。そしてその人が社会生活において著しい支障を来す場合，戸籍の氏を変更することができ，婚姻後6ヶ月以内であれば届出のみと手続きが簡便である（同第107条第2項）。

月現在，朝鮮学校初級部3年生の長男以下3人の子供と夫婦の5人暮らし。英甫の実母が近くに住んでいる。

3-1．洪英甫の親密圏のストーリー

　結婚当時，妻は19歳。若い2人であったが，早くから経済的・精神的に自立していたため，周囲の意見を気にすることなく自分たちで結婚を決めた。「一番の障害」は，結婚後，「嫁さん自体」に生じた。妻はそれまで，朝鮮籍である英甫のことを「ちょっとした外国人」くらいに捉えていたが，あるとき，「朝鮮系の人が怖い」という見方に変わったのだ。

　英甫は，かつては「結婚は間違いなく在日，同胞の女の子って思ってましたね。100％」という。

>　英甫：23，4くらいの時にほんまやったら結婚してる予定やったんですけどね。普通にいったら，普通にそういうような，パターン。日本の人とも付き合わずに，在日の人と結婚してるパターンね。僕らのいつものパターンですね。みんなのパターンやね。

　ところが大学時代，「大恋愛」した恋人の心変わりで関係が「パリンってなって」から，「女性を見る目」がいくらか変わった。「枠のなか」以外の選択肢が浮上したのである。

　日本の会社に勤めるようになってから日本人女性と交際する機会があり，「あー，全然同じなんやなって感覚」を持つようにもなった。とはいえ，その頃は「お遊び」に過ぎなかった。「組織で言うと，在日で言うなかでそれはタブー」だから，つまり日本人とは結婚できないものと思っていたからである。

　妻との結婚実現は，互いの「タイミングがばっちし合った」ことにより説明された。当時30歳目前だった英甫は，「子供のこと考えたら，もうそろそろかなーと思ってた」。一方で妻も，出身家庭の事情を抱えた自分の境遇が「どうしてもちょっとイヤ」になっていたそうだ。「まあ，合うたんかな」

という感じで，出会った翌年，2人は結婚した。

妻は「在日に対する知識がなかった」。そこへ，北朝鮮による日本人拉致事件が発覚した。連日報道に接するうちに，「韓国や思ったのに（英甫が）朝鮮人やったとか」，「ちょっとずつ分かってきた」ようだ。最初の子供が2〜3歳の頃，英甫が「一番つらかった」時期の始まりである。

夫婦関係は，英甫が朝鮮学校に入れるつもりでいた子供を「日本人として育てるか，僕が日本国籍とらへんねんやったら，離婚しようっていう話」にまで発展した。「日本国籍に変えてくれないと一緒に暮らせません」と妻から言われて，英甫は，「子供のために変えようかな」とも思った。「相手の気持ちも分かる」からだ。けれども，それでは「僕の今までの30年間の人生終わったな，と。それくらい重かった」。もし国籍を変えたら，自分の「社会的存在価値はなくなるかなーと（笑）」，そんな気がした。

ここで英甫は思い直す。むしろ妻が「わからないのが怖い」ことである，「死ぬより説得する方がええかなって（笑）」，少しずつ話すことを始めた。

> 英甫：そら日本の悪いとこは言うたらあかんし，本当の，こう客観的に。すごい難しかったんは難しかったんですけど・・こう，バランスを取りながら。嫁さんにどない説明したらいいんか。口先だけやったら絶対納得しおらんので。まあ，マスメディアに踊らされてるってことを最終的には言いたかったんですけどね。偏った報道に関しての本質を教えてるために，すんごい時間かけました。一年くらいかけました。

朝鮮籍者を拉致事件と同一視するのは差別であること。在日朝鮮人の歴史。そして政治的思惑が絡んだマスコミ報道。こうした問題について，英甫が資料を準備して一つひとつ説明していくと，妻は徐々に「本質」を理解していった。最後に，「僕らが（略）民族教育を受けた現場」を見せに行った。妻は，「ここの学校やったら大丈夫」と涙を流して帰ってきたという。

離婚の危機の前後で夫婦関係は「全然違います」，と英甫は断言する。今では子供を朝鮮学校に通わせ，妻も朝鮮語を習っている。「本質を分かった後，学校携わるようになって，（略）僕らの歴史を分かった」。そんな妻を，「とくに珍しいケースやと思いますよ」と評した。

「今の朝鮮学校ちゅーのは，僕らの歴史の集約されてるとこです」。特に保護者の間に朝鮮人・日本人の分け隔てがないという「うちの学校」について，英甫は次のように言う。「たぶん不思議な世界や思いますよ（笑）。でも，一番人らしく共生してるんじゃないですか？」。自治体からの補助金が少なく校庭すらない学校だが，「すごい差別があるなかでも，僕ら，助け合ってやってる」。そこに妻も「率先して」，「僕の嫁さんっていう感じ」で加わり，「僕の先輩後輩」から可愛がられている。英甫が朝鮮学校に願うのは，「民族の心やっちゅーか，コミュニティというか」そうしたものを子供が育むことである。「在日として，一人では生きていけない」。「すくなーい在日の中で，気持ちというか，誇りというか，矜持というかを持って日本の方と接」するためには，そうした気持ちを学ぶ機会，そして仲間の存在が必要である。英甫自身，朝鮮学校やそこでの友達があってこそ今までやってこられたと感じているので，子供にも「そういう生き方もええかなー」と思うのだ。

英甫は朝鮮総連の組織には「今も深い関わりがある」というが，それは「基本的に学校のこと」である。「学校と自分らの生活守るため」，「子供のため」である。「総連のため」に生きているわけではなく，むしろ逆に，「学校守るためにも組織は要る」からだ。「日本の方も，韓国の方も，朝鮮の，北朝鮮の人も仲良くやっていく」ことが課題となる「僕らの時代」に，「学校守るっていう立場」で組織に関わっている。学校に寄付するくらいしかなかった父親と比べて，自らは「より突っ込んで」取り組んでいると捉える。英甫の父親は，日本の学校を出た人であった。成人後に「自分のルーツを気にし出しはって」，我が子には「そういう迷うような人生送らしたくない」と考え，朝鮮学校に入れたそうだ。

国際結婚に対する意見を李が問うと，英甫は「逆パターンはやめてほしい」と答えた。「逆パターン」とは，日本人男性と朝鮮人女性の組み合わせの結婚のことである。先に，日本人との結婚は「タブー」だと表現したが，朝鮮人男性と日本人女性の組み合わせである「僕のようなパターンはあり得る」という。なぜなら，「普通」，名前や戸籍の上で「男性のほうに入る」からだ。

子供を育てるときは，「中途半端にやってたら絶対意見が合わなくなるの

で，(夫婦)どっちかの意見が強い方に染まった方がええ」という考えだ。英甫夫婦の場合，「一回全部ゼロになって(略)そこから作りあげた」関係であり，最終的には妻も英甫の生き方に「共感してくれた」。男性に合わせるのが当然という認識ではないが，「親父がしっかりして」いれば家族はついてくると考えており，「今はもう同じ方向向いてやってると思います」と断言した。子供の名付けはその端的な例である。長男・健明のときは，妻には"健康で明るく"という意味の「健明」，と説明したが，実は朝鮮の習慣に則る命名だった。第二子以降は「アチム(朝)」，「マウム(心)」という朝鮮語の固有語で，英甫が決めてしまった。

英甫が見せてくれた携帯電話の待ち受け画面には，チョゴリ姿の妻を含む家族写真があった。「まあ，ここまで来るにはいろいろな，あれがありましたよね，実際(笑)」という言葉に，私は頷くしかなかった。

3-2．妻・大森美沙がみる夫の「エリア」

次に，洪英甫の妻である大森美沙の語りを通して，この結婚を描き直してみる。

確かに美沙は結婚当時，英甫が「在日だってことを聞いても，(中略)『なんかよくわからへんけど，日本人やん？』ていう感覚」だった。しかしそれは美沙の不勉強のせいとばかりはいえない。美沙にしてみれば，英甫から「ずっとなあなあにされ続けてきた」のである。

例えば国籍のことである。最初の子の出生届をして，長男は美沙の日本戸籍に入った。すると家に送られてくる書類は，美沙が戸籍筆頭者で世帯主であり，英甫は「他一名みたいな形」で記載されていて，まるで家族とは「別の存在みたい」に見えた。これに「すごいショック」を受けた美沙は，「国籍を早く日本に変えてくれ」と英甫に迫った。英甫は，「まあまあ。そのうちに，そのうちに」とかわしていたそうだ。

また氏変更で「大森」にしたときも，英甫は「遠巻きに見てるだけ」で何も言わなかった。美沙はただ，「結婚した証」として夫の名字に変わることを第一義としており，深く考えていなかった。当時は「だんなさんが朝鮮籍

第7章　民族間結婚による「近さ」の再編

だなんて見てなかった」くらいなのだ。ただ,「洪」姓になることに抵抗があったことは自ら認めて,「そう思ってしまうとは,差別意識強かったんですよね」という。

離婚話にまで進んだとき,英甫から差別性を指摘されたのを機に,美沙は在日朝鮮人の歴史的背景などについて勉強を始めた。理解が進むにつれ,「主人の生き方が尊敬できるようになっていった」。尊敬できる生き方とは,例えば,「自分だけのため」ではなくて「常に在日朝鮮人のためになることしたいって言ってる」ような,「在日朝鮮人としての意識」の高さである。

一方で美沙は,日本人と結婚したことを英甫が「身内」の前では表にしたがらないのを見て取っている。例えば,結婚式をしない代わりに結婚報告のはがきを作ったときのことである。美沙は英甫の送る分を手渡して,自分の送る分だけ発送した。しばらく後になって,発送されないままのはがきの束を車の座席の下から見つけてしまう。英甫は「友達にも」送っていなかったのだ。また,美沙を紹介するとき,「日本人や・け・ど」という言葉を英甫は「いまだに」添える。

「本人は気がついてないんです,それが失礼だということ(笑)」と言いながら,美沙は,それでも「いいかなあ」と思っているという。

> 橋本:「いいかな」っていうのは,「そんな気持ちも理解してあげなくちゃ」って?
> 美沙:私を,日本人として認めてもらいたいっていうのがなくなったんですよ。前は,「私,日本人やから!」ていうのがすごくあったんですけど,今は日本人としてよりも,奥さんとしてとか母親としてとか,まあ,仕事してる一人の社会人としてとか。そういうところとしては認めてくれてるんですね。もう一つは,朝鮮人の妻としてとか,社会の中でうまく生きてるってことを。それはそれでいいかなって,変わっていきましたね。
> (略)
> 家庭の中とか身内の中とかで,うまく生きていく術っていうのを,身につけてしまったんですね。それはそれで,私は自分が無視されたとは思ってない。

許容できる理由は，一つに，自分が日本人である事実を殊更に主張する必要はないと思うからである。日本人だと自分さえ認識していればよく，それが認められないと自分の「価値がない」とは考えなくなった。「なに人」であるかは，家庭の中で仲良くやっていく上で問題ではない。もう一つは，「主人の生きていくエリアを奪」わずに済むことだ。英甫は，子供を朝鮮学校に通わせ周囲ともうまくつき合える「朝鮮人の妻」としてなら，堂々と美沙を紹介するのだ。もし子供を日本学校に入れていたら，英甫は「朝鮮のコミュニティ」に入れなかったかもしれない。美沙自身もその「エリア」で生きることを決めた。

　聞き手の私＝筆者には，一方的に夫に合わせていては不公平に感じるのではないかと思われたが，そうでもないようだ。第一に，美沙いわく，「（夫に）合わしてるっていうんじゃなくて，認めてるっていう（略）感覚でいます」。「子供の育て方とか，そういう考えをすごくしっかり持っている人なので，主人が思っているように子供を育てていくことがいいだろうと，私も思ってる」。こうした美沙の言葉は，英甫の言う，家族が「思い入れの強い方」に染まって「同じ方向」へと進むという見込みと，「嫁さんの場合はそれを認めたんちゃいますか」という観察とを裏付けるように見える。ただし，美沙には家庭以外に職業生活の場もあり，美沙の「方向」は単線的ではない。

　第二に，美沙も，「朝鮮の人たちと一緒に過ごす」現在を，「イヤじゃなくて，すごく安定感があって，過ごしやすい状況」だと捉えている。初めて朝鮮学校を見に行ったとき，「一生懸命守っているっていうようなひたむきさ」のある「こういう世界がある」のを知って感動した。さらに，「日本の嫁が来るのはあまり好まれてはいない」現実はあるが，女性が婚家の「家風に融け込んでいくしかない」と考えており，今ではむしろ，周りから「在日朝鮮人に見られる方が楽」だという。

　とはいえ，これまで「私ばっかり考えてるような気がするんですよね（笑）」。美沙はずいぶん勉強もしたし葛藤して苦しんでもきた。「でもそれで自分が成長できたと思います」。「認めてる」とか「過ごしやすい」という認識は，「成長」によってつかんだ，生きる方法論でもあるのだろう。

3-3. 小括：エスニック序列とジェンダー秩序の多義性

　英甫が「特殊」だと形容するポイントは，一つに，朝鮮人同士という「僕ら」の「普通」の「パターン」からは外れる結婚であることだ。しかし，同胞同士でも大学時代の恋愛のように破局することがあるし，民族間結婚には「もっとタブー」の性別組み合わせもある。だから，同胞共同体においても許容範囲内と位置づけられる。いま一つは，「僕ら」の共同体の意義を理解するに至った妻への再評価である。「特殊」とか「珍しい」という言葉には，「一番人らしく共生してる」朝鮮学校の正当性および，それがわかる日本人妻がいることに対する自負がうかがえる。逆にいえば，従来それらはなかなか理解を得にくい事柄であった。

　他方，美沙にしてみればどうだろう。美沙が思うところの英甫における「日本人やけど，朝鮮の社会でうまく生きてる妻」像は，在日朝鮮人中心的な役割モデルである。美沙も今では周囲から自分が「在日朝鮮人に見られる方が楽」だというが，これはさらに夫＝男性中心的秩序への適応に見えなくもない。

　ただし，夫の「エリア」を尊重することに，美沙は納得ずくである。子育ては英甫の考えるやり方でよいと判断したし，夫のために必要な譲歩だと理解している。そして美沙には職業生活でも自らの領域があり，夫に全面委譲したわけではない。また氏変更は，美沙が夫の姓に合わせたと同時に，日本の夫婦同姓習慣に従った行為でもある。ジェンダー秩序と主流社会方式の無意識的な複合ではあるが，単純に夫優位とも朝鮮的価値への同化ともいうことはできない。

　もう一つ留意したいのは，英甫が帰属対象とする共同体が，子供の「民族の心」ないし「コミュニティ」を育む機能的な「うちの学校」に特化されていることだ。英甫が積極的に評価するのは，自身も経験した朝鮮学校を中心とする関係性であり，美沙が認めたのもまさにそのようなコミュニティだった。

第Ⅱ部　民族的共同性生成の現場 —— 日本社会から

4　事例2　具守連の結婚

> 具守連（グ・スリョン）は1964年，サービス業を営む在日二世の両親の下に生まれた一人っ子。近畿出身で，幼い頃は父方の祖父母をはじめとする親族と一緒に住んでいた。家族は韓国籍に変えたが守連のみ朝鮮籍のまま。高校まで朝鮮学校に学んだ後，日本の私立大学に進み，卒業後は専門学校にも通った。日本企業勤務を経て28歳で家業に入り，後継。なお母方の祖母は日本人である。
>
> 妻の具優子（ぐ・ゆうこ）も近畿出身で同じ年。日本人。両親と兄が教員という教員一家に育ち，優子も音楽講師の経験がある。結婚後は専業主婦。
>
> 大学の同級生だった2人は1992年，28歳のとき結婚。子供が生まれる前に優子が夫の民族名に氏変更したため，家族揃って「具」姓。朝鮮初級学校4年生を筆頭に3人の子供がいる，5人家族。

4-1．具守連の親密圏のストーリー

　日本の大学に入って，「心境の変化，あった。思いっきりあった」と守連は強調した。地元の朝鮮学校から日本の大学に進む人は多くなかったものの，叔母などの前例はあった。不安は全くなく，むしろ「わくわくし」ながら民族名で通い始めると，物珍しげに寄ってくる日本人と話す機会が増え，「朝鮮代表」のような状況ができてきた。ところが当の守連は，親が入れた朝鮮学校に「当たり前」に通っていただけなので，「中途半端な知識」しか持たない。「せっかく話せなあかんやったら，もう1回ちゃんと勉強せなあかん（笑）」と思ったことが，変化のきっかけとなった。

　幸いにも守連の周りには，在日朝鮮人の近現代史を体現するような経験を話してくれたり，守連の問題関心に応えて資料を送ってくれたりする親族が何人もいた。また，「自分が付き合ってる人が日本人」であることが，当時

一生懸命に勉強をして話もする原動力になっていた。

　彼女との恋愛は，入学式直前の出会いから，ドラマチックに始まった。それまで守連には，日本人との結婚は「ありえへん」という，朝鮮学校の同級生たちと共有する感覚があったので，「出会って恋愛してしまったから，それはけっこう悩みました」という。けれども交際の過程で違和感を覚えることがなかったのは，守連自身，「日本で生まれて育った」からである。「ただやっぱり」，自分が朝鮮人であることに関する話は，「もう，すごくたくさんしましたね」。彼女もまた，「何も知らない人の一人」だったのだ。

　結婚は，知り合ってから10年後である。

　　守連：結婚するのにそれだけかかったのは，やっぱり，相手が日本人だということで悩んだ部分と，・・・まあ実際，そこに到達するのに時間とエネルギーを要した，ということですね。一言でいえば。

　まず，ハラボジすなわち父方の祖父が「当時は絶対許してくれなかった」。守連はハラボジから見れば長男の長男でありかつ結婚第一号（孫のうちで？）である。ハラボジだけでなく親族を説得することはできないだろうと悲観したとき結婚をあきらめて別れたが，二人は紆余曲折を経て交際を再開する。

　いよいよ覚悟を決めて身内に打ち明けると，案外「なんでもなかった（笑）」。「ハラボジ説得するの大変やな」と同情されさえした。ただ当のハラボジは，とうとう結婚式にも出席してくれなかった。「感情が解けてない」一世のハラボジに対して，守連は「ほんと申し訳ない」気持ちだった。そして，今回自分は日本人と結婚するけれども，他の人を積極的に応援するには「まだまだ時期尚早や」と思ったという。

　　守連：「俺は例外だ」って（笑）。
　　李　：（笑）
　　守連：「その代わり，自分の奥さんに，そういうハラボジの気持ちを奥さんにちゃんとわかってもらえるようにね，きちんと話しよう」って思って。
　　橋本：ああ，ええ。
　　守連：「俺はそうやってできるから，俺はええんや」（笑）って勝手に言い聞かして。

意を決して報告した相手として，「身内」に次いで守連が挙げたのは，「僕の友達」である。これは私にはやや意外であった。日本人との結婚はありえないという感覚を共有してきた友達がどう思うかが気懸かりだったそうだが，みんな「まあ，祝ってくれた」という。
　一方，彼女側の家族の反対は一切なかった。いつか義父が酒を飲みながら「正直，最初は躊躇した」と語ったことも，正直な気持ちを話してくれたものと守連は理解した。
　ただ，彼女との「ギャップを埋める」作業はなかなか「たいへん」だった。彼女には差別的なところがなく人の話を聞く耳もあるのだが，何年も付き合っているとはいえ，もともと「同じ感覚」を共有する人ではない。「今までそういうのなんも知らなかった人にとっては，あまりにも。なんと言ったらいいのかな，ギャップのある話なんですよね」。例えば，「それやったら，なんで国に帰らへんの？」と聞かれたことがある。

　　橋本：そのとき具さんは根気よく（説明したんですか）？
　　守連：だから大変ですね，たいへん。矛盾も大きいし。気持ちも抑えながら。そのとき思ったのはね。この人，明らかに自分の方，向いてくれてるわけでしょ。人の話を聞こうということでこっち向いててくれている人ですら，伝えるのが難しい。だから，「日本に住んでて，日本の人向けにここまで話するのって，ほんとにたいへんなことなんだなあ」っていうのは，ほんと，実感しました。

　結婚後，妻は「具」になって他人から朝鮮人と思われるという「疑似体験」を経て，「だいぶ変わった」。また，子供が朝鮮学校に通うようになってからはオモニ会（オモニは韓国・朝鮮語で母親のこと）[8] 活動にも積極的に参加している。守連のおばたちとも「すぐに打ち解けて，一緒になってヨメして」おり，「在日の家だから苦労する部分」は特になさそうに見える。そうした子供たちや妻の姿を見て，かつて結婚に反対したハラボジも，「よくやった」

---

[8]　オモニ会は各朝鮮学校で組織されている。西東京第一朝鮮初中級学校の場合，オモニ会はオモニが全員参加であるのに対して，アボジ（父親）は一部参加だったが，「子どものことは母親任せ」という性別分業の見直しがあり，2000年前後に「保護者の会」，「アボジ会」が新設された（ウリハッキョをつづる会 2001）。

第7章　民族間結婚による「近さ」の再編

と言ってくれた。

　日本人との結婚について自分なりに考えてきた守連は，今でも「時期尚早」という一般的意見をもつ。それでも「俺は例外だ」と自身を肯定できるのは，上述のような努力をし，その成果が出たからだ。また，朝鮮学校保護者にほかにも日本人がいるのを見て，「こういう関わりができる人だったらいいかな」と思うようにもなった。「日本のお母さん」でも，子供を朝鮮学校に行かせてあげるような「やっぱりそういう気持ちが大切」だという。

　子供を育てていく今後の展望として，守連は次のように語った。「民族心」をしっかり身につけることは在日朝鮮人の子供にとって「幸せ」である。「民族心」は，「日本で生きていく上で欠かせない」。それは日本が，在日朝鮮人が自らを卑下して親を恨むことさえある，「そう思わすような環境社会」だからである。守連は朝鮮学校を「温室」に例えて力説した。「守られた環境」が子供には必要であり，自分がそうだったように，高校段階まで朝鮮学校で心身を鍛えてから外に出れば，どんな環境でも生きていける，と。子供には，「朝鮮人として生きていかなくてはならん，日本人と仲良くしながら」と言うしかないという。

　インタビュー終盤で，妻との意見調整や関係形成の仕方について尋ねてみた。これまで守連の方針通りにきたようであるが，日本人である妻が本当に同意見なのか気になったからである。守連はそれについて，「あまり考えたことはなかった」，「安心してるというか。同じ方向を向いてるんで」と答えた。妻の氏変更は，生まれてくる子供が妻の日本戸籍に入ることを見越してのこと[9]だったが，提案したのは自分であったか妻であったか覚えていない。「二人とも同じ方向向いてた」と思うからである。妻が具姓になるもう一つの方法に，日本国籍を離脱して朝鮮籍をとらせるという選択肢もあったが，「やっぱ，今後情勢がどうなるかわからないっていう（妻の）不安」を察して，それは選ばなかった。また守連は普段から，「譲ってあげられるとこ

---

9) 日本の国籍法が1985年に父母両系主義となってからは，親の一方が日本人である場合，子供は日本国籍扱いとなり，日本人親の戸籍に入り，その氏を受け継ぐ。国籍にも姓にも自分の痕跡がなくなることに対し，「それではあまりにも」と守連はいたたまれず，せめて名字は同じになるよう工夫したのである。

ろは譲ってあげよう」と心がけている。たとえば子供の命名では，長女には自分が決めていた名前をつけたが，2番目と3番目の子は妻に任せたそうだ。

4-2. 妻・具優子の関わり方

　今度は，守連の妻である具優子が語った自身の関わり方を見ていく。概して，優子の語りは守連の話と軌を一にする。「同じ方向」という守連の認識は，決して独りよがりではないようだ。
　具夫妻の結婚式では，二人を代表して，守連が次のように宣言したという。

　　優子：「共存。二人が一緒になることが」，えーと，吸い込まれること，なんだっけ。
　　橋本：同化？
　　優子：「同化するんじゃなくて」。こっち（夫）に私が吸収されてしまうこと，同化するんじゃなくて，共存をやっていかんと。「同化するために結婚するんじゃない」と。「お互いの立場を認めた上で共存していくために一緒になる」っていうことを言ったんですよ，結婚式で。

　ここでのキーワードは「共存」である。例えば結婚披露宴の内容は，優子が「日本人てことで配慮」されたものとなり，優子の親族は和服で臨席した。ただ花嫁衣裳については，守連から遠回しに促されて優子は着物着用を控え，お色直しにはチョゴリを着た。
　優子は守連のハラボジから，「ここはみんな朝鮮人や。だからお前も朝鮮人になれ。国籍変えろ」と言われたことがある。しかし「国籍変える意味がないと思って」，変えなかった。「血が変わるわけでもないし，意識が変わるわけでもないし。日本に住んで日本に生まれてやってるんで。私が今，朝鮮人になったところで朝鮮人にはなり切れへんし。そうすることがあの人たちを称えるってこと（になると）は何も思えへんし。それはあえてしなかってね」。このときは，「ハラボジを安心させるため」，「（優子は国籍を）もう変えてます」と義父が嘘をついてしのいでくれた。

旧姓の「小松」から日本人らしからぬ「具」姓[10]になった後，優子は周囲から自分が「韓国人とか朝鮮人と思われるようになること自体に抵抗はあった」という。そのため，初対面の人には「私は『具』だけど日本人なのよ」と説明することにしている。いちいち言うことは「しんどい」が，自分の状況をわかってもらえないことが「なんかイヤ」なのだ。優子は自分は日本人だと意識的に表明するというやり方で，「共存」を実践する。

　これに対し，「嫁」の立場では，夫の親族の流儀に努めて合わせている。優子の記憶では，具姓に「変えてくれ」と優子に言ってきたのは守連である。けれども優子自身，「結婚したから，それは合わせたほうがいいかな」と思って受け入れた。

　国際結婚の「葛藤」という言葉が出たとき，私はこれに飛びついて，葛藤とはどんなことかと突っ込んだ。優子が挙げたのは，「日本人の嫁」ゆえ朝鮮の言語や習慣に疎いがために，「長男の嫁」でありながら「自分がちゃんとできない」という状況である。もっとも，優子の事情は「周り」も承知しており，「この嫁はあかん」と切り捨てられることはない。優子も，「できないものはできない」と割り切って，「無理はしない」範囲で済ませる。日本人であることが致命的になっている状況ではなさそうだ。

　優子は，美沙や自分は「特殊」だと語った。「日本人でありながら，これだけ理解して自分（在日朝鮮人夫）の方に沿うようにしてるっていうのは，まず珍しい」。そして，子供を「ウリハッキョ（朝鮮学校）」に入れたがらない他の日本人妻の例を挙げ，「ほんとに国際結婚の意味をわかってちゃんと理解できる嫁がいたら，それは何の問題もないんだけど。普通は，大半はそうじゃないから，難しいっていうか（日本人との結婚が）反対されるのはしょうがない」という。相手の境遇を「ちゃんと理解できる嫁」を優子が自任することと，祭祀などの行事で「ちゃんとできない」自分をもどかしく思うことは，「日本人」であると同時に「（朝鮮人の）嫁」であるという自覚の下で，

---

10) 同姓不婚という朝鮮の慣習を，具夫妻は気にしなかったようだ。一方大森美沙は，夫婦同姓になるので今後も洪姓に変える考えはないと語った。ただし朝鮮学校では，自らの通称として英甫の「洪」姓を採用し，「洪美沙」を名乗る。朝鮮学校の保護者たちもこうした変種には柔軟に対応しているらしく，「『日本人やしこうなってんねん，ああそうか』で納得しはる」という（美沙談）。

両立するのだ。

　他方，一族の「嫁」役割と区別された，夫婦と子供だけの生活においては，優子には何ら問題がない。朝鮮学校のオモニ会活動においても，朝鮮語の話がわからないときは歯がゆいが，日本人であることが障害だとは捉えず，むしろ，「日本人だから言えること」もあると考える。例えば保護者たちが市の行政当局に交渉に行く前の話し合いの場において，自らの日本学校での経験（プールや体育館やパソコン室の整備状況など）を比較のための参考情報として提供し，自身を証言者として活用するのである（この具体例は美沙談）。

　守連の構想通り，子供は朝鮮学校に入り，優子は何も知らないまま学校保護者組織の一員となった。そこでは，「みんな知り合いみたいな感じ」の中に夫を介して「けっこうすぐに入っていけ」て，オモニ会の役員まで務めたそうだ。「他のお母さんより積極的」に活動する優子の話をしたときの守連の，「人間ってすごいな」，「こういう役割果たせるんだなあ」という感慨深げな語りと重なった。

4-3．小括：「同じ方向」への合流によってできた親密圏

　守連は，自らの民族間結婚は「例外」的に許容されると位置づけ，優子も，自分のように理解ある日本人妻は「特殊」だと表現した。この特殊性は二人の関係を形容する。つまり，「ギャップ」を埋める努力を交際中から重ねてきた到達点であり，さらに，「例外」的親密圏の正当性の在日朝鮮人共同体に向けた説明になっている。これらは英甫・美沙夫妻と通じるところである。

　具夫妻の結婚は異質な者同士の「共存」と定式化された。日本人要素は朝鮮人要素と同等に表出され，エスニック関係が水平的である点は，先の事例とは対照的に見える。優子の話を聞いていた美沙自身，「うちの主人は，共存とか，全くないと思う」と言った。一方で，守連の親族内で性役割遂行を求められる場においては，「嫁」として優子は従っており，場面ごとのジェンダー秩序に順応している。姓や花嫁衣装の選択の場面で守連の促しがあったときは朝鮮人要素を優先したと推察されるが，そのときも優子は日本人要

素の否定とは捉えず，嫁なので婚家に「合わせた」という感覚のようだ。優子が「何の問題もない」というのは，「共存」関係が少なくとも核家族においては確保されているからだろう。

「日本（の学校）との違い」（優子談）について発言する行為など，朝鮮学校で優子が果たしている「役割」（守連の表現）は，朝鮮学校を守ろうとする在日朝鮮人共同体の現実に適合的である。守連は，子供たちが日本で生きていくにも朝鮮のことを学ぶ必要はあると認識し，優子もまた，子供たちのために朝鮮学校で率先して行動する。そして 2 人は「同じ方向」に合流し，安定的な親密圏を築いてきたようだ。

5 共同体を横断する親密圏

日本人女性と結婚した在日朝鮮人男性 2 人の親密圏構成を見てきた。両事例の親密圏形成において共通する部分は確かにある。

「珍しいケース」，「例外」といった自らの結婚に対する特殊性認識。これは単に量的に少ないことを意味するのではない。在日朝鮮人の共同体でタブー視され，かつては彼ら自身にも考えられなかった民族間結婚であるが，積極的な意味付与がうかがえるのだ。この積極性は，上で見てきたような個人的努力と成果があることと，日本への婚姻的同化（李 2010: 52-3）を伴わないこと，したがって共同体に対して自分の結婚は脅威ではないという，在日朝鮮人共同体成員としての立場を証明できるからである。

彼らは，日本人妻との親密圏と同胞共同体とをどう折り合わせたのか。第一には，彼らにとって重要な社会生活の場であるその共同体を親密圏に明確に埋め込んだことがある。その場合，共同体は，「民族」とか「朝鮮」というやや抽象的な準拠枠よりも新規成員にとっつきやすい，近しい具体的他者（身内・学校・友達[11]）たちから成る実体的関係である。それは長きにわたって自分や子供に「守られた環境」を提供してきた。妻の参加同意を得たこと

---

11) 「友達」に関連する話として，英甫が高等教育の進路として朝大を選んだとき，寄宿舎以来のつきあいである「幼馴染の奴ら」との関係継続を重視していたことも補足しておく。

で，それを家族の「方向性」に採用できた。

　第二のやり方は，「同じ方向」の先にある目標がいくぶん限定的なこと，端的にいえば，"子供を朝鮮人として育てる"ことである。朝鮮籍は保持しても民族組織や北朝鮮との関わりは部分的にとどめており，目標の射程をナショナルな枠に収斂させない。日本で生きていくことは暗黙の前提であり[12]，韓国に対しても，原初的ゆかりの地として関心を表明する。こうした方向性は，矜持をもって日本人と接する（英甫）とか，朝鮮人として日本人と仲良く生きる（守連）という構えをもたらし，日本人妻を否定しない。この点は，ネイションに対する「下からの」アイデンティティを指摘する本書第5章の李論文や，「在日朝鮮人」認識が経験や活動を通じて構築されるという前章の孫・片田論文と通底する。

　第二点と関わって第三に，在日朝鮮人共同体と家庭生活との区別がある。妻たちは，夫側親族との付き合いや朝鮮学校の活動では，その伝統や既存の人間関係を尊重しつつ他のメンバーにならって協力する。ただし，夫婦と子供との親密圏外の人びととの関わりはあくまで生活の一部であり，だから全面的な負担ではないのだ。

　第四に，日本人妻たちが在日朝鮮人共同体において位置取りする上で一役買っているのが，ジェンダー分業である。法的には必要ないにもかかわらず妻たちは夫の姓に変え[13]，「嫁」・「オモニ」役割を通じて共同体の構成員としてふるまう。共同体側も，そうした役割を分け持つ一員として柔軟に迎えているらしい[14]。在日一世の男性と結婚した日本女性は「朝鮮の人」に見えると英甫は話したが，2人の妻たちはどうだろう。必ずしも朝鮮的価値に同化しないまま「朝鮮人の妻」役を引き受けているとしたら，共同体の共通目

---

12) 国籍についても同じことが言える。英甫も守連も，妻の朝鮮籍取得という選択肢は取らなかった。「必要ない」あるいは「情勢」に対する妻の不安への配慮という理由から，日本国籍保持を勧めた。

13) 外国人と婚姻した者の氏変更の簡易化は，内外人平等，国際化の流れに沿って行われた1984年の戸籍法改正以降である（手塚2005: 147）。外国人男性配偶者に合わせる男性中心的な選択肢は，内外人平等の意図せぬ副産物だろう。

14) オモニ会に関して言えば，優子が日本人オモニとして先に参加していたことで，後続した美沙が受け入れられやすい体制が準備されたという影響関係も考えられる。この見解は李洪章氏の指摘による。

標に参画する中で，エスニックな同質性が前提であったコミュニティに小さな固有の変化をもたらしていくことが推察される。

　英甫も守連もそれぞれに大きな困難を乗り越えたが，その後は当初思っていた以上に日本人妻との親密圏と同胞共同体は両立させやすかったのではないだろうか。まず日本で生まれ育った者同士，恋愛するのに違和感はなかった。その後も話し合い，「子供ら」ないし「自分らの生活を守る」という課題追求の方向性を確認する過程で，夫婦の相互承認はより具体的で深いものになった。2つの結婚事例から，在日朝鮮人が日本で生きる足場を提供してきた共同体の機能を，日本人妻が損なうとは言えないだろう。英甫は「僕ら」という表現を何度か口にした。その場合，多くは同世代の朝鮮学校卒業生集団を指していたが，「僕らの時代」と現在や未来を語った文脈では，「僕ら」に妻をも含んでいたようで，興味深い。

　エスニックな異質性を抱えながら方向性を共にする近しい社会関係が新たに形成されるとき，コミュニティが維持できているとしたら，そこは，二者択一的な「民族」的生き方を求め，あるいはホスト社会そして祖国に規定された運命的なディアスポラ共同体とは異なる，生成的な場ではないだろうか。次章の山本論文がいう，国家に対する「対抗的な共同性の力の可能性」の内容が注目される。また一方で，日本人配偶者の存在が直ちに既存のコミュニティにおける価値や秩序を変えることにはならない。今のところ本章の日本人妻たちは，矛盾も孕んだ共同体規範を括弧に括って飲み込んでいるのだ。民族間結婚を，「特殊」事例と括るだけでなく，広い文脈において，長期的スパンで見ていく必要がある。

6　おわりに

　本章では成就した結婚事例二つを見てきたが，民族間結婚は今でも容易とは言えないのかもしれない。一度「死んだ」と語った英甫の傷の深さは，想像してあまりある。孫の日本人嫁に対して「朝鮮人になれ」と言わせた，守連の祖父の歴史感情も解けてはいない。セクシズムも否めない。在日朝鮮人

コミュニティに生きる親密圏の人びとの調整作業は、個人レベルで行うささやかなものである。ただ、その調整作業が基本的に闘争的ではないことには注意を喚起したい。共同体の代表同士の衝突ではなく、幸せになろうとして、ともに生きる意志 (橋本 2010: 91) をもつ個人同士の関係形成のための模索なのだから。

家族は愛のイデオロギーと抑圧と不自由の場になりうる。それでも親密圏は、自尊心を保持させることで個人に抵抗の力を供給する (岡野, 加藤 2010: 6) 点で、新しい行為の場になりうる。

最後に、夫の示す「方向」でばかり生きるのではない日本人妻たちの「おもしろい話」を紹介しよう。インタビュー終盤で、具優子が冗談まじりに教えてくれた。「よりにもよって」、具夫妻の子供の一人の誕生日は日本の皇太子と同じ月日で、洪・大森夫妻の末子は天皇誕生日生まれだそうだ。出産日、英甫は美沙に「今日は産まんといてくれ」と言ったが、まさにその日生まれてしまった。とりたてて皇室ファンというふうでもない優子であるが、「これは、日本人妻の抵抗かなと思って」とまとめ、一同の笑いを誘った。

付 記

本章執筆にあたり、インタビューに協力してくださった洪・大森ご夫妻、具ご夫妻、およびシンポジウムやワークショップにおいて有益なコメントをくださった日韓のメンバーに、感謝申し上げます。

●参考文献●

橋本みゆき 2010『在日韓国・朝鮮人の親密圏 —— 配偶者選択のストーリーから読む〈民族〉の現在』社会評論社。

李洪章 2010「総連系在日朝鮮人男性の『国際結婚』——『民族性の固守・継承』と『家族戦略』の視角から」『GCOE ワーキングペーパー次世代研究 13 在日朝鮮人社会における親密圏と公共圏の変容』、45-54 頁。

森田芳夫 1996『数字が語る在日韓国・朝鮮人の歴史』明石書店。

岡野八代, 加藤秀一 2010「対論 新しい『親密圏』を求めて」岡野八代編『自由への問い 7 家族 —— 新しい「親密圏」を求めて』岩波書店、1-25 頁。

リャン, ソニア著 / 中西恭子訳 2005『コリアン・ディアスポラ —— 在日朝鮮人とア

イデンティティ』明石書店。
齋藤純一 2003「親密圏と安全性の政治」齋藤純一編『親密圏のポリティクス』ナカニシヤ出版，211-36頁。
手塚和彰 2005『外国人と法（第3版）』有斐閣。
ウリハッキョをつづる会 2001『朝鮮学校ってどんなとこ？』社会評論社。
尹健次 2001『「在日」を考える』平凡社。
朝鮮新報社『イオ』。

第8章 在日朝鮮人の居住と共同性
「不法占拠」という地平からの一考察

山本崇記

1 「不法占拠」/スクオッティングの間

　廃墟となったマンションや公有地に住みこみ，自律的な生活・運動空間を形成することが，公権力によって独占された公共性を民衆の側に取り戻す実践（スクオッティング）として，取り上げられることがある。特に，都市部における（再）開発のサイクルが早まり，グローバル化による資本投下と逃避により廃れていく場を，居住空間として再生する実践は，「非合法」でもあることが多く，権力との緊張関係が鋭く生じる。その際に言明される"reclaim the streets"というスローガンが世界的な共振を示し，日本でも「称揚」する議論がある（毛利 2009）。しかし，日本社会から排除されてきた在日朝鮮人が形成する「不法占拠地域」に，公共性を取り戻すという積極的な実践性を見出すことは難しい（山本 2013）。

　本章で取り上げる在日朝鮮人の「不法占拠」は，その多くが公有地であることが多い。あるいは，河川敷や軍事施設等，人の住むのには適さない場所に住まざるを得ないという状況が強いた「不法占拠」という性格を持っているといった方が正確かもしれない。本章の目的は，民族的マイノリティのなかでも極めて不安定な環境（「不法占拠」）のなかに居住することで形成される共同性の社会学的な意味を明らかにすることにある。特に，法的な作為／不作為のなかで立ち上がってくる居住空間の意味を，近年，盛んとなっている

公共圏 / 親密圏の再編成といった視点や（金菱 2008 など），民族的マイノリティをディアスポラとして位置付ける視点ではなく，権力（国家 / 自主管理）と共同性（コミュニティ）をめぐる議論へと繋げて分析していきたい[1]。それを通じて，在日朝鮮人などの民族的マイノリティが地域社会のなかで居住し，集合行為を立ち上げていく可能性を探りたい。

2　居住と共同性へのアプローチ

2-1.　歴史診断の誤り

　ハーバーマス（J. Habermas）が，『公共性の構造転換』第二版序文のなかで「ブルジョワ社会」（bürgerlichen Gesellschaft）を「市民社会」（zivil Gesellshaft）と修正したことは有名である。その背景には，「新しい社会運動」（New Social Movement, NSM）の存在があった。その象徴的記号となっているのが「1968」である。日本でも同様の議論が存在する（小熊 2009a, 2009b など）。しかし，日本においては，公害問題を中心に，1963 年の地方自治体選挙から始まる第二期革新自治体の成立を支えた住民運動が，行政権力が押し付ける国策の正当性を担保していた公共性を批判の対象としたという経過がある。それは，革新自治体も例外ではなく，横浜市の飛鳥田一雄市長時代（1963-1979 年），新貨物線敷設計画に対する反対運動のなかで示されたように，官製の公共性に抗する「地域エゴイズム」（「住民エゴ」）の徹底があった（道場 2002）。

　このような問題意識と実践は，横浜だけでなく，水俣，三里塚などの住民運動にもみられる。そして，「市民的公共性」と相容れないものとして「地

---

[1] 例えば，水俣病を論じている栗原彬は，「私的な親密圏を公的な親密圏に拡げていき，そのネットワークを基盤に新しい公共圏を構築」（栗原 2005: 187）するためには，「声や身振りに共鳴するもうひとつの身体が必要です。新しい公的な親密圏を立ち上げ，同じ受難者（マイノリティ）同士のネットワークをつくり，さらに異なる受難者の連携をつくる」必要があると指摘する（栗原 2005: 192）。私的 / 公的を媒介するのが親密性であることを考えると，「公共圏 / 親密圏」と措定することに，研究上の積極的な意義は見いだせない。このような媒介的発想は，齋藤（2000）にもみられる。

域エゴイズム」は非難されてきた（山本2006）。水俣（出身は天草）の一介の「主婦」であった石牟礼道子は，水俣病をもたらした近代市民社会の陰画として，水俣-天草地方の共同性を，「死民」と表現した。そこには，オルタナティブではない，公共性の否定が存在した。その一連の流れは「思想の科学研究会」による『共同研究集団――サークルの戦後思想史』（平凡社，1976年）で再確認され，集団の意味を掘り下げるため，村的なものに「下降」することを指向した谷川雁の運動論とも共振しながら（谷川1976），上向きのネットワーキングを指向する当時の市民運動や市民政治論とは距離を置く実践でもあった。

　ハーバーマスが想定するような歴史的遡及点としての「1968」（NSM）には収斂しない文脈があることを視野に入れる必要がある。特に，革命運動や政党政治に独占されてきた「政治的なるもの」（the political）を取り戻す実践は，時空間としても大きな拡がりを持つ。確かに，差別という社会問題を経由して，公共性議論を活性化させたのはマイノリティの社会運動である。それらの運動に画期があるとするならば，反公害運動（水俣病問題）――厚生省占拠・チッソ株主総会糾弾闘争（1970年），部落解放運動――狭山裁判浦和地裁占拠闘争（1969年），障害者解放運動――青い芝神奈川県連合会「母親の障害児殺しに厳正裁判要求」（1970年），女性解放運動――国際反戦デー女性団体デモ（1970年），在日朝鮮人運動――日立就職差別裁判闘争（1970年）など，「1968」周辺の歴史を想起することができる。

　しかし，視野を拡げ，沖縄における教公二法阻止闘争（1967年）やコザ暴動（1970年），寄せ場における山谷暴動（1960年），釜ヶ崎暴動（1961年），さらに，セクシュアル・マイノリティの運動における，動くゲイとレズビアンの会（OCCUR）による「府中青年の家裁判」（1991年）などを想起すれば，「1968」の意味は容易に相対化され得る。ハンセン病（元）患者のらい予防法廃止運動，HIV感染被害に関する薬害訴訟なども含めれば，多様なマイノリティによる社会運動に「新しさ」としての画期を共時的に見出すことはできない。

　ハーバーマスは，ドイツだけではなく，朝鮮半島にもその「新しさ」を見出そうとした。ハーバーマスは，1996年にソウル大学で講演し，朝鮮半島

統一とドイツ統一の教訓を重ね，次のように論じた．

> 国家統一という目標との関わりでは，進歩的民主化には「二重の」利点があります．言い換えれば，民主化は北の同胞にとって，より魅力的な生活状態を作り出す一方，韓国においては，リベラルな社会モデルが統一過程の精神的経済的緊張を耐えうるくらい，まず結束力を強めます．韓国では，幸運なことに，シビル社会に生気を吹き込んだ民主勢力は……再統一を進める民族勢力でもあります．……本質的には，進歩派は国家統一という政治的目標を市民的自由の実現という理想と固く結びつけるべきであるというものです．そうした包括性だけが，必要なら国家統一のために政治的自由を犠牲にしかねないナショナリズムの危険を抑えるでありましょう．(Habermas 1996 = 1998: 82)

ハーバーマスは，旧東ドイツの市民が母国の「公共的ディスコース」に参加できず，性急な統一過程による矛盾が，旧共産党勢力や新右翼に力を与えているという経験を，朝鮮半島情勢に架橋しようとした．しかし，「シティズンの〈デモス〉が同胞の〈エトノス〉に優先すべきである」というハーバーマスに対して，白樂晴（Paik Nak-Chung）は，民族的概念がエスノナショナリズムを超えてグローバルな重要性を持ち得る可能性に賭け，朝鮮半島の民主的統一に，「アメリカ，中国，日本，ロシアといった戦略的国家に住んでいるだけでも400万人［現在は700万人以上］を数える朝鮮人ディアスポラ（離散朝鮮人）は本質的な役割を果たしているし，果たす必要がある」と切り返した（Paik 1996 = 1998: 32）．

竹内真澄は，両者の違いを，「民族＜民主＝シティズンシップ→法治国家的連帯」（ハーバーマス）と「民族＝民主＝ディアスポラ→反帝革新国家構造」（白）と整理している（竹内 1998: 100）．とはいえ，ハーバーマス以上にリアリティを持つ白のように，朝鮮人ディアスポラの可能性に賭けることはできるだろうか．これらの上向き，あるいは，水平的なネットワーキングを指向する議論は，地域の磁場に引きずられる居住のリアリティに照射し得ているだろうか．

竹内は，シティズンシップとディアスポラを架橋する日本社会における争点は，沖縄問題であるとし，「アジア的公共圏」の形成に果たすべき役割を

展望している。日本は，琉球を統合した後，沖縄への米軍占領を積極的に容認し，切り離した。本土返還後（「第三の琉球処分」）も，沖縄が日本社会のなかで周縁的な位置に貶められており，それは，時に「沖縄人」としての地域主義としての対抗性を日本とアメリカ双方に帯びる。そこで，問題にされるのは日米安保体制である。半世紀を迎えたこの強固な体制を撃つ原動力は，徹底した地域主義の力に賭けられているということであろう。

2-2. 下降する共同性へ

　ハーバーマスのみならず，近年の社会運動（研究）は，グローバリゼーションの影響を抜きには語れなくなっており，公共圏の範域の再編成とも強く関連付けられている。ヴィヴィオルカ（M. Wieviorka）は，資源動員論に対する批判を堅持する立場をとり（Wieviorka 2004＝2007），トゥレーヌ（A. Touraine）が創設した社会学的介入分析センター（1981年～）やISA（国際社会学会）のRC47（社会階級・社会運動）を中心に，方法論の応用を進めている（濱西 2009）。

　一方，1990年代から，資源動員論や「新しい社会運動」論といったアメリカと欧州で分岐してきた社会運動研究の方法論を統合しようとする動きが，クロスリー（N. Crossley）らによって，徐々に着手され始め，主要な流れとなってきている（Tarrow 1998＝2006, Crossley 2002＝2009, Tarrow 2005）。それは，日本にも波及している（長谷川・町村 2004, 西城戸 2008）。そして，これらの研究は，「対抗的公共圏（性）」といったようなかたちで，社会運動が一種の公共空間を作り出す集合行為であるとし，支配的・独占的な公共圏の在り方を組み替える重要なアクターであることを強調している。また，「文化」や「アイデンティティ」という要素を組み込むことと，社会運動の内部にある差別・抑圧，親密性の内部にある亀裂・分断などにも焦点を当て，より開放性・民主性の高い公共圏を指向している。

　特に，新自由主義的グローバリゼーションと反グローバリゼーションをめぐる抗争のなかで，各国内外で生じている紛争が，ハーバーマスが念頭に置いたもの以上に，公共圏／親密圏の単一化と空洞化を推し進めていることへ

の批判を強め,市民的公共圏の形成の重要さが,シアトル・香港 (WTO),ジェノバ・洞爺湖 (サミット) などの場で問われているとする。そのような社会運動を可能にさせている情報と交通のネットワーキングにより,従来の国民国家や国境という枠に押し込められてきた公共圏が,トランスナショナルな潜在力を持ち,国家の暴力や排外的なナショナリズムを相対化する可能性があるともされる。ネーションの持つ磁場が,民族的ディアスポラをその内に戦略的に包摂するだけの力をもっていることの危うさが指摘されてもいるが (佐藤編 2009),ハーバーマスを参照し,多国間制度交渉,非制度的公共圏における NGO の役割,マスメディアの拡がりなどから,より楽観的に「グローバル公共圏」を展望する議論もある (川村 2005)。

一方で,西欧植民地主義によって解体された「部族」の再建可能性から,閉鎖性と固定性をどう解除していくのか,民族でもなく,市民でもなく,部族を基礎とした「下降」する公共圏を指向する議論もある (岡野内 2009)。それは,「住む」という身体性に規定された場としての地域に,近代批判と抵抗の拠点としての公共空間を見出す議論や (伊藤 2004),反原発の住民運動が切り開く「ローカル公共性」の成立を,1970 年代以降の地方政治と住民運動の議論を通じて敷衍させている議論とも関わっている (中澤 2005)。日本社会でいえば,部族は住民であり,組織体としては,アソシエーションではなく,生活世界を (抑圧的に) 支配してきた部落会・町内会に当たるだろう。その変革性と公共性に染み着いた閉鎖的な親密性のモザイク状況に,「討議的民主主義」による理性的コミュニケーションを通じた市民的公共圏の理念型を見出すことはできない。

2-3. ディアスポラと在日朝鮮人

日本においてディアスポラとして語られるのは在日朝鮮人である。近年の在日朝鮮人研究では,在日朝鮮人の集住地域・生活世界への定点観測・関心が途絶えてはいないものの,ディアスポラをめぐる議論とは,在日朝鮮人社会の多様化・断片化・分散化・個人化ともいえるような傾向を学問研究の側から強めてしまったといえるのではないか。ディアスポラをめぐる議論それ

第 8 章　在日朝鮮人の居住と共同性

自体が拡散しているとするブルーベイカー (R. Brubaker) は,「集団主義の問題を克服するためにも, われわれはディアスポラを, 実質的観点から境界づけられた実体とみなすのでなく, むしろイディオム, 態度, 主張などとみなすべきではなかろうか。ディアスポラは第一に実践のカテゴリーとして捉えるべきであり, その上ではじめて, ディアスポラが分析のカテゴリーとして実り多い形で用いられうるか否か, また, どうすればそのように用いられうるか, といった問いを立てるべき」だとする (Brubaker 2009: 396)。

一方で, 郷土志向ではない, 特定の場所におけるルーツや帰還への願望よりも, さまざまな立地においてひとつの文化を再創造する能力として, ディアスポラを位置付けるクリフォード (J. Clifford) の議論は, サフラン (W. Safran) の定義 ——(1) 空間上の離散, (2)「郷土」志向, (3) 境界の維持 —— に比べ, 流動的ではあるが具体的に人びとが住まう場 (「不法占拠地域」) の実態に即しており, 示唆的ではある。

島和博は,「祖国などというものをもたない人びとの離散や移動とその経験は, ディアスポラ議論からこぼれ落ちてしまうこと」が (島 2009: 326),「民族言説の内部でしかディアスポラを表象することができないでいるという」「現在のディアスポラを巡る議論における最大の困難」であるとする (島 2009: 388)[2]。「下方への」連帯, 労働者性 (階級性) による最底辺における共同性に賭ける島の議論は, 決して珍しいものではないが (山本 2007), ディアスポラをめぐる議論に欠ける共同性への方途を追究しようとしている。本章では, ディアスポラという状況に首肯しながらも, 島のいう「下方へ」という問題意識が, 住む／居住するということにより形成される共同性にも敷衍できるものと考え, 公共圏とは対極にある在日朝鮮人の「不法占拠」の歴史にアプローチしてみたい。

---

[2] ソニア・リャンは, ある韓国人の興味深い話を紹介している。「シンさん (仮名) はいまや韓国人となり正式に韓国籍も得たというのに, 皮肉にも彼の地を訪れる理由がなくなってしまった。この一件で彼は, 韓国に故郷がないことを十二分に思い至らされた。結局, 韓国は彼の故国ではなかったのだ。では, 北朝鮮がそうかというと, それも違う。そこは公の使節団のひとりとして, たった一度訪問した地にすぎない。シンさんにとって北朝鮮はほかの国々同様, 外国にすぎなかった」(リャン 2005: 197)。

第Ⅱ部　民族的共同性生成の現場 —— 日本社会から

3 「不法占拠」という地平

3-1. 「不法占拠地域」の比較研究

　日本社会における「不法占拠地域」をすべて網羅することは難しい。何よりも、形成と（強制的な）解消のサイクルがきわめて早いのが特徴といえるからである。その意味では、「不法占拠地域」における住民の形成そのものが非常に困難であり、行政的な介入の過程を追える事例も少ない。以下に掲げるのは、そのなかでも戦後50年近い歴史を持つ（持った）在日朝鮮人を主な居住者とする「不法占拠地域」の特徴と変遷である（表8-1）。

　多くの地域が、植民地支配のなかで労働力として動員されたことに、その淵源を持つ。戦後に入り、占領期、朝鮮戦争といった動乱期を経て、高度経済成長期に入り住宅地区改良事業によるスラム・クリアランス、さらに、朝鮮民主主義人民共和国への帰国事業が本格化していく（1959-1968年）。そのなかで、多くの「不法占拠地域」が消失したが、新たな都市化のなかで（再）形成されていったのが (a) から (e) のケースであるといえる。

　特に、(a) の東九条は形成された場所・状態を維持することを前提に「不法占拠」状態が「解消」されたという希少なケースである。在日朝鮮人の集住地域として1920年代から徐々に形成されていく東九条地域では、「不法占拠地域」とされた東九条松ノ木町40番地（以下、40番地）はいまだ形成されていなかった。本格的な形成は、高度経済成長が始まる1950年代後半である。特に、大規模な都市部落（崇仁地区）と相互作用を起こしながら、都市下層としての性格を強めていく。同和地区に対する施策が本格的に実施されはじめ、在日朝鮮人は現地改良方式のスラム・クリアランスによって、同和地区から移動を余儀なくされる。時期を同じくして、東九条地域全体の人口も増加し、部落に隣接する地帯は「スラム地域」とされ行政施策の対象となっていく。しかし、バラック清掃事業の過程で崇仁地区南部に形成されていた「不法占拠地域」が、度重なる清掃事業で撤去されたこともあり、さらに南に位置する高瀬川と鴨川を挟んだ河川敷上に形成されたのが40番地で

第 8 章　在日朝鮮人の居住と共同性

表 8-1　「不法占拠地域」の比較

	a. 東九条・高瀬川／鴨川（京都市）	b. 久世・新川／桂川（京都市）	c. ウトロ（宇治市）	d. 中村・猪名川（伊丹市）	e. 戸手・多摩川（川崎市）
形成期	1960 年代	1960 年代	1940 年代	1940 年代	1960 年代
構成	在日朝鮮人集住地域の周縁に位置する河川敷上	被差別部落を含む河川敷上（工業団地）	飛行場建設のための飯場・強制労働	飛行場建設のための飯場・強制労働	製鉄など京浜工業地帯の労働力
住民	在日韓国・朝鮮人 被差別部落民 それ以外の日雇労働者［約 100 世帯］	被差別部落民 在日韓国・朝鮮人［約 60 世帯］	在日韓国・朝鮮人（日本人含）［約 65 世帯］	在日韓国・朝鮮人（日本人含）［約 140 世帯］	在日韓国・朝鮮人（日本人含）［約 130 世帯］
運動体	自治会／青年会 キリスト者	部落解放同盟	自治会 民族団体 市民団体	自治会	自治会 民族団体 キリスト者
土地所有	国（管理は府）	国（管理は府）	民間	国	国・県・市
補償形態	公営住宅（府営／市営） 町名の新設	公営住宅（府営／市営）	土地の購入等	公営住宅（市営）	移転等補償
整備の根拠	民族差別の責任（実質的な特別施策）	主に同和対策	不作為（韓国からの支援等）	人道	（人道）
「解決」時期	1996 – 2004 年	1991 – 93 年	未解決	2007 年	2005 年
コミュニティ	維持	維持（限定的）	維持を模索中	維持（転地）	分散
現状	暗渠化による土地造成	暗渠化による土地造成	「不法占拠」状態（自衛隊大久保駐屯地横）	伊丹空港	民間マンション

注：世帯数に関しては増減があり，主に行政施策が大きく動いた「解決」時期の世帯数を計上した。

ある。番地が存在しないことから，「0 番地」「堤防」とも呼称（蔑称）されることになる。

3-2.「不法占拠地域」から公営住宅へ ── 京都市

（a）から（e）のなかでは背景に共通点を持つものも多いが，非常に対照的なかたちで行政的な「解決」を迎えた京都市東九条 40 番地と川崎市幸区戸手町 4 丁目の事例を比較しながら，在日朝鮮人と「不法占拠」の事例をみてみたい。

40番地の形成は、高度経済成長期に入り急速に進み、1960年代から1970年代にかけて人口増加のピークを迎える（山本2013）。しかし、「不法占拠」した河川敷上の公有地に住む者の入れ替わりは激しく、流動性の高さは、隣接する在日朝鮮人集住地域でもある「スラム」とは比にならなかった。それでもなお、40番地に吸い寄せられる人びとは、在日朝鮮人であり続けた。もちろん、被差別部落、他の日本社会から流動してきた人びとも含みこみ、通名の多い一世・二世を中心に住民運動といえるような動きが起こるのは1970年代後半以降である。そこには、流動性のなかにも住環境の改善を求める住民の声が集合化する程の被害（火災や洪水）が続いたこと、そして、「スラム解放闘争」を掲げ先鋭的な闘争を繰り広げていた地域青年、子ども会活動を通じて関わりをもったセツルメントなどが緊張を抱えながら一つの力として合流していったことが要因として存在した。その時点での共同性とは「同胞」、つまり、民族性に立脚していた。

40番地では、公共性を剥奪され、最もエゴイズムが表出したものとして「不法占拠」という烙印を押されることによる後ろめたさと同時に、「同胞」が寄り集まる場での安堵感が綯い交ぜになりながら、その地に住むことの「正当性」を、公権力の不作為と隣接地域からの差別に抗する意識によって保持しようとしていた。もちろん、「正当性」といっても、既存の法体系のなかに位置付けられたものではなく、常にそのネガとしての性格を持ったものであり、逆説的に形成された共同性でもあった。そこでは、自分たちの生活世界（コミュニティ）を守っていくことが重要となる。劣悪な住環境のなかで、水道・電気・ガス・消防といった基本的な生活基盤を整備するために、「不法占拠」せざるを得ない〈やむを得なさ〉と、植民地支配と差別行政の責任を接続させ、自分たちが置かれた状況を権利闘争に位置付ける。その際に、住民が選んだのは自治会という既存の制度に、住民性に基づく共同性を重ねていく運動であった（山本2009）。

断片化された各々が共同性へと向かい、公権力に対して一定の公共性を担保し、官制の公共性を組み替える闘いは1980年代に本格化する。その結果、国・府・市と自治会との共同による実態調査（1993年）と公営住宅の建設（1995年着工）、さらに、現状の場所に新たな町名を作り出すことで土地を確

第 8 章　在日朝鮮人の居住と共同性

図 8-1　1993 年（写真上），2008 年（写真下）の 40 番地のパノラマ写真（中山和弘氏提供）
上の写真では，河川敷上を囲むように住居が立ち並んでいるが，下の写真では整備され，左奥に三棟の公営住宅が建設されていることが分かる。

保し（1996 年），行政施策は完遂された。しかし，同じ東九条地域内における在日朝鮮人を含む地域社会とは絶えず緊張関係のなかにあり続けている。最も蔑まれた土地・人たちは，「同胞」からさえ差別を受けるなかにあって，この小さな地域社会においては市民的公共圏さえ形成し得ていないといえる。

　生活世界においては，「同胞」であるという民族性と，同じ境遇にある隣人であり居住者であるところの住民性が，その集団性を形作っていた。「コリアン・ディアスポラ」という言葉は，40 番地の実態をとらえ，その可能性を拡げていく方法的概念としては適当ではない。

3-3.「不法占拠地域」から新たな離散へ —— 川崎市

　地権者が，国有地，市有地，民有地と混在していたこともあり，40 番地と同様に公営住宅の建設や多文化共生の発信地を目指していたものの，戸手 4 丁目 12 番地の「不法占拠地域」は，2005 年に，日本基督教団川崎戸手伝

第Ⅱ部　民族的共同性生成の現場 ── 日本社会から

図 8-2　現在の戸手 4 丁目（右側奥の家屋が伝道所）

道所を残し，ほとんどが撤去されてしまった（図 8-2）。日曜日には，礼拝を行っており，秋になると，「不法占拠地域」が存在した頃から続けられているバザーの準備のために関係者が集まり，二階建てバラック小屋には談笑する声が聞こえる。地域の記憶を繋ぎとめるのは，伝道所（1976 年設立，1983 年に戸手河川敷に移る）と戸手地域活動センター（1997 年設立）のみとなっている（Field Notes，2009/10/13）。

　1997 年に行われた実態調査では，在日朝鮮人 97 人，在日外国人 42 人，日本人 101 人となっている（『戸手地域活動センター News』第 1 号，1998 年）。多摩川の河川敷上に存在する「不法占拠地域」は，1991 年の堤防整備計画以降，事態が動き始め，1992 年に「地域住民を守る会」が結成され，「支える会」も同時に結成されている。その後，川崎市と旧建設省の不透明な動きに対して，国有地・市有地・民有地の住民が一致して対応するため，「戸手地区住環境改善推進協議会」が結成され（1993 年），自治会長には 40 年以上戸手 4 丁目に住んできた日本人住民が就き，行政交渉を再開している（『戸手住環協ニュース』第 1 号，1993 年）。そして，この住民運動を事務局として支

えたのが，伝道所であった。

　川崎市といえば，日立就職差別裁判から，「民族差別と闘う連絡協議会」の運動へと発展し，桜本保育園の実践から，青丘社による多文化共生施設「ふれあい館」の設立に至る運動がよく知られている。そこでは，在日大韓基督教川崎教会が活動の拠点となってきた。ふれあい館のバザーが，戸手の河川敷で行われることもあった。現在でも青丘社の運営やふれあい館の事業に戸手関係者が携わっているなど，桜本と戸手には往来があり，元居住者と牧師の集いも行われているという（Field Notes, 2010/10/20）。そのような関係性のなかにあって，住民主体の方向性が分散し，結果的に，移転補償等で「不法占拠地域」が解消してしまったという記憶も，場が消失したことで徐々に風化している。それに抗するように伝道所では秋にバザーが行われ続けているが，記憶のみを媒介にしたコミュニティの維持は難しい。

　既存の制度的な公共性に対する陰画として，独自のコミュニティを形成していた戸手では，戸手地域活動センターにより「戸手MAP」が作成されており（図8-3），「不法占拠地域」ではなく，「河原の街」としての（自己）表象があった。「忘れかけていた何かを思い出す街。もうこんなステキな街はないかもしれない」と記されている。とはいえ，既にかつての風景は図8-2に見られるように解消されてしまっている。そして，ふれあい館から発信される多文化共生が，川崎における「市民的公共性」の代名詞となっている。これと反比例するかのように，差別と貧困，そして，それに抗ってきた共同性の経験と記憶は薄れつつある。

3-4.「不法占拠」という地平

　40番地も戸手4丁目も，「不法占拠地域」として1960年代以降に本格的な形成を迎え，規模としても似通った状態で推移してきた。朝鮮総連の事務所が早い段階から存在していたが，双方の地域に交流があったように，キリスト者の役割が重要な位置を占め，住民組織（自治会）の結成を通じて，公権力との交渉を行ってきた点も同様である。そして，近隣地域に在日朝鮮人集住地域が存在し，複雑な関係性にあり続けてきた点も同様である（図8-4・

第Ⅱ部　民族的共同性生成の現場 —— 日本社会から

図 8-3　戸手 MAP

8-5)。

　40番地であれば,「スラム」(4ヶ町) とされた地域には, 被差別部落の人びとに保障された改良住宅が存在し,「部落」と「在日」という関係性の難しさはあるものの, 米国人神父による社会福祉事業が 1950 年代からスタートし, キリスト者を媒介に地道な住民運動が自治会とともに取り組まれてきた。そのエリアより劣位な状況にあった 40 番地では, キリスト者を含みつつも地域青年と戦前世代の在日一世 (二世も含む) を軸に住民運動が展開され, スラム地域よりも結果的に早く整備事業が進行するかたちとなった。しかし, コミュニティの維持が担保された市営住宅の管理・生活支援事業の制度化は, かつて存在した活気と住民の地域活動への関心を減少させた。何よりも, そこに 40 番地が存在したことを想起させる活動さえ, 憚られる空気

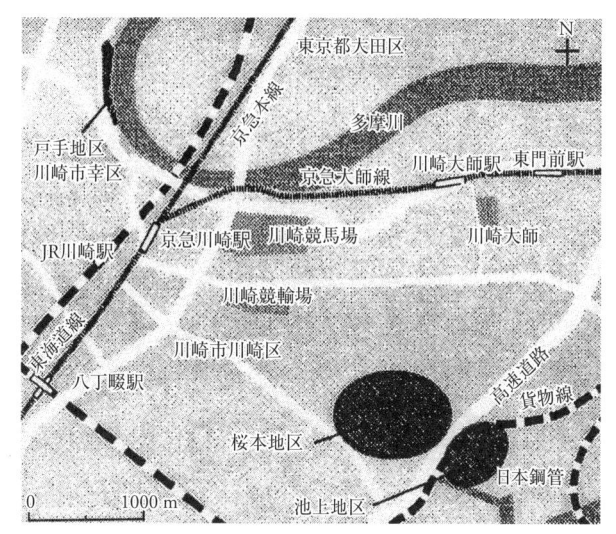

図8-4　川崎市における在日朝鮮人集住地域
出典：新井（2008: 105）。

が存在する（Field Notes, 2010/11/15）。

　一方，40番地の実践は，戸手では先進的な事例と映っている。また，他の地域（ウトロや中村地区）においても，貴重な参照例となっている。しかし，ふれあい館の実践が，東九条地域において先進的な事例として受け止められているにもかかわらず，40番地の実践例は十分に参照されてこなかった。かつてそこに「不法占拠地域」として「0番地」「堤防」と呼ばれ差別されてきた地域が存在したことを繰り返し想起させる実践もなされている。新しい町名が誕生し，まちの風景が一変したことと，かつて「不法占拠地域」であったことが同時に想起される場であるからこそ，問題の「解決」を意味する合法化（「不法占拠」の解消）により失われつつあるコミュニティの力を，親密性を媒介に涵養する意味は存在しているのである。

　一方，戸手では，桜本の実践が焦点化されればされるほど，その存在は薄れていく。戸手に住んでいた人びとが，一生涯その場にいなくてはならない/いたいと強く望むとは限らないことを考えれば，そのことを消極的と評価できるものではない。そして，現在の表8-1の(c)ウトロでも，その点が

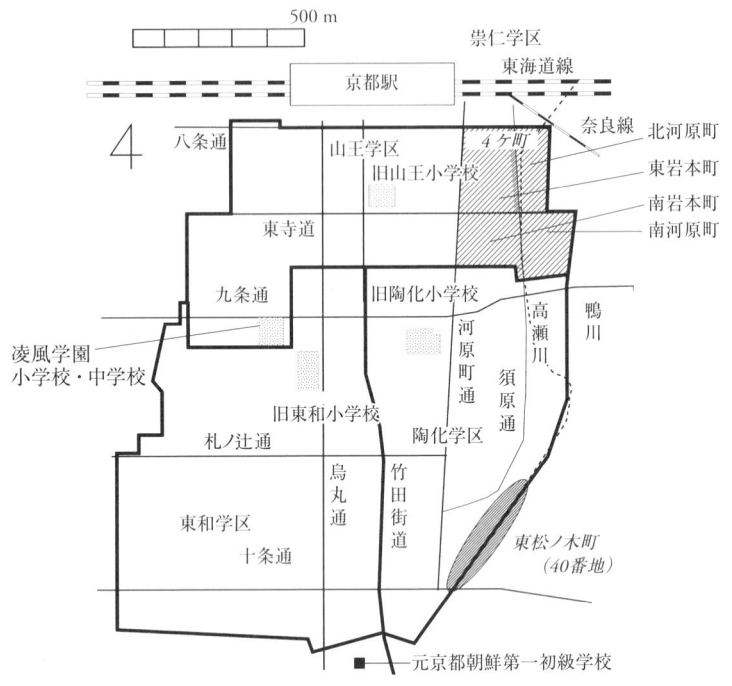

第Ⅱ部　民族的共同性生成の現場 —— 日本社会から

図 8-5　京都市における在日朝鮮人集住地域（東九条）

あてはまる。川崎には，桜本の他に，池上地区が存在し，未だ一線を画している。(d) の中村地区においても，桑津 1 丁目と 4 丁目（旧中村地区住民が住む市営住宅）には距離があり，その断線と繫留点は照準化されていない。「不法占拠地域」は解消されても，地域という磁場に留まりコミュニティの拡がりと断絶の襞を丁寧に記述（モノグラフ化）し続ける必要までは消失していない[3]。

---

[3] 中村地区においても，市営住宅が建設され，「不法占拠」は解消されたものの，大阪国際空港（伊丹空港）に発着する航空便の騒音は，新しい住居にも悪影響を与えている。集団移転の「画期性」は，もろ手を挙げて，喜べる結果ではなかった。また，朝東紡績を挟んで，朝鮮初級学校が存在し，舗装されていない路地や密度の高い不良住宅に在日朝鮮人が住んでいる状況は変わっていない。

                    <自由な社会>

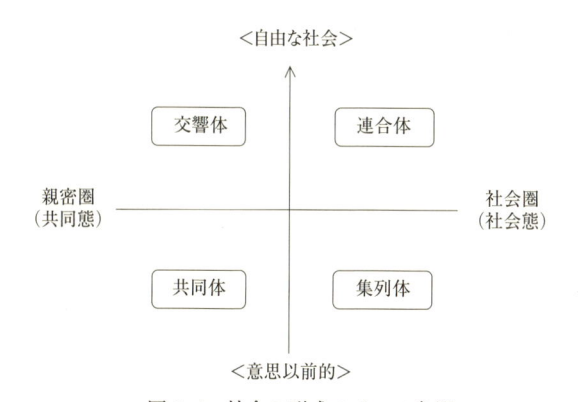

                交響体   連合体

    親密圏   社会圏
    (共同態)   (社会態)

                共同体   集列体

                    <意思以前的>
        図 8-6　社会の形式の 4 つの象限
出典：見田（2006: 187）。

4　共同性の剔抉へ ── モノグラフの必要性

　「不法占拠地域」に住まう人びとが在日朝鮮人であるならば，そこに見出されるのはまずエスニシティやディアスポラであって，住民性ではないだろう。しかし，日本社会にあって在日朝鮮人はコミュニティを形成してきた。そして，「不法占拠地域」におけるコミュニティの在り様は，40 番地や戸手が辿ってきた経緯をみれば分かるように，様々に複線化しており，その意味を一概に普遍化することはできない。しかし，居住と共同性という本章の問題意識にとって，鍵概念となるのはコミュニティである。古典的な概念でもあるコミュニティに改めて照準化したバウマン（Z. Bauman）の議論を参照してみたい。

　　コミュニティが，真に重要な戦場において，今日の原子化した社会の病理と真っ向から対決しようとするならば，思い起こすべき課題が二つある。それは，権利上の個人の運命を事実上の個人の能力に作り替えるのに必要な資源の平等化と，個人的な無力や不幸に対する集団的な保障の構築の二つである。本来のコミュニティは，他にデメリットがあったにせよ，この二つを意図したことにおいて勇敢であった。（Bauman 2001 = 2008: 203-204）

「温かいサークル」として，コミュニティのなかで求められる自由と安全の両義性を考慮し，「共通の人間性の探究や人々の状況の共同管理」（Bauman 2001＝2008: 195）を指向するバウマンの議論は，「交響するコミューン・の・自由な連合」を構想する見田宗介の議論とも共振している。

見田は，人間のこれまでのすべての社会が「ゲマインシャフト・間・ゲゼルシャフト」という複層的で両義的な構造をもっていたとする。そして，社会の構想には人間にとっての他者に関わる課題の二重性があるとし，それが，他者との交歓としての「関係のユートピア」（親密圏/共同態）であり，尊重としての「関係のルール」（社会圏/社会態）であるとする。両者は対立的であるが，相補的でもある。見田は，両者に対する「二正面闘争」によって，内なる抑圧の全域化や全域的なルールの抑圧から，異質な個々人の自由を第一義とするコミューン（交響体）という理念を掬い出そうとする（図8-6）。

これらの理念型の議論に首肯しつつ，近代社会（学）とともに「集列体」から強力な「連合体」として再編されてきた国家に対して，対抗的な共同性の力能を「市民社会のルールの海の中」で見失ってはならない。ルールの埒外に置かれた「不法占拠」という状況のなかで共同性を立ち上げることは，国家の不作為（非合法）により皮肉にも形成されるコミュニティを媒介にしていた。しかし，合法性のなかに書き込まれることでコミュニティの潜在力は縮減し，共同性も消失していく。かといって，コミュニティの両義性は合法/非合法のどちらにおいても避けられるものではなく，非合法であることからより強度に内向的な権力性を帯びてしまうこともある。

その危うさをどのように制御（「共同管理」）し，共同性の可能性を発展させていくのかという問いは，表8-1で挙げた様々な地域のなかでも風化しつつあるか，霧消してしまっている。それがまた，行政的な「解決」に起因しているところに「不法占拠」の社会（学）的現実がある。それに抗する記述（モノグラフ）が求められている。本章では，その必要性を提起した。

• 参考文献 •

新井伸幸 2008「川崎・戸手四丁目河川敷地区の経年的住環境運営に関する研究」『住

宅総合研究財団研究論文集』34: 101-112。
Bauman, Z. 2008. *Community: Seeking Safety in an Insecure World*, Polity Press. 2001（奥井智之訳『コミュニティ』筑摩書房，2008年）。
Brubaker, R. 2005. "The 'diaspora' diaspora", *Ethnic and Racial Studies*, 28(1): 1-19（赤尾光春訳「「ディアスポラ」のディアスポラ」『ディアスポラから世界を読む —— 離散を架橋するために』明石書店，375-410頁，2009年）。
Clifford, J. 1997. *Travel and Translation in the Late Twentieth Century*, Harvard University Press（毛利嘉孝ほか訳『ルーツ —— 20世紀後期の旅と翻訳』月曜社，2002年）。
Clossley, N. 2002. *Making Sense of Social Movements*, Open University Press（西原和久ほか訳『社会運動とは何か —— 理論の源流から反グローバリズム運動まで』新泉社，2009年）。
Habermas, J. 1962 [1990]. *Strukturwandel der Öffentlichkeit: Untersuchungen zu einer Kategorie der bürgerlichen Gesellschaft*, 2nd, Suhrkamp（細谷貞雄，山田正行訳『公共性の構造転換 —— 市民社会の一カテゴリーについての探究』未来社，1994年）。
——— 1996. National Unification and Popular Sovereignty, *New Left Review*, 219: 3-21（竹内真澄訳「国家統一と人民主権」『桃山学院大学社会学論集』32(1): 75-91，1998年）。
濱西栄司 2009「トゥレーヌ社会学における中心的テーゼの確立と展開 ——「強い」社会運動論の可能性，脱フランス化と日本」『現代社会学理論研究』3: 163-174。
長谷川公一，町村敬志 2004「社会運動と社会運動論の現在」『社会運動という公共空間 —— 理論と方法のフロンティア』成文堂，1-24頁。
伊藤洋典 2004「公共空間としての「地域」」『「地域公共圏」の政治学』ナカニシヤ出版，52-79頁。
金菱清 2008『生きられた法の社会学 —— 伊丹空港「不法占拠」はなぜ補償されたのか』新曜社。
川村暁雄 2005『グローバル民主主義の地平 —— アイデンティティと公共圏のポリティクス』法律文化社。
道場親信 2002「1960年代における「地域」の発見と「公共性」の再定義 —— 未決のアポリアをめぐって」『現代思想』31(6): 97-130。
見田宗介 2006『社会学入門 —— 人間と社会の未来』岩波書店。
毛利嘉孝 2009『ストリートの思想 —— 転換期としての1990年代』日本放送出版協会。
中澤秀雄 2005『住民投票運動とローカルレジーム —— 新潟県巻町と根源的民主主義の細道，1994-2004』ハーベスト社。
西城戸誠 2008『抗いの条件 —— 社会運動の文化的アプローチ』人文書院。
小熊英二 2009a『1968（上）』新曜社。
——— 2009b『1968（下）』新曜社。
岡野内正 2009「〈民族〉を超える〈部族〉——「暴力の文化」を克服する公共圏の創

出」『ナショナリズムとトランスナショナリズム —— 変容する公共圏』法政大学出版局，313-33 頁。
Paik, N.C. 1996. *Habermas on National Unification in Germany and Korea*, New Left Review, 219: 14-21.（憚蒼健訳「ドイツと朝鮮における国家統一論の差異 —— ハーバーマスのソウル講演に応答する」『批評空間』2(17): 25-34，1998 年。）
齋藤純一 2000『公共性』岩波書店。
佐藤成基編 2009『ナショナリズムとトランスナショナリズム —— 変容する公共圏』法政大学出版局。
島和博 2009「「下方の」あるいは「下方への」ディアスポラ —— ディアスポラは夢を見るか？」『批判的ディアスポラ論とマイノリティ』明石書店，318-409 頁。
ソニア・リャン 2005『コリアン・ディアスポラ —— 在日朝鮮人とアイデンティティ』明石書店。
竹内真澄 1998「批判理論におけるシティズンシップとエトノス —— 訳者解説にかえて」『桃山学院大学社会学論集』32(1): 92-106。
谷川雁 1976『原点が存在する』潮出版社。
Tarrow, S. 1998. *Power In Movement: Social Movement and Contentious Politics*, 2nd, Cambridge University Press（大畑祐嗣監訳『社会運動の力 —— 集合行為の比較社会学』彩流社，2006 年）。
———, 2005, *The New Transnational Activism*, Cambridge University Press.
鵜飼孝造 2008「社会運動理論における領域仮説の転換」『同志社社会学研究』12: 1-13。
Wieviorka, M. 2004. *La Violence*, Balland.（田川光照訳『暴力』新評論，2007 年。）
山本崇記 2006「「公共性」を拒否する想像力 —— 住民運動が突きつけた「力」と「もう一つのこの世」」『社会運動』313: 54-6。
——— 2007「都市下層における反差別のかたち —— 日雇労働における「部落」と「在日」」『立命館言語文化研究』19(2): 165-182。
——— 2009「「不法占拠地域」における住民運動の条件 —— 京都市東九条を事例に」『日本都市社会学会』27: 61-76。
——— 2013「「不法占拠地域」における在日朝鮮人の記憶と集合性 —— 地域と住民という結節点」『都市空間に潜む排除と反抗の力』明石書店，61-90 頁。

第Ⅲ部
「在外同胞」と民族意識
―― 韓国社会から ――

第9章 在外同胞法と在韓外国人の法的地位変遷の関係性

佐藤暁人

1 在韓外国人の法的地位をめぐる課題

韓国の出入国・外国人政策統計年報によれば，2009年末現在，韓国には1,168,477名の外国人が滞留しており，これは韓国の総人口（49,773,145名）の2.35％を占める。滞留外国人の総数は20年前である1990年の49,507名に比べて23.6倍に急増している。

滞留外国人総数の増加に加え，在韓外国人の国籍も多様化している。韓国では政府樹立以来長い間，出入国管理政策対象となる滞留外国人の多数を（在韓）華僑[1]が占めてきた。華僑が全在韓外国人に占める割合は1964年87.5％（29,462/33,659），1980年73.2％（29,676/40,519），1990年47.6％（23,583/49,507）であり，1980年代後半まで絶対数は多くないものの過半数を占めてきた。一方，2009年末現在は，中国47.5％（555,082），アメリカ10.5％（122,659），ベトナム7.8％（90,931），日本4.1％（47,718），フィリピン3.9％（45,913）と世界中から多様な国籍を持つ人々が多様な目的，多様な滞在形態で韓国に滞留するようになっている。

---

[1] 本章で述べている（在韓）華僑とは，大半が中国山東省出身で，植民地時代に朝鮮半島に渡り，綿や絹，麻などの中継貿易に従事し，解放後は冷戦・南北分断によって分断され，南韓地域の者は台湾籍に編入され，差別と抑圧的な政策を受けてきた歴史的・被支配民的背景を持つ集団を指す。従って，一般的な意味での中国系外国人を指すものとは異なる。

1990年代以降の国際人口移動の活発化は全世界的な潮流であり，韓国にのみ特異な現象ではない。その意味では韓国もポスト冷戦時代のグローバル化構造の中に属していると言える。しかし，一方でわずか20年間に滞留外国人数が20倍以上に増えたという急激な変化は他国にはほとんど例を見ない現象であり，更に10年ほどの短い期間で外国人の法的地位が急激に改善した点でも特異性を示している。

　本章の目的は，在外同胞法の制定・および改正とそれによる在韓外国人[2]の法的地位変遷の関係を明らかにすることである。韓国では最近10年程度の短い時間に，全ての在韓外国人の法的地位が大幅に改善した。この改善は1999年に施行された在外同胞法の存在を除いては語ることが難しい。

　では，なぜ在外同胞法の制定・改正が韓国における外国人の法的地位を改善する結果を生んだのか。その理由と背景を明らかにするために韓国の出入国及び外国人管理政策の歴史的変遷とその特徴を検討する必要がある。

　本章では，在外同胞法制定以前の在韓外国人の法的地位（第2節），在外同胞法制定による在韓外国人の法的地位の変遷（第3節），在外同胞法制定以降の在韓外国人の法的地位（第4節）の変化を3つに時期区分しながら検証していくことにする。また，外国人の法的地位に関して，その性質により居住権・経済的権利・社会権・参政権の4つ[3]に区分して考察することにする。これは一口に在韓外国人の法的地位と言っても，時期により，また主体により焦点となる内容が異なるからである。法的地位の概念を細分化しなければ十分な説明はできない。また，変遷の背景を考えるにあたり本章では，一国の出入国管理政策が自国の事情だけで決定されるのではなく，他国との関係の中で決定されていく側面に注目する。即ち，帝国主義・冷戦・ポスト冷戦という世界的規模の構造と，東アジアの地政学的な影響が韓国の出入国管理政策に及ぼした影響に着目する。在韓外国人の法的地位は世界的規模の構造と地政学の影響により決定されてきた普遍的構造を持つものであると同時に，その構造が具体的にどう作用したのかにより韓国の個別性を示すものと

---

2)　在韓外国人とは，韓国滞留中の外国籍及び無国籍者を示す韓国で使用されている用語である。本章では他にも韓人，在日同胞など，韓国式の表記を使用している。
3)　4つの権利の各々の詳細に関しては駒井洋他（2002）参照のこと。

もなっている。

　本章で中心的に取り扱う在外同胞法は正式名称を「在外同胞の出入国と法的地位に関する法律」と言い，1999年に「在外同胞の大韓民国への出入国と大韓民国内での法的地位を保証すること（第1条）」を目的に制定された韓国の国内法である。法の適用者，即ち在外同胞として法的に認定された者（F-4査証所持者）は一般の非韓民族系の外国人滞留者よりも出入国や滞留や就業などに関して有利な条件を適用される。

　在外同胞法は制定以降2010年12月現在までに10回の改正が施行されてきた，同胞という血統の概念を導入した法律[4]である。外国籍の自民族構成員に対する査証発給条件の優遇等の措置は日本等の他国にも存在する。しかし外国籍を持つ自民族構成員の特権が体系的な法律として存在する国は韓国を除外してはハンガリーぐらいしか存在しない[5]。その意味で世界的に見てもとても珍しい法[6]であると言える。

　同法でいう在外同胞とは，2010年現在の条項によれば「在外国民」と呼ばれる「大韓民国の国民として外国の永住権を取得した者或いは永住する目的で外国に居住している者（2条1項）」と，「外国籍同胞」と呼ばれる「大韓民国の国籍を保有していた者（大韓民国樹立前に国外に移住した同胞を含む）或いはその直系卑属として外国国籍を取得した者の中で大統領令[7]で定めた者（2条2項）」を指す。本章もこの規定に準じて在外国民と外国籍同胞を合わせたものを在外同胞と定め，特に国籍を根拠に外国人であることを強調する場合には外国籍同胞と表記する。

---

[4] しかし実際には在外同胞法が血統主義に基づく法律であるとは単純に言えない。なぜなら同じ民族である北朝鮮住民は在外同胞の統計からも除外されており，また法の制定当初，中国や旧ソ連地域等の同胞達は適用対象から除外されていた。同胞の範囲を定義しているのは韓国政府であり，国家主義に基づいた法律と呼んだ方が実態には近い。

[5] ヨーロッパ各国が海外同胞に対して実施している支援政策に関してはチョン・インソプ（2003）を参照。

[6] チョン・インソプは在外同胞法に対して"現在の国籍とは無関係に血統上の韓民族にだけ国内滞留と就業及び経済活動，社会保障制度の適用などにおいて法的優待を規定していることによる典型的な人種差別立法"になりかねない危険性を指摘した（チョン・インソプ2010）。

[7] 大統領令は大統領が発する命令のこと。国民の権利義務に関わる法規命令と行政組職内部のみを規律する行政命令（行政規則）に区分される。行政規則は内部規定であるために，その規定の内容は外部には公開されていない。

統計庁の資料によると2007年現在,在外同胞の総数は704万4716名[8]であり,その中で在中同胞が最も多く約276万名であり,次が在米同胞約201万名,在日同胞が89万人と続いている。一方,在外同胞の中で市民権・永住権を持っている者は約550万名であり,滞留者資格は約150万名となっている。

在外同胞が世界各地に拡散している背景には,日本による朝鮮侵略,植民地支配の影響による強制的・非自発的な性格を多く含んだ移民と,1960年代以降のアメリカやカナダなどへの自発性の高い移民の2種類に分けて考えることができる[9]。特に前者の移民が持つ悲劇的歴史性,非自発性,居住地での困難などの性格に鑑み,後者の移民も経験している移民先での適応の困難さも含む形で韓民族の世界的分散を韓国では「ディアスポラ」(diaspora)概念で説明しようとする傾向が高まっている。パク・ミョンギュはこのような状況を,「1990年代以降,全世界の韓人[10]達と朝鮮半島住民の相互連関性が再認識され,韓国人アイデンティティと関連した論議が登場したのと時を同じくしてディアスポラ概念の積極的導入[11]が試みられている」(パク・ミョンギュ 2008: 159) と説明している。在外同胞に対する接触と関心の増加は,在外同胞政策を大きく転換させることになった。

外国籍同胞の韓国滞在状況を見ると,出入国外国人政策本部の統計によれば,2009年12月31日現在,在外同胞資格(F-4)による韓国滞在者は50,664名であり,在外同胞法の関連で,2007年に中国及びCIS地域同胞に対する差別解消及び包容政策の一環として導入された訪問就業資格(H-2)による滞在者は306,283名となっている。他にも留学生や結婚移民者,永住

---

8) 在外同胞の国別集計は信憑性において疑わしい面を持っている。例えば在日同胞の場合89万と表記されているが,数値の根拠は明記されていない。
9) 韓国人の海外移住と現地適応に関してはユン・インジン(2003)を参照のこと。
10) 韓人は基本的には朝鮮半島以外に住む韓民族を指す用語である。しかし,使用者により,また場合により範囲が変動し定義がしにくい言葉でもある。
11) 代表的なコリアン・ディアスポラ研究として,越南人(北朝鮮から韓国へと渡り住んだ者)の韓国での生活経験とアイデンティティを研究したキム・キオク(2000),サハリン韓人の世代間葛藤と日韓政府の対応策の問題作を指摘したチョン・グンシク,ヨム・ミギョン(2000),在外韓人の移住過程・適応度・アイデンティティの各国比較を行ったユン・インジン(2003),韓人ディアスポラの韓国における論議を整理したパク・ミョンギュ(2008)などがある。

者等，多様な滞留資格・形態で韓国に滞在しており，その総数は 430,104 名[12]に達している。これは韓国滞在の外国人全体が 1,168,477 名であるのと比べて 36.8％を占めている。この統計結果からも，在韓外国人に関して検討する際には在外同胞という存在を無視することはできないことが見て取れるのである。そして在外同胞達の積極的な韓国流入を誘導したのが在外同胞法である。

2 在韓外国人の法的地位：在外同胞法以前

2-1. ポスト冷戦期以前の在韓外国人の法的地位と出入国管理政策

　近代の韓国（朝鮮）の出入国管理制度の原点は，列強の東アジア進出という帝国主義構造と，日本・朝鮮・中国（清）の三国関係の変遷という東アジアの地政学的構造の強い影響下により形成された。

　朝鮮王朝時代，出入国は厳格に管理されており，中国明・清王朝や日本とわずかに交流があっただけだった。そのような状況に大きな変化が見られるようになるのは，西洋列強が朝鮮王朝に接近を始めた 1860 年代以降，特に日本が朝鮮に開国・開港を要求しはじめた 1870 年代に入ってからのことである。1876 年に片務的領事裁判権や関税自主権の喪失を認めた不平等条約である日朝修好条規（韓国名：朝日修交条約）が締結されて以降，朝鮮はアメリカ，英国，ドイツ，フランス等の西洋列強諸国とも同様な条約を締結した。また，清朝は朝鮮に対して積極的な関与を図り，関係の再構築を図ろうとした。その結果，朝鮮には世界各国から多くの外国人が滞在するようになった。

　朝鮮王朝では 1876 年の開港以降も外国人に対する出入国の厳格管理を重視する政策を採った。しかし一方で入国した者に関しては居住地や商売活動，治外法権問題などの諸権利に関して各国との個別条約で規定を設けたり，部分的な統制を掛けるのみという限定的な政策を採った。すなわち外国

---

[12] 外国籍同胞の国家別の内訳は中国 37 万 7,560 名（87.8％）で圧倒的に多く，以下アメリカ 3 万 1,903 名（7.4％），カナダ 8,019 名（1.9％），ウズベキスタン 3,980 名（0.9％）と続いている。

人の法的地位は出身国と朝鮮王朝との関係に依存していた。

　外国人の出入国のみを厳格に管理し，滞留にはさして関心を向けない政策は，朝鮮総督府が朝鮮を統治するようになってからも続いた。

　1918年2月に外国人に対する最初の出入国管理法令として，朝鮮総督府令第14號「外國人到來に關する件」が制定され，規則の一元化が図られた。しかしこの法律では外国人の入国審査方法に焦点が当てられており，滞留に関しては言及されなかった。外国人の滞留に対する概念が形成されて規則が明文化されるのは，日中戦争が長期化し，総動員体制が敷かれ，人の往来が激しくなった1930年代後半[13]になってからである。

　1939年11月に朝鮮総督府令第189號「外国人の入国・滞在及び退去に関する件」で滞留に関して初めて詳細な規則が制定された[14]。それまでは，「府令等の断片的な法令により限定的に規定された」（法務部 2003a: 18）状態であった。そして，戦争の長期化により朝鮮滞留中の外国人は移動・居住・経済活動を厳しく制限され，その法的地位は事実上急速に悪化していった。

　第二次世界大戦の終戦により朝鮮半島は日本の植民地統治から解放された。米軍統治の後，1948年に政府を樹立させた大韓民国だったが，その出入国管理政策は東西冷戦と，南北分断や反共・反日政策という東アジアの地政学的構造に大きな影響を受けながら形成されていった。

　解放直後の南韓地域には大きく分けて三つの外国人集団が存在していた。一つ目は在朝日本人である。しかし在朝日本人の大半は終戦から1年ほど経過した時点でその大部分が帰国した。また，残留した者には所謂「日本人妻」やその子孫が多く，独立して生活を営むのではなく韓国人家庭に属している場合が多かった。そのために残留日本人は韓国政府の統治対象ではなく日韓外交のカードとして登場する場合がむしろ多かった。

　外国人集団の二つ目は在韓米軍人である。終戦後，南北分断，東西冷戦対

---

13) 戦乱を避けるために，多くの華僑が中国から朝鮮へと移り住んだ（朝鮮総督府の統計によれば，華僑の人口総数は1935年57,639人，1940年63,976人，1942年82,661人）。この時代の華僑の移住と居住は単なる個人的な選択ではなく，日中韓の関係の揺れ動きの中で形成されたものであることがわかる。

14) この府令では，滞留期間別の提出書類や手続き方法，知事や警察が滞留の許可を与える事が示された。詳細は法務部『出入国管理四十年史』参照のこと。

立の激化により，数万人規模の米軍人，及び軍関係者やその家族が韓国には滞在していた。しかし，彼らの地位は米韓行政協定（在韓米軍地位協：SOFA）によって定められており，韓国政府の統治対象外に置かれていた。

三つ目の集団が華僑である。解放後，南韓地域には約17,000名の華僑が残留[15]しており，彼らはほぼ唯一の大規模外国人集団として韓国政府の重要な統治対象となった。その結果，1980年代末まで韓国政府の外国人統治に関する政策や法律の多くは，事実上華僑に向けてのものとなった[16]。

李承晩政府は共産圏や日本を警戒しながら閉鎖型の出入国管理政策を敷いた。1949年11月に「外国人の入国・出国と登録に関する法律」を公布して，滞留外国人に登録を行わせると共に出入国を厳しく規制した。また，反共を掲げる李承晩政府は中華民国政府（台湾）と国交を結び，代わりに中華人民共和国政府（中国）との関係を貿易面を含めて一切中断した。その結果，華僑は山東省出身の者が大半であったが台湾籍で登録され，また中韓貿易に従事して来た多くの者が経済的に大きな打撃を受けることになった。

外国人の社会的権利・経済的権利に関しては，華僑に対する土地・財産の所有，経済活動の禁止や制限，国家福祉制度からの排除という形で1950年代から法令に明文化される様になっていった。1950年の倉庫封鎖令，1961年の外国人土地所有禁止法，1953年，1962年の貨幣改革などの法令は華僑の経済的没落をもたらした。言い換えれば，在韓外国人の法的地位は，華僑に対する抑圧的政策の実施という形式により権利の範囲が決定されていった。

1960年代に入り，日韓修交を前後して出入国管理体制が法的にも組織的にも体系的に整うようになり[17]，出入国者数が大幅に上昇[18]した。しかし，

---

15) 南北分断により朝鮮半島滞留中の華僑もまた南北に分断された。当時華僑総人口の3分の2は北朝鮮地域に住んでいたが，その詳細はよく分かっていない。
16) しかし韓国は経済的に豊かな西洋先進国や日本からの滞在者，特に政府関係者や駐在員，投資家に対して特別な恩恵措置を特に60年代から施行してきた。従って対華僑政策が韓国の外国人管理政策の全てだとは言えない面を持っている。
17) 1961年に出入国管理業務が外交部から法務部に移管され，1963年に出入国管理法，1966年には出入国管理法施行令が施行された。
18) 1962年には入国者22,763名，出国者25,934名だったのに対して1970年には入国者116,099名，出国者73,567名に増加した。

外国人管理政策の中心は出入国の厳格管理であり，在韓外国人の法的地位向上には関心が向けられないでいた。むしろ強制退去制度の詳細規則化や不法滞留者取締り強化など，外国人を治安問題の重要対象とみなし管理統制する傾向が強化されていった。その結果，1970年代前半から1990年代末までに10,000人を超える華僑が韓国を出てアメリカや台湾，日本へと移住していった。

また，韓国の出入国管理では外国人投資家に対して積極的な投資誘致政策を推進している点に特徴が見られる。「外国人投資業務一元化法案」は1970年に，「外国人投資業務の迅速な処理と投資企業の円滑な支援の為に」(法務部 2003b: 24) 大統領令4,711号として公布，施行された。金銭的に恵まれた者を積極的に優遇して受け入れ，貧しい者を排除しようとするこの傾向は在外同胞法の制定過程でも顕著に現れることになった。

2-2. ポスト冷戦期の外国人の法的地位と出入国管理政策

1980年代後半から1990年代前半にかけては世界的にポスト冷戦構造が加速した時期である。韓国ではそれに加えて，民主化，外交政策の変化，急速な経済発展とそれによる外国人労働者の出現，出入国管理政策の変化，在外同胞政策の推進等が同時期に進行した。それらの変化により，在韓外国人の法的地位は大幅な変化を迎える土台が形成された。以下は，各要素が1990年代以降の外国人の法的地位変化に与えた影響を簡略に整理したものである。

2-2-1. 民主化

韓国の民主化は1980年代後半から1990年代前半に掛けて急速に進行した。民主化の進展は韓国国民に様々な権利を付与する結果に繋がった。その中で国家福祉政策の変化を見ると，国民年金拡大 (1988年)，健康保険拡大 (1988年)，雇用保険導入 (1995年) など社会保険制度の改善が図られ，多くの国民が制度に加入できるようになった。また，障害者・高齢者雇用促進法 (1990年)，養育児保育法 (1991年) など社会サービスの充実も図られるよう

になった。このような国家福祉制度の拡充が外国人に対する社会的権利適用のための土台となった。

2-2-2. 全方位外交

1980年代末から1990年代初頭に掛けて世界的規模で冷戦体制が終結していく中で，韓国の外交政策も大きな転換点を迎えた。盧泰愚政権は（旧）共産圏国家とも国交を結ぶ全方位外交を展開し，ロシアとは1990年，中国とは1992年に国交を結んだ。

修交の結果，旧ソ連や中国の同胞との交流が活発化した。それにより，アメリカ，カナダ，日本など一部の先進国出身者だけでなく，全世界の在外同胞に対して注目するようになる転機となった。在外同胞への関心の増加は在外同胞政策の推進を促す原動力の一つとなった。

また，一方では中国や旧ソ連地域から外国人労働者が大量に流入するのではという懸念が広まり，外国人労働者対策，（旧）共産圏出身者の出入国管理対策が積極的に図られるようになった。

全方位外交は特に中国との劇的な関係変化を招いた。以降両国の人と物資の往来は急速に拡大し，現在では韓国にとって中国は最大の貿易国となるまでに至った。その結果として，1990年代から韓国政府は中国人労働者や在中同胞に対する対策が出入国管理政策上の最も重要な問題の一つとなっていった。

2-2-3. 外国人労働者の出現

韓国では1960年代から漢江の奇跡と呼ばれる急激な経済成長を遂げ，1988年のソウルオリンピックを前後して韓国内に単純労働に従事する外国人労働者が出現し始めた。

韓国政府は元来単純労務従事のための外国人の滞在を認めておらず，教授や英会話指導など韓国人では代替が難しい専門職による就業以外ではビザを発給しない「補完性の原則」を採用して来た。そのためにソウルオリンピックの頃を契機として，所謂コリアン・ドリームを抱いて流入し始めた外国人労働者達の大部分は無資格で滞在・労働し，更に長期不法滞在者と化して

いった。対策として韓国政府は1992年に日本の産業研修生制度をほぼそのままに導入したが，非常に限定的な受け入れだったので中小企業の人材難[19]は解決できず，不法滞在外国人労働者は増加し続けた。2002年には不法移住労働者が全外国人労働者中の約80％，約29万人を占めるに至った。そのために政府は2003年から雇用許可制を導入して，国家が外国人労働者の入国と就労を直接指導するようになった。

外国人労働者は韓国の経済発展のためには必要な人材であった。しかし，同時に韓国人労働者の保護という観点から，外国人の就業を制限する傾向が続いた。在外同胞法の制定を巡って起きた論争で在外同胞の就労を認めるかは大きな争点となった。

2-2-4. 出入国管理政策の変化

冷戦期までの韓国の出入国管理政策の基本は，出入国を厳格に管理し，外国人移民を認めない閉鎖型であった。しかし，1980年代を通じて出入国規制は徐々に緩和されていった。1989年には韓国国民の海外旅行自由化が認められ，外国人の出入国も以前と比べて容易になった[20]。韓国に入国する外国人数は増加し，中長期滞在者も増加するようになった。在韓外国人の増加及び多様化は外国人の法的地位を見直す契機となった。

2-2-5. 在外同胞政策の推進

冷戦構造が解体しながら世界各地の在外同胞と交流することができるようになり，韓国内での在外同胞に対する関心が高まった。それにより，彼らに対する支援政策の必要性が認識されるようになった。

金泳三政府は1996年2月に「在外同胞政策委員会」を設置し，在外同胞に対する政策を包括的に打ちたて始めた。そして1997年10月に在外同胞

---

19) 韓国では1980年代から日本の3K業種に相当する3D業種の人材難が深刻な問題となっていた。そのために多くの中小企業では無許可で外国人労働者を安い賃金で雇用していた場合が多かった。
20) 韓国の外国人入国者数を比較すると1985年は1,267,872名だったのに対して1995年は2,923,642名と2倍以上に増えている。その中で最大の入国者を記録した国は日本（1,652,089名）であり，外国人の入国緩和に関しては日本への適用が試験的に先行される場合が多い。

達を経済的に支援するために「在外同胞財団」を設立した。また，在外同胞1世に対して不動産制限を緩和したり，財産権の拡大，滞留期間の延長等優待を与えた。しかし，金泳三政権の在外同胞政策は，「韓国人としてのアイデンティティ維持，海外同胞社会の支援，居住国での利益保護などの'現地化'」（チョン・ジェホ 2008: 111）であり，在外同胞を韓国に積極的に流入させる意図のものではなかった。在外同胞達の国内への本格的な流入を検討しはじめたのは次の金大中政権の時からであった。

3 在韓外国人の法的地位の変遷：在外同胞法制定を契機に

3-1．在外同胞法の制定過程

在外同胞法制定の社会的背景には三つの要因を指摘することができる。一つ目は在米同胞を中心とした在外同胞による1980年代以降の権利承認要求の声の高まりであり，二つ目は金泳三政権から始まった在外同胞政策推進の潮流であり，三つ目は1997年に起きたIMF経済危機の影響である。三つの要因が重なった結果が1999年の在外同胞法施行であると言える。

在外同胞法制定過程では，まず1980年代序盤からアメリカの市民権を得て韓国籍を失った在米同胞が中心となって二重国籍の許可，僑民庁の設立，韓国国内で厳格に制限されていた経済活動や不動産所有の許可，出入国の便宜などを求めるようになった。二重国籍を認めていなかった韓国では移民先の国で市民権や国籍を取得すると韓国籍を離脱・喪失しなければならず，国籍を失った者は一般の非韓民族外国人とほぼ同じ待遇を受けていた。しかし，歴史的に新しく移民した者が大部分である在米同胞は移住後も韓国との繋がりを強く希望していた。

在米同胞は約200万名と規模が大きく，移民後も韓国との関係が深い者が多く，アメリカの韓国への強い政治的・経済的・社会的・文化的影響力等の要因があって，各国の在外同胞の中でも韓国に最も大きな影響力を及ぼせる集団であった。

1990年代に入り，韓国内で在外同胞に対する関心が高まり，中国や旧共産圏の在外同胞達との接触が増えたこともあって在外同胞政策が多く論議されるようになった。その結果，金泳三政権から在外同胞に対して本格的な政策が施行されるようになった。

金大中政府は金泳三政府の在外同胞政策をより発展させた。金大中は権威主義政権時代に在外同胞達の後援を受けていたこともあり，彼らに対する関心が深かった。

金大中政府の在外同胞政策は在外同胞達の居住国での生活安定化の支援と，母国との連帯強化，力量活用だった。すなわち，金大中政権には金泳三政権とは異なり，在外同胞の韓国での積極的活用という意図があり，それを現実化するための法が在外同胞法であった。

在外同胞法は1998年に法務部が原案を提出したが，その案は在外国民と外国籍同胞に対して義務を免除しながら内国人（韓国人）と同等な権利を付与しようとするものだった。この法案に対して韓国内では多くの批判が生じた。兵役義務がある韓国では，義務と権利が密接な関係を結んでいる。兵役を免除されている者が国民と同じ権利を有することには強い反発があった。また，旧ソ連や中国から大量の労働者が入ってくる可能性に対して国内労働者保護の観点に立つ人々から大きな反発が起きた。その他にも外交通商部は血統主義に立脚したこの法が外国人間の待遇差別を禁止している国際法原則に違反する可能性を憂慮し，また中国及び旧共産圏国家との外交的摩擦が憂慮されるとして反対を表明した。

在外同胞法法案はその後紆余曲折を経ながら内容を大きく変えていった。国内世論の批判を避けるために在外同胞に付与する権利内容が縮小された。また法の適用対象者から中国の朝鮮族や旧ソ連地域の高麗人，日本の朝鮮籍保有者等を除外した。すなわち，外国籍同胞を「大韓民国の国籍を保有していた者，或いはその直系卑属として外国国籍を取得した者の中で大統領令で定めた者（第2条2項）」と定義し，大韓民国樹立以前に移民した者達を適用外とした。そして，国際法の人種差別禁止原則違反を避けるために，在外同胞だけでなく韓国に滞留する全ての外国人の社会的権利，経済的権利を改善する方向で調整した。その結果，外国籍同胞が非韓民族の滞留外国人と比べ

て優遇される領域は，土地所有や金融取引に関するごく一部や滞在に関するものに事実上限定されていった。

在外同胞法の制定に関しては反対意見が多かったが，修正法案が1999年8月に国会を通過した。多くの批判にも関わらず法案が早期に通過した背景には，当時の韓国がIMF危機と呼ばれる極度の経済難状態にあったことが大きな影響を及ぼしていた。

失業者が急増し，財政難の金大中政権は外貨や外国資本を国内に流入させることが急務であった。また，国内の韓国人労働者を保護しなければならなかった。二つの問題を同時に解決するために金大中政権は在外同胞法を早期に成立させたとも言える。即ち，経済力がある先進国の同胞を優遇政策により国内に積極的に招き入れて投資を活性化させようとしながら，同時に韓国人労働者を保護するために旧共産圏や中国出身の同胞が労働者として流入するのを防ごうとした。

在外同胞法は，在外同胞達の韓国への出入国，及び滞留時の権利を改善するために立案された法律である。しかし，その制定をめぐっては，投資の活性化・外国人労働者流入憂慮という経済的な変数が大きな影響を及ぼしていた[21]。すなわち，在外同胞法の制定には労働市場の原理が実際には最も大きな影響力を及ぼしていたと指摘することができると考えられるのである。

3-2. 在外同胞法の制定を前後した在韓外国人の権利の変化

1999年の法制定当時の在外同胞に認められた権利を列挙すると，在外同胞滞留資格の付与（第5条），国内居所申告證発給（第7条），出入国と滞留（第10条），就労（第10条），不動産取引（第11条），金融取引（第12条），外貨取引（第13条），医療保険（第14条）などがこれに該当する。

居住権に関しては，出入国と滞留について第5条と第10条で記載されている。即ち，第5条1項では大韓民国内で活動しようとする外国籍同胞に

---

21) 韓国に滞在を希望する外国籍の同胞達の中で多くの者は単純労働への就業を望んでいた。しかし韓国政府は，外国人の単純労働就労を制限していたため，両者の間に葛藤が生じ，以降在外同胞法が何度も改正されていく根本的な要因となった。

対して在外同胞滞留資格（F-4）を付与することが明記された。また第10条1項では在外同胞滞留資格による滞留期間の上限は2年と定められ，望めば滞留の延長も可能となった。

　在外国民の場合は韓国への入国・滞留には査証が必要でない。従って入国及び滞留に関しては直接的な恩恵を受けていない。しかし，在外同胞法の制定により，在外同胞達は韓国人に発給される住民登録證，外国人に発給される外国人登録證と同等の効力を持つ身分証である国内居住申告證が発給されるようになった。それにより金融取引・不動産取引などが本人名義で行うことが可能になった。それまで在外国民は国民でありながら公的な取引に必要な身分証を発給されず，契約面では事実上外国人よりも不利な地位に置かれていた。従って，居住権において改善があったと見ることができる。

　経済的権利の変化は両面的であり，特に改善が見られなかったのは就労に関する権利である。第10条5項では，外国籍同胞の就業その他経済活動に関して，社会秩序又は経済安定を害さない範囲内で自由な就労を認めた。しかし，実際には単純労務作業への就業を禁じていたために多くの在外同胞達が望む職種への就業は法的に認められなかった。一方で，不動産取引（第11条），金融取引（第12条），外貨取引（第13条）に関しては，ごく一部の例外[22]を除いては国民と同等な権利を得るようになった。特に外国人の土地所有に関しては厳格な制限が設けられていた過去と比べると外国籍同胞の権利は大幅に改善された。また，前述したように在外国民も国内居所申告ができるようになったので，経済取引が自由に行えるようになった。

　社会的権利に関しては，第14条により，90日以上韓国内に滞留する在外同胞に対して医療保険関係法令が定める所により医療保険が適用されるようになった。民主化以前，韓国では多くの国民が医療保険・サービスを受けられない状態にあり，外国人の場合は国家福祉制度から完全に除外されていた。しかし，在外同胞法の制定によって外国籍同胞を含む在外同胞にも医療保険が適用されるようになった。

　在外同胞に対するこれらの法的地位の改善は在外同胞法の制定により認め

---

[22] 例えば，外国人土地法第4条では外国籍同胞の土地取得に関して軍事施設保護区の土地取得に制限を設けている。

られたものである。しかし，80年代後半から生じた外国人出入国政策を巡る国際的・国内的な諸々の環境変化の結果であるともいえる。

上記したものが在外同胞法制定により在外同胞に認定された権利である。在外同胞法は在外同胞を法の適用対象としている（第3条）ので，韓民族ではない在韓外国人の法的地位の変化とは直接的には無関係である。しかし実際には在外同胞法の制定を前後して，全ての在韓外国人にも入国と滞留に関する権利を除いて在外同胞とほぼ同様の権利が認められるようになっていった。

では何故，在外同胞法の適用対象とは本来関係がない非韓民族系外国人の法的地位も急速に改善されたのか。そこには国際人権規約や人種差別撤廃協約への抵触に対する憂慮が作用している。すなわち，外国籍同胞に対する優遇政策が，在韓外国人間の差別に繋がる人種差別政策となりかねないことを憂慮した結果であるともいえる。

韓国の憲法第6条2項は「外国人は国際法と条約が定める所によりその地位が保証される」となっており，外国人の法的地位に関して国際法を遵守することが明記されている。韓国が批准している国際人権規約（B）第2条では自国内の「全ての個人に対して，人種，皮膚の色，性別，言語，宗教，政治的或いはその他の意見，民族的或いは社会的出身（national or social origin），財産，出生，またはその他の身分に根拠した差別を禁止」（チョン・インソプ 2002: 27 から再引用）している。他にも第26条が同様にして差別禁止と法律の全ての対象者に対する平等を規定しており，人種差別撤廃協約第1条でも人種差別を禁止している。

在外同胞法が人種差別法に該当するのかに対しては多くの論争が生じた[23]。特に，2001年に憲法裁判所によって在外同胞法が違憲判決を受けてから改正論と廃止論の間でこの法律が人種差別法に該当するのかどうかが激しく争われた。しかし，論争次元とは別に韓国政府は在外同胞に認めた権利に関して，入国や滞留に関するものを除いて非韓民族在韓外国人にも順次認め

---

23) 在外同胞法の人種差別性に関しては，主として改正論者達は差別性を否定しており，廃止論者たちは認めている。改正論には，ノ・ヨンドン（2003）らがおり，廃止論には，チョン・インソプ（2002）らがいる。

ていくという方策を採用している。これは結局，韓国政府の差別条項抵触に対する自主的配慮とも言うことができる。

　在外同胞法は韓民族と非韓民族の区分により外国人間の待遇格差を生じさせたが，韓国人と在韓外国人間の権利格差を全体としては縮小させた。強力な自民族優遇政策の実施と国際人権規約の人種差別禁止条項違反への配慮の組み合わせによって，短期間に全在韓外国人の権利が大幅に改善したと言える。この点は，外国人の法的地位を語る上で韓国の特徴がよく出ている部分と言えるだろう。

　勿論これは外国人間の法的地位に関する差別問題を放置しても良いという意味ではない。在外同胞法は人種差別法としての一面を有している。しかし，外国人間の待遇差よりも韓国国民と在韓外国人間の法的地位の待遇差異の方がより深刻であったために，在外同胞法の副次的効果と呼べる全在韓外国人の社会的・経済的権利改善を全て否定することはできない。韓国における外国人の権利の保障や拡張の要求，及びその実現は在外同胞の権利拡張要求に間接的に依存していると言える。10年という短期間に在韓外国人の法的地位が大幅改善した事実は，在外同胞の権利拡張要求を認定した法律である在外同胞法の効果を無視しては説明することが難しいのである。

4 在韓外国人の法的地位：在外同胞法制定以降

　在外同胞法は制定過程において多くの問題点を提示したが，その制定後も多くの問題点を抱えることになった。在外同胞法は制定当時，大韓民国樹立以前に移住した者達の中で韓国国籍を所有していない者を法の適用対象から外していた。それに対し，法の施行直前の1999年8月に韓国滞在在中同胞3名が，同法が憲法上の平等権を侵害し，在外同胞間に差別を作り出しているとして憲法裁判所に提訴した。2001年11月に憲法裁判所は，既存法（在外同胞法）が合理的な理由なしに政府樹立以前に海外移住した同胞を差別しているとして憲法11条平等原則に違反すると判決を下した。その判決の結果，韓国政府は在外同胞法を改正するか廃止するかを再び選択しなければな

らなかった。これにより在外同胞法に対する改正論と廃止論の論争が本格化した。

盧武鉉政府は結局，改正を選択した。外国籍同胞の定義に対して「（大韓民国政府樹立前に国外に移住した同胞も含める）」という但し書きが括弧（　）の形態で追加され，法の適用対象者が拡大される方向で2004年3月に法が改正された。法の条項では在外同胞間の平等が認定された。しかし，在外同胞法の下位法である施行令や施行規則により，在中同胞や旧ソ連圏同胞に対しては事実上の入国制限が続いた。その他に，在日同胞，特に朝鮮籍の在日同胞に対して法の適用が拒否される場合が多数出現した。また，韓国人労働者の保護の観点から依然として在外同胞達の就労には制限が存在した。

中国や旧ソ連地域の同胞に対しては2007年に訪問就業制度を導入したことで自由に往来し，就労もほぼ自由に行えるようになって事実上問題は解決した。一方で朝鮮籍在日同胞の問題は現在まで続いている。これは南北分断体制が韓国の出入国政策に大きな影響を及ぼし続けていることを端的に物語っている。

一方で2005年12月の改正では，兵役忌避目的で国籍を離脱した者と喪失した者に対して在外同胞としての滞留資格を制限することが条項に挿入された。この改正は二重国籍問題[24]と関連して世論の高揚を背景にして挿入された条項である。兵役忌避＝義務の不平等に対する不満が根底にある改正であると言える。

しかし，兵役義務は事実上男性にのみ賦課されているものである。女性の場合は軍隊に関する義務は事実上存在しない。これにより在外同胞のメンバーシップに関する話にはジェンダーの問題が含まれていることが指摘できる。このように在外同胞法は，誰が在外同胞なのか，即ち韓民族の構成員なのかというメンバーシップに関連した多くの問題を含んだ法律であるという一面も有している。

在外同胞法は2004年の改正以降も数次の改正を繰り返している。2005年のように兵役忌避者に対する適用制限などの変更もあるが，主として在外同

24）韓国の二重国籍問題に関しては，チョン・インソプ（2004）を参照のこと。

胞の韓国滞留許可期間及び就労条件に関する調整である。これは韓国政府が在外同胞の法的地位を調整することで出入国を統制していることを意味してもいる。

2010年12月現在の在外同胞の韓国内での法的地位は，在外同胞法が制定された1999年と比べると大幅に改善した。在外同胞資格を認められれば入国・滞留，及びその延長は容易になった。労働に関する規制も大幅に緩和され，不動産・金融取引や社会保険・社会サービスの適用も韓国国民とほぼ遜色なく受けられるようになった。また，多文化政策[25]の流れから2002年に導入された永住資格制度[26]においても在外同胞はその取得に有利な立場にいる。2005年に導入された外国人地方選挙参政権制度でも，投票権取得の要件は永住権の取得であり，在外同胞は非韓民族外国人に比べて間接的に有利な地位にいると言える。在外同胞法の制定とその改定により在外同胞は居住権，経済的・社会的権利，永住権，参政権という法的地位に関する権利が多く改善したと言える。

勿論，在外同胞が韓国国民と全く同等な権利を得た訳ではない。そして在外同胞に対する権利の調整政策は現在も続いており，毎年の様に法的地位が変化している。在外同胞は他の外国人と同様に韓国政府により管理・統制される対象であることは今も変わらない。しかし入国や滞留期間や就業に関して在外同胞は，非韓民族外国人とは明確に異なる権利を有していると言える。そのために在外同胞は国民と外国人の中間段階の法的地位を有していると述べるのが妥当であると思われる。

非韓民族の在韓外国人の法的地位も最近10年間で大きく改善した。そこには多文化政策の流れもあるが，外国籍同胞に対する権利承認の間接的影響

---

[25] 韓国で多文化という言葉が政策上で積極的に使用されるようになったのは2005年前後からである。しかし，外国人の急増により，既に2000年前後から研究者達の間では多文化という言葉が使われており，政府による施策も部分的に講じられるようになっていった。

[26] 2002年当時の永住権取得者は6,022名であり，その内で華僑が5,958名を占めた。永住権制度は一見華僑のために発足した制度のようにも見えるが，華僑の歴史性・特殊性に鑑みた上で集団に対して付与した権利ではない。2002年の段階では15,652名が居住資格（F-2）であった。2010年現在，華僑が他の外国人より永住権を取得し易いのは確かであるが，"本人又は同居家族名義の3,000万ウォン以上の預金残高証明"が必要であり，経済的な条件を満たさなければ永住権は得られない。

という面も少なくない。即ち，まず在外同胞に権利を承認し，後に全ての在韓外国人に権利を承認するという流れである。これは人種差別政策に該当しないために，結果論的に全ての外国人に対して権利を付与する流れによって公平性を確保しようとする観点でもある。これを通じ，在韓外国人達は特に社会的・経済的権利面で大幅な法的地位の改善を迎えた。

5　おわりに　在外同胞法と公共性

　本章は在外同胞法という1つの韓国国内法を中心に，韓国における外国人の法的地位の変遷と特徴を見てきた。最近10年ほどの在韓外国人の法的地位の向上は，自民族優遇政策の実施と国際人権規約の人種差別禁止条項違反への配慮の組み合わせによってなされた面を無視できない。この組み合わせを可能にしたのが在外同胞法であると言える。

　韓国の出入国管理政策，外国人の法的地位に関する問題は日本のそれと多くの点で類似性を見せている。産業研修制度導入，伝統的に閉鎖的な血統重視主義，多文化政策の推進などが似ている。両国がその過程で見落としがちなものも似ている。両国で単一民族社会的思考[27]が現在まで社会に根強く存在しており，外国人住民を抑圧して来た歴史が存在している。このような点から，日韓両国の外国人出入国政策及び外国人の法的地位問題に対して有意な変化が生じれば，他国に影響を及ぼす可能性もその分だけ大きい。両国の社会状況が少しでも改善されることを望むものである。

　また，本章は在外同胞という血縁を根拠にした国民とも外国人とも異なる特殊な集団が在韓外国人全体に及ぼした影響に関して論じた文章でもある。具体的には在外同胞法の制定を前後して全ての在韓外国人の法的地位が急激に改善され，金融活動など多くの面で韓国国民とあまり遜色ない待遇を得ることになった。これは多くの分野で韓国社会から排除されていた在韓外国人達が制度的に内部に編入されたことを意味する。言い換えれば，在外同胞法

---

[27] 韓国の場合，2007年UN人種差別撤廃委員会（CERD）は韓国政府に対して韓国社会の多民族的性格を認定し，韓国が'単一民族社会'という虚像から抜け出さなければならないと指摘した。

第Ⅲ部 「在外同胞」と民族意識 —— 韓国社会から

は韓国における公共圏の枠組みを変容させる契機となったとも言える。そして公共圏の枠組みを変容させた在外同胞とは血縁を媒介にして同質性を訴える，親密圏と密接な関係を有した集団である。すなわち，本章は在外同胞という親密圏と密接な関連を有する集団を対象とした在外同胞法という法律が，すべての在韓外国人の韓国社会内部への編入を制度的に後押しして公共圏の枠組みを変容させたことを論じた文章であると言い直すこともできるであろう。

● 参考文献 ●

日本語文献

駒井洋他 2002『外国人の法的地位と人権擁護　講座グローバル化する日本と移民問題　第Ⅰ期第2巻』明石書店。
――――，2003,『多文化社会への道　講座グローバル化する日本と移民問題　第Ⅱ期第6巻』明石書店。
中国朝鮮族研究会編 2006『朝鮮族のグローバルな移動と国際ネットワーク「アジア人」としてのアイデンティティを求めて』アジア経済文化研究所。

韓国語文献

이진용 2002「한국의 재외동포정책：재외동포법 개정의 쟁점과 대안」『한국과 국제정치』18.（イ・ジンヨン 2002「韓国の在外同胞政策 —— 在外同胞法改正の争点と対案」『韓国と国際政治』18。）
이순태 2007『다문화사회의 도래에 의한 외국인의 거주, 적응, 정체성』고려대학교.（イ・スンテ 2007『多文化社会の到来による外国人の移住，適応，アイデンティティ』高麗大学。）
이성옥 2007「한국에서 이주 노동운동과 다문화주의」『한국에서 다문화주의』한울.（イ・ソンオク 2007「韓国での移住労働運動と多文化主義」『韓国での多文化主義』ハンウル。）
이병훈 2007「한국의 재외동포정책：현상과 과제」『고려법학』48.（イ・ビョンフン 2007「韓国の在外同胞政策 —— 現状と課題」『高麗法学』48。）
이영식 1999「해방직후 해외동포의 귀환과 미군정의 정책」서울시립대학교 국사학과 석사학위논문.（イ・ヨンシク 1999「解放直後海外同胞の帰還と米軍政の政策」ソウル市立大学国史学科修士学位論文。）
오경석 외 2007『한국에서 다문화주의』한울 아카데미.（オ・ギョンソク他 2007『韓国での多文化主義』ハンウルアカデミー。）
김귀옥 2000「월남인의 생활경험과 정체성：밑으로부터의 월남인 연구」,『韓國社會

學』34(3). (キム・キオク 2000「越南人の生活経験とアイデンティティ ―― 下からの越南人研究」『勧告社会学』34(3)。)

국가인권위원회 2006『UN 인권조약 감시기구의 일반론 및 일반권고』. (国家人権委員会 2006『国連人権条約監視機構の一般論評及び一般勧告』。)

국가인권위원회 2008『UN 인권조약 감시기구의 대한민국에 대한 권고법』(――――2008『国連人権条約監視機構の大韓民国に対する勧告集』。)

설동훈 1992「한국의 노동시장과 외국인 노동자」『경제와 사회』vol. 15. (ソル・ドンフン 1992「韓国の労働市場と外国人労働者『経済と社会』15。)

송호근・홍경준 2006『복지국가의 태동』나남출판. (ソン・ホグン, ホン・ギョンジュン 2006『福祉国家の胎動』ナナム出版。)

정인섭 2002『재외동포법』서울 사람생각. (チョン・インソプ 2002『在外同胞法』サランセンガク。)

―――― 2003「유럽의 해외동포 지원입법의 검토」『국제법학회논집』48(2). (―――― 2003「ヨーロッパの海外同胞支援立法の検討」『國際法学会論集』48(2)。)

―――― 2004『이중국적』서울 사람생각. (―――― 2004『二重国籍』サランセンガク。)

정근식・엄미경 2000「디아스포라, 귀환, 출현적 정체성 사할린 한인의 역사적 경험」『재외한인연구』9(1). (チョン・グンシク, オム・ミギョン 2000「ディアスポラ, 帰還, 出現的アイデンティティ ―― サハリン韓人の歴史的経験」『在外韓人研究』9(1)。)

전재호 2008「세계화 시기 한국 재외동포정책의 쟁점과 대안 : 재외동포법과 이중국적을 중심으로」『한국과 국제정치』24(2). (チョン・ジェホ 2008「世界化時期韓国在外同胞政策の争点と対案 ―― 在外同胞法と二重国籍を中心に」『韓国と国際政治』24(2)。)

정성호 2004『화교』살림출판사. (チョン・ソンホ 2004『華僑』サルリン。)

전영평 외 2010『한국의 소수자정책 담론과 사례』서울대학교출판문화원. (チョン・ヨンピョン他 2010『韓国の少数者政策談論と事例』ソウル大学校出版文化院。)

나영동 1996『외국인 노동자 정책과정에 관한 연구』서울대학교 행정학과. (ナ・ヨンドン 1996『外国人労働者政策過程に関する研究』ソウル大学校行政学科。)

노영동 2003『재외동포법 개정, 어떻게 되고 있냐』. 서울 다혜. (ノ・ヨンドン 2003『在外同胞法改正, どうなっているのか』ソウル・タヘ。)

박경태 2008『소수자와 한국사회』후마니타스. (パク・キョンテ 2008『少数者と韓国社会』フマニタス。)

박명규 1996「중앙아시아 한인의 집합적 정체성과 그 변화」『사회와 역사』48. (パク・ミョンギュ 1996「中央アジア韓人の集合的アイデンティティとその変化」『社会と歴史』48。)

―――― 2008「한인 디아스포라론의 사회학적 함의」『한국의 소수자, 실태와 전

망』, 한울 아카데미. (——— 2008「韓人ディアスポラ論の社会学的含意」『韓国の少数者, 実態と展望』ハンウルアカデミー。)

법제처 2008『외국인의 출입국, 지위 및 체류관련 법령에서 차별적 표현개선에 관한 연구』. (法制処 2008『外国人の出入国, 地位及び滞留関連法令での差別的表現改善に関する研究』。)

법무부 2003a『출입국관리 40 년사』. (法務部 2003a『出入国管理四十年史』。)

법무부 2003b『출입국관리 40 년사 (자료편)』. (——— 2003b『出入国管理四十年史 (資料編)』。)

법무부 출입국 외국인 정책본부 2009『재외동포용 법＆생활』. (法務部出入国・外国人政策本部 2009『在外同胞用 法＆生活』。)

양필승・이정희 2004『차이나타운이 없는 나라』서울. (ヤン・ピルスン, イ・ジョンヒ 2004『チャイナタウンがない国』ソウル。)

윤인진 2003「코리안 디아스포라」『韓國社會學』37(4). (ユン・インジン 2003「コリアンディアスポラ —— 在外韓人の移住, 適応, アイデンティティ」『韓国社会学』37(4)。)

尹錫卿 1991「美軍政期 行政의 性格과 그 影響에 관한 研究」『사회과학연구』2. (ユン・ソッキョン 1991「米軍政期行政の性格とその影響に関する研究」『社会と科学研究』2。)

英語文献

Seyla Benahabib 2004. *The Rights of Others*, Cambridge University press.
Marshall T.H. and T. Bottomore 1992. *Citizenship and Social Class*, London, Pluto Press.

ウェブサイト

韓国法務部（2010 年 12 月 1 日最終閲覧, http://www.moj.go.kr/）
韓国出入国外国人政策本部（2010 年 12 月 1 日最終閲覧, http://www.immigration.go.kr/）
韓国統計庁国家統計ポータル（2010 年 12 月 1 日最終閲覧, http://www.kosis.kr/）
Lawn B（韓国法令検索サイト）（2010 年 12 月 1 日最終閲覧, http://www.lawnb.com/）

第10章 祖国とディアスポラ
1970年代韓国映画における在日朝鮮人表象[1]

金　泰植
(キン　テシ)

　本章はディアスポラの生活様式に多大な影響力を与える「祖国」がどのようにディアスポラを眼差してきたかについて，韓国と在日朝鮮人[2]の例から考察することを目的とする。鄭根埴(チョングンシク)とオム・ミギョンはサハリン韓人の場合，一般的なディアスポラを研究する場合に必要な祖国と居住国そしてディアスポラ集団という枠組みに加えて，サハリン韓人の歩んできた歴史性から南北朝鮮と日本，ロシア，サハリン同胞社会の5者関係をみる必要があると指摘したが(鄭・オム 2008)，在日朝鮮人もまた南北朝鮮と日本そして分断の影響を色濃く受ける在日朝鮮人社会を考慮にいれる必要がある。本章ではその中でも特に分断した祖国との関係性に注目する。

　本書に収録された大半の論文がディアスポラと居住国であるホスト社会との関係性に注目している中，第4章(趙慶喜(チョウキョンヒ))は主に2000年以後の「脱冷戦」期の在日朝鮮人の存在様態と韓国社会における表象を通して，ディアスポラと母国との関係性について考察を試みている。分断祖国をもつ在日朝鮮人にとって祖国との関係，また同胞社会のどの立ち位置にいるかはその生活様式に決定的な影響を与え，在日朝鮮人の身体を拘束し「移動」を制限してきた。趙慶喜が2000年以降の分析に主眼をおいているのに対し，本章は

---

1)　本章は金泰植(2011)を元に，本書のテーマに合わせて修正した上で翻訳した原稿である。なお本章で使用した写真は全て韓国映像資料院より提供された。
2)　本章では「在日朝鮮人」を「日本による朝鮮の植民地支配の時期，または「解放」後の混乱期に日本に渡ることになった朝鮮人とその子孫」として定義する。

朴正煕(パクチョンヒ)政権にまで考察対象をさかのぼることにする。なぜなら本章で以下にみるように，韓国と在日朝鮮人の多くの接点が生まれたのが朴正煕政権の時であり，朴正煕政権に入り移動も活発化し同時に様々な事件が引き起こされたからである。

　本章は特に，韓国における在日朝鮮人表象が朴正煕政権の国民的記憶作りの中で行われた点に注目する。その考察の為に本章では，当時の国家の有力な宣伝手段であった映画を分析対象とする。具体的には，離散家族とスパイ映画の結合という在日朝鮮人が登場する映画の代表的なプロットが込められた『EXPO70 東京作戦』(1970) と，1960年代後半から1970年代初頭にかけて国民的な人気を得た国策プロパガンダ映画『八道江山』シリーズの形式を引き継ぎながら作られた『帰ってきた八道江山』(1976) の二つの映画に対する言説分析を行う。

　『EXPO70 東京作戦』は，大阪万博をみるために日本にきた韓国人観光客を総聯のスパイが包摂し朝鮮民主主義人民共和国に連れて行こうとするが，韓国の敏腕情報員によって阻止され逆に総聯の工作員が転向し韓国に帰順するといった内容であり，『帰ってきた八道江山』は本書に収録された金成姫(キムソンヒ)論文(本書第11章)が考察対象とする「総聯系」在日朝鮮人を対象とした韓国への母国訪問団事業を宣伝するための映画である。両映画ともに「総聯系」在日朝鮮人の韓国社会への包摂という点がポイントである。韓国がどのように「総聯系」在日朝鮮人を眼差してきたかを問うてこそ，分断祖国が在日朝鮮人に与える影響をみることができる。

　本研究の方法論である言説分析の長所は，「「多数派」によってどのように知識が生産され，知識の生産がどのように権力関係に加担し，ひいてはどのように社会的集団を作りだすと同時に人々を個人化し，主体化するのか」(酒井 2007: viii) を明らかにする点にある。特に国家の影響力がもっとも強く作用した1970年代の韓国映画を考察することは，国家イデオロギーを問題にする上で意味のある作業になる。それでは以下，朴正煕政権時の国民的記憶の創出のための動きと在日朝鮮人との間に結ばれた様々な関係性を整理したうえで具体的な作品の分析に入る。

第 10 章　祖国とディアスポラ

1　朴正熙政権と国民的記憶の創出

　ナショナル・アイデンティティの形成の為に国民的記憶という名の集合的記憶の形成と普及が重要だということは，もはや自明なことだと思われる。エルネスト・ルナンは，国民を作る為には「過去においては共通の栄光を，現在においては共通の意志を持つこと」が重要だといい，そのためには「忘却と歴史的誤診」が必要だと指摘した（ルナン 1997）。ベネティクト・アンダーソンも指摘したように，近代の国民国家が多種多様な人々をひとつの国民として纏めあげるためには，現実の差異を一旦無視した「想像の共同体」が人々に意識されなければならない。この「想像の共同体」を人々に意識させようと躍起になったのが，まさに朴正熙政権である。以下は 1965 年 11 月 27 日の朴正熙の言葉である。

> 私たちは現在祖国近代化という至上目標に向かって政治的，経済的，社会的な発展のために国民の総力を集中させていますが，私たちのこのような努力が所期の目的を達成するにはなによりも民族文化の創達に基盤をおいた主体的な民族精神の宣揚が先行されねばなりません。（シン 1972: 281）

　この発言から朴正熙大統領が「民族」という想像の共同体を強化する民族主義を動員イデオロギーとして意識的に利用しようとしたことがわかる。ここでいう主体的な民族精神の宣揚の為の代表的な例として，李舜臣（イ スンシン）の英雄化をあげることができる。朴正熙政権に入りながら李舜臣の銅像が新たに建てられ，李舜臣を祀った顕忠祠が整備拡張され，李舜臣の功績を謳う「忠武公の歌」が制作され，李舜臣の『乱中日記』が学校教育の現場に配布されている（ウン 2005）。ここでのポイントは，李舜臣が殉国と滅私奉公の象徴として再英雄化されていった点である。このような民族主義の高揚のための施策は，1968 年に文化広報部と民族文化芸術開発委員会が結成され同年 12 月に国民教育憲章も作られることによって一層押し進められた。それにより 1960 年代後半から 1970 年代にかけては，愛国先烈彫像建立委員会により李舜臣をはじめ世宗，乙支文徳，姜邯贊，柳寛順などの銅像などの偉人に関す

る銅像が建立されている。「維新」後の1973年には文芸増興5カ年計画の発表と韓国文化芸術振興院の結成により，民族の英雄に関する聖域化事業はさらに加速化している（チョン 2007a）。

　ただし1960年代後半に入ると，それまでの民族主義よりは反共主義イデオロギーが全面的に強調されるようになった。反共主義の極地といえる維新体制が1972年に成立した背景として，一般的には日韓条約の締結やベトナム戦争，そして青瓦台奇襲事件をはじめとした1968年に相次いだ朝鮮民主主義人民共和国による武力挑発行為，ニクソン・ドクトリンなどによる安保脅威の増大があげられている。しかし朴泰均（パクテギュン）が指摘するように，維新体制はけっして外的要因によってのみ成立されたのではない。朴は韓国が1964年から積極的にベトナムに派兵したことが朝鮮民主主義人民共和国にとって脅威になり，それが1967年の粛正と軍事冒険主義を助長させた側面を指摘している。また1968年の青瓦台奇襲事件以前から朴正熙大統領が住民登録法と徴兵制の強化などの国家統制のための政策を実施し，国民に精神的な改造を要求する「第二経済論」を唱えたことは重要である（朴 2005）。一連の安保上の脅威は，執権後から進めた朴正熙政権の統治イデオロギーに正統性を与える結果になったといったほうが正しい。

　このような動きと朴正熙政権における映画政策は連動している。事実，映画は「国民」の創出に多大な役割を果たしてきた。Ｄ・Ｗ・グリフィス監督の『国民の創生』(1915) は字義通り国民を作り出すうえで大きな役割を果たし，またナチスドイツや戦前の日本帝国（日帝）がプロパガンダ映画を積極的に利用してきたのはよく知られている。朴正熙政権も就任当初から映画に関し統制を強め，統治体制のために利用しようとした。もちろん李承晩（イスンマン）政権時代から，映画は国家イデオロギーが強く反映されたものであった。イ・ハナは1950年代から1960年代の韓国映画を，「再建」というキーワードに注目して分析している。イは日本の植民地支配により奪われた民族文化を再建しようという中で，また朝鮮戦争による被害からの再建の中で韓国のナショナル・アイデンティティが徐々に作られていったと指摘した。イによると「再建」のキーワードの中身が「民族」「反共」「資本主義」「国民」であったといい，国家が「文化映画」を直接生産しながら映画の中に国土や国旗，国

歌や国花を頻繁に登場させてきたという。しかし国家が作った反共映画は，むしろ「反共」と「民族」の間で矛盾と葛藤が起きている場合が多いと指摘した点は重要である。この矛盾と葛藤は分断の現実から生じる。一方の分断国家が自らの民族的正統性を主張するが，他者であるもう片側もまた同じ民族であるという矛盾と葛藤である（イ・ハナ 2008）。

　また反共映画を考察するうえで重要なことの一つが，検閲である。90編以上の映画を演出し，反共映画も多数作っている映画監督ピョン・ジャンホ（1935-）は，映画を製作するうえで行政的統制，道徳的統制，商業的統制の三つの統制が働いてきたと指摘しながら，特に国家による行政的統制が韓国映画に大きな影響を与えてきたことを明らかにしている（ピョン 2003）。この国家による検閲も朴正熙政権後に強化されている。1962年には映画法が制定されているが（1985年までに5次に渡り改訂），第一次映画法は1940年に日帝下で作られた朝鮮映画令を踏襲するもので，その内容は二重検閲と事前検閲，優秀映画政策，国策映画，ニュースおよび文化映画の強制上映制，映画製作社の強制的整備，映画団体の国家機構化，外国映画クォーター制の導入などの内容であった。また明確な法的根拠が無く行われていた検閲も，1966年第5次憲法改正案18条2項により，「公衆道徳と社会倫理の為には映画や演芸にたいして検閲を行うことができる」と初めて明文化された。この事前検閲が廃止されるのは，憲法裁判所が違憲判決を出した1996年に入ってからである。このような締め付けの一方で，政府は反共映画を作った会社にのみ当時の映画社にとって莫大な利益をもたらす外国映画の輸入権を与えている。これにより映画の配給会社は，「進んで」政府の方策に従うこととなった（キム・ミヒョン 2006）。当時の国家による映画への統制をよく表す事件として，1965年に製作されたイ・マニ監督の『7人の女捕虜』が，朝鮮人民軍を人間的に描いたという理由で反共法違反により監督が拘束された事件をあげることが出来る。映画への検閲が厳しい中で，映画監督が自らに事前検閲をかけていたことも容易に想像出来る。また韓国で最も歴史ある映画賞である大鐘賞(テジョン)において，第5回（1966）から第24回（1985）までの間，優秀反共映画賞と反共映画脚本賞が制定されていた事実は，当時の映画界において反共映画が重要な位置を占めていたことを教えてくれる。映画法の制

定と改訂，優秀反共映画賞の制定ともに朴正煕政権に入ってからの出来事であり，その統制は1960年代中盤以降徐々に強まっていったのである。

本章では映画を分析するうえで，映画に働くジェンダーの役割にも注目する。酒井直樹は「国際的な支配と被支配者の関係は，支配者＝男性　対　被支配者＝女性という構図を維持しつつ，恋愛関係の比喩によって最も集約的な表現をうることができる」と指摘している。そして国際的な恋愛の語りが示唆するのは，支配者側の男性の「顕在的に描かれる理想化された男性性 (super masculinity)」と，被支配者側男性の「暗示された脱男性性 (de-masculinization)」である。これらの映画には前者に対する男性性の「誇示」と後者に対する「剥奪」という，「陵辱・去勢の両価性をもった植民地支配の儀式」が象徴的に機能しているのである (酒井 2007: 25)。わかりやすくいうならば，西洋の男性が原住民男性から原住民女性を救うというような構図であり，西洋男性と原住民女性が恋愛で結ばれることによって，両者の間にあるはずの暴力的な関係がみえなくなるのである。

2 朴正煕政権と在日朝鮮人

権赫泰(クォンヒョクテ)は，韓国における新聞報道や映画，漫画などの分析を通して，韓国社会における在日表象が韓国社会における「ネイションの形成」の過程で作られ，「反共」「民族」「開発主義」の三つのフィルターが作用することにより，「アカ」「半チョッパリ」「成金」というイメージが産み出されてきたと指摘した (権 2007)。権は『朝鮮日報』における在日朝鮮人に関する記事の頻度が高まった1950年代中後半の時期と1970年代が，それぞれ朝鮮民主主義人民共和国への帰国事業と総聯系在日朝鮮人を対象とした韓国への母国訪問事業の時期と重なる点をあげながら，分断との関係の中で在日朝鮮人表象がなされている点を指摘している。また1970年代の在日朝鮮人の民族性の喪失を危惧する新聞報道などをあげる一方で，力道山をはじめとした日本の差別に負けない英雄像としての在日朝鮮人の描き方の存在を指摘し，そこに「民族」フィルターが強く働いていることを明らかにしている。つまり「民族」

フィルターは「半チョッパリ」だけではなく「民族の英雄」も産み出し，同じように「反共」フィルターも「アカ」だけではなく朝鮮戦争に義勇軍として参加した在日学徒義勇軍[3]のように「反共の闘士」としてのイメージも作り出している。一方で「開発主義」フィルターもとても重要である。権は1950年代半ばから在日朝鮮人の投資を促進するための動きが新聞記事で見られたことを明らかにしているが，特にその動きは1961年に朴正熙政権が登場してから本格化している。

1961年5月16日軍事クーデターで執権した朴正熙は，反共主義と経済開発主義を採ったことでよく知られている。クーデター当時韓国の国民所得は一人あたり82ドルであり経済活動人口（15〜64歳）1,400万人中失業者が250万人にものぼった中で，朴政権にとって経済発展こそが第一の課題であった。その経済発展のための鍵として在日朝鮮人による投資の誘致が行われている。「経済再建の為に努力している政府としては，可及的速やかに僑胞（在日同胞）資本の導入を希望するところである」という政府関係者の言葉が1961年9月6日の東亜日報に記されているが，この時期に在日同胞企業人実態把握のための日本訪問団が結成されており，11月の朴正熙の初めての外遊もアメリカと日本に対して行われた。そして12月20日には民団の権逸（クォンイル）議長を団長とする61名からなる同胞企業人の訪韓団が結成されているが，それまでの訪韓団の母国の経済実態の視察という目的に加えて経済開発5カ年計画遂行支援という目的が加えられている点は注目に値する（在日同胞母国功績調査委員会 2003）。

日韓条約締結以前から行われた民団系在日朝鮮人による積極的な韓国への投資もあり，韓国内で在日朝鮮人との繋がりが徐々に増えていった。それまで国家によって満足な補償を受けられないまま放置されていた在日学徒義勇軍たちは，1963年に戦死者たちが国立墓地に埋葬されるようになり，1967年に朴正熙大統領により勲章を授与されている。1973年には国立墓地の中に在日学徒義勇軍参戦勇士戦没慰霊碑が建てられ1979年に仁川市にある壽

---

[3] 朝鮮戦争に南側として参戦した在日朝鮮人学徒を中心とした青年たち642名で作られた義勇軍。日本に生きて戻ってきたのは265名，135名が戦死，残る242名はサンフランシスコ講和条約の発効に伴う日本国籍の喪失により日本に戻ることが出来なかった。

鳳公園に在日学徒義勇軍参戦記念塔が建てられた。また1971年に民団の要請により作られた在外同胞のための慰霊施設である「望郷の丘」に，1981年になって在日学徒義勇軍専用墓域が作られている。朝鮮戦争後に放置されてきた在日学徒義勇軍たちは，朴正熙政権に入りながら英雄となったのである。

　1966年からは文教部が在日同胞学生夏季学校を組織している。これは在日朝鮮人子弟たちが夏休みの間，韓国に滞在しながら歴史文化を学ぶプログラムであるが，反共主義的イデオロギーのとても濃いものであった。また夏期学校以外にも1962年以降母国修学制度が作られることにより，在日朝鮮人の韓国への「留学」の道が開かれた。しかし1975年に留学生18名が検挙された学園浸透スパイ団事件からもわかるように，在日朝鮮人は包摂の対象だけだったのでは無く監視の対象であった。もちろん1968年に起きた一連の北朝鮮による武力挑発行為や，1974年の在日朝鮮人文世光による朴正熙狙撃事件などが在日朝鮮人を監視対象とみなす背景にあったと言えるが，同時に大統領選挙や総選挙など政治的に重要な時期には決まって公安事件が起き，政権の危機を打破するのに利用されてきた側面がある（チョン2007b）。もちろんこれらの在日学徒義勇軍の英雄化や母国就学制度の背景には，前述した一連の朴正熙政権における国民的記憶作りのためのプロジェクトとの関連性を指摘できる。

　このような状況の中で韓国映画における在日朝鮮人表象も増加している。図8-1からわかるように在日朝鮮人が登場する映画は1960年代後半から急増し，1960年代末をピークとしながら1970年代中盤までに集中している。またこれらの多くは反共映画である。権は在日朝鮮人を素材にした反共映画は1963年のキム・ソンミン監督の『黒い手袋』を皮切りに1969年までに5編，1970年から1975年までに12編，1975年から1979年までに5編，1980年から1986年の間が4編の計26編であったと指摘している（権2007:253）。韓国映画資料院の韓国映画データベースによると1986年までに作られた韓国映画のうち，在日朝鮮人が登場する映画は55編なので，約半数程度が反共映画であったといえる。その他の映画では在日朝鮮人が金持ちとして登場したり，特に1980年代以降にはエロや暴力など「Ｖシネマ的」な要

第 10 章　祖国とディアスポラ

在日朝鮮人が登場する韓国映画（単位：編）

図 10-1　韓国映画データベース KMDb を元に作成した在日朝鮮人の登場する韓国映画の数

素を持つ映画の中で在日朝鮮人がよく登場している。それでは具体的に在日朝鮮人はどのような文脈で登場し，その表象はどのようになされたのであろうか。以下『EXPO70 東京作戦』と『帰ってきた八道江山』の二つの映画の台本を利用しながら言説分析を行うことにする。

3　『EXPO70 東京作戦』(1970)[4]

　1970 年に崔寅炫（チェインヒョン）監督によって作られた『EXPO70 東京作戦』は，大阪万博を見にきた韓国人観光客を総聯の工作部隊が包摂しようと画策するが，結局は韓国の情報員によって粉砕されるといった内容の反共スパイ映画である。離散家族とスパイ映画の結合は反共映画の典型的なプロットであり，これは権が指摘する民族と反共というフィルターに正確に一致する。そして人類の進歩と調和を掲げた大阪万国博覧会にて繰り返し強調される韓国館の素

---

[4]　英題：Operation Tokyo Expo '70 (EgseupochilsibDonggyeongjeonseon)，監督：崔寅炫（チェインヒョン），出演：パク・ノシク，ユン・ミラ，オ・ジミョン，ムン・ジョンスク，大韓民国劇映画 94 分，観覧人員：50,000 名。映画の基本情報は韓国映画データベース KmDB を元に作成。なお一部資料では『EXPO70 東京戦線』と書かれているが，ポスターを参考に本章では『EXPO70 東京作戦』に統一した。

第Ⅲ部 「在外同胞」と民族意識 ── 韓国社会から

写真 10-1 『EXPO70 東京作戦』のポスター

晴らしさは，韓国の開発主義の象徴ともいえる。主人公のトングンは当時有名なアクション俳優であったパク・ノシクが演じ，ヒロインのミラは韓国で代表的な女優三人に付与されてきた称号であるトロイカのひとりユン・ミラが演じている。この映画は2008年富川(プチョン)国際ファンタスティック映画祭でも上映されており，劇中の台詞を引用しながら「アカどもに自由を教えるため」の映画であったと映画祭ホームページ上で紹介されている[5]。

最初に指摘できることは，在日朝鮮人が非常に日本化した形で登場するということである。この映画のもう一人のヒロインである静子は，総聯の工作部隊のボスであるホ先生の娘であるが，日本名を名乗り，そして和服を着て登場している。松岡旅館で働く総聯の工作員も日本名を使っており，映画の中の総聯のアジトには日本刀が上座に飾ってあるなど，在日朝鮮人当事者にとっては非常に滑稽に見える形で表象されている。キム・ハンサンが映画

---

[5] http://pifan.cine21.com/2008/article_view.php?article_id＝52280&mm＝014002002（2009.3.6 参照）。

『あれがソウルの空だ』において在日朝鮮人が同じように日本化されて描かれていることを指摘しているように，日本化された在日朝鮮人表象は他の在日朝鮮人を描いた反共映画でも共通している（キム・ハンサン 2007）。在日朝鮮人はまず，日本化された表象を通じて他者化されるのである。

次に，ここで描かれる在日朝鮮人は朝鮮戦争を敵として戦った朝鮮民主主義人民共和国の手先であり，非人間的な存在として描かれる。ホ先生や静子，総聯の工作員たちは，生き別れた母に会いたいミラの気持ちを利用し，またお金や色仕掛けなどで韓国からの観光客を騙し，北に連れて行こうとする。総聯の工作員はナイフや拳銃，ライフルで武装しており，裏切り者や敵は容赦なく電気椅子にかける。そのような非人間的な存在として在日朝鮮人は，正義の味方である韓国人とは区分される。この映画のクライマックスは，静子の罠に陥った韓国人情報部員スングが電気椅子に座らされ，そのスイッチを静子が握ったまま二人だけになるシーンである。

 スング 静子！　操り人形みたいな真似はやめろ！　北傀（北朝鮮）を称賛するにはすでに遅い。エキスポ 70 がそれを証明しているじゃないか。韓国館を見物するんだ。そこには私たちの魂があり私たちの明日があり……
 静子 黙れ！　戯れ言にはだまされないわ！
 スング 戯れ言なんかじゃない……私が君の手に死んだとしても，心から君に伝えたいことがある。考えを改めてくれ……自由の力がどれくらい高貴なことかを君は知っているじゃないか？　それを分かる君が北朝鮮の手先になるというのは，二律背反だ。
 スング 君の自由が大切だからこそ，すべての人に自由を戻さなければならない。一千万北朝鮮同胞たちにも自由が与えられるべきなんだ。
 静子 うるさい！　話すな！
  トングンが階段を降りて来る
 スング 静子！　君は何もわかっていないんだ！
  トングンが静子を攻撃する

（審議台本『EXPO70 東京作戦』1970: 27-28）

映像だとより解りやすいが，スングの必死の説得に静子が動揺し，その間

に韓国人情報部員のトングンがスングを救出する場面である。ここで静子の動揺と死は大変重要である。工作のためにスングに接近した静子だが、映画の中では二人のデート場面や結婚プロポーズの場面が挿入され、二人は恋愛関係であることを伺うことができる。酒井が指摘するように「恋愛」は二人の間に合意が存在するということを暗示し、これは一方的な暴力の行使である強姦とは区別される。しかしこの恋愛には酒井が指摘する「構成的矛盾（constitutive contradiction）」（酒井 2007: 50）が存在する。本来ならスングが転向してもいいのだが、映画では静子が転向する場合はあり得てもスングが転向することは絶対にあり得ない。この矛盾は、恋愛を権力関係の構築のための比喩として用いるために必然的に起こる矛盾である。

静子は電気椅子に座らされるが、スングが座っていると考えたホ先生がスイッチを押してしまい、静子は父の手によって死ぬことになる。このシーンは映像でみるとより象徴的である。一段高い所にある電気椅子にかけられた静子の死体の前でアクションシーンが始まる。静子はまるで十字架にかけられたキリストのような構図におかれ、また闘いの中で総聯の工作員たちは電気椅子に触れることによってそこに残った電流に感電し、次々と倒れていく。見ているものにとって静子は犠牲者として強く印象に残るシーンといえる。一方娘を自らの手で殺してしまい激しく動揺するホ先生に、トングンは次のように話す。

> トングン　あなたの父としての姿がみたい。自由と友情がある祖国の空の下に静子を葬りたくないか。贖罪をする意味でだ。
> ホダル　……
> トングン　平壌は任務に失敗したあなたを待ってはくれない。静子の冥福を祈る所へ行こう。
> 　　　　　ソウルのことだ。自由大韓はあなたを待っている。
>
> 　　　　　　　　　　　　　　　（審議台本『EXPO70 東京作戦』1970: 29-30）

娘を自らの手で殺したホ先生はトングンから最後にお父さんの姿を見せてくれという要請を受け入れて転向する。いわゆる「去勢」されたホ先生は韓国人によって父としての父権を回復し転向するのである。これは静子の犠牲

があったため可能であり、この作品において静子は死ななくてはいけない存在だったのだ。

　一方でもう一人のヒロインであるミラは救われるヒロインである。総聯はミラを北朝鮮に連れて行くためにミラの母を元山(ウォンサン)から連れて来るが、結局トングンとスングの妨害により工作は失敗する。映画の中でミラは泣きながらトングンに助けを乞う。ここからは韓国人男性が韓国人女性（と元山で暮らす母）を、在日朝鮮人男性から救うという解りやすい構図を見て取ることができる。映画はそのトングン、スング、ミラとミラの母がエキスポを楽しむ姿で終わる。

　　トングン　アカどもにみせれば驚くだろう。第一に自由を知り、第二に自由
　　　　　　　を知り、第三に、第三に……
　　スング　　自由を知る。
　　トングン　その通り。私たちの韓国館、アカのやつらに私たちの韓国館をみ
　　　　　　　せればたまらないだろう
　　　　　　　　　　　　　　（審議台本『エキスポ（EXPO70）東京作戦』1970: 30）

　離散家族を利用する総聯と対する「自由の象徴「韓国」」という構図の中で総聯系在日朝鮮人は「北の手先」であるばかりでなく、忠実なスパイでもありながら悩み葛藤する存在でもある。ここで特に葛藤し悩む存在は在日朝鮮人女性であり、この女性を韓国人男性が救うというストーリーに注目する必要がある。ミラとミラの「オモニ（母親の意味）」もまた無力な女性であり、泣いてトングンに助けを乞うのである。「アカどもに自由を教えるための」話と紹介された『EXPO70 東京作戦』における「自由」とは、家族と一緒に暮らす自由であり、朝鮮民主主義人民共和国の指令からの自由、エキスポと韓国館が象徴する開発と近代化を意味する。そしてこの韓国の優位は、ジェンダーや恋愛の比喩をもって示されるのである。

4 『帰ってきた八道江山』(1976)[6]

　1960年代後半から1970年代初めにかけて国民的人気を得た国策プロパガンダ映画『八道江山』(五部作) の形式を借用した反共映画である鄭素影(チョンソヨン)監督の『帰ってきた八道江山』は，第15回大鐘賞優秀反共映画賞 (1976) を受賞するなど，国家の意図を充分に反映させた映画である。映画は1975年にはじまった「総聯系」在日朝鮮人たちの韓国への母国訪問事業を素材として扱っており，この映画のヒロインは遺骨を故郷に埋めてくれという父の遺言を守るために韓国にきた，朝鮮大学校の学生ソニョンである。また『八道江山』シリーズに出演し「国民の母」と呼ばれたファン・ジョンスンが，チャンホの母 (李氏) の役で出演している。映画は母国訪問団のメンバーが出発前に総聯にされたひどい扱いと，故郷の親族との感動的な再会の姿が交互に映し出されながらストーリーが展開し，最終的に参加者みなが大韓民国を祖国として選択するという内容である。映画の中で訪問団が回るコースは，朴成姫論文 (本書第11章) で紹介している実際の訪問団が回ったコースと同じであり，また映画の中のエピソードひとつひとつも，当時の新聞などで紹介された話がモチーフになっていると考えられる。この映画は『八道江山』の形式を借用し，また受賞作品という点でも注目しなければならないが在日朝鮮人が祖国に帰ってくるというプロット自体が非常に興味深い。

　映画の中でまず注目すべきは，総聯と朝鮮民主主義人民共和国，または金日成と対立するものとして，亀甲船や李舜臣，古い王冠や遺跡，陶磁器，『アリラン』や『故郷の春』などの歌が対比されている点である。

　　　ヤンフン　言葉だけで聞いたことがあった李舜臣将軍。何か私の血が語っているようです。本当の祖国が何か，民族が何かについて教えてくれるようです。

---

6)　英題：Return to Fatherland, Korea (Dol-a-on paldogangsan)，監督：鄭素影(チョンソヨン)，脚本：シン・ボンスン，イ・フィウ，キム・ドンヒョン，制作社：テチャン興業，出演：ユン・イルボン，ユ・ジイン，ハン・ムンジョン，ムン・ジョンスクなど，大韓民国劇映画110分，開封劇場：国際，観覧人員：9341名。

第 10 章　祖国とディアスポラ

写真 10-2　『帰ってきた八道江山』の
　　　　　　ポスター

　　ギウォン　そうですね。私たちは総聯の学習で李舜臣将軍の話など一度も聞
　　　　　　　いたことが無かったじゃないですか。
　　ヤンフン　北では金日成(キムイルソン)が生まれた万景台を聖域化したというから。ハハハ
　　　　　　　……

（審議台本『帰ってきた八道江山』1976: 10）

この場面は訪問団が顕忠祠，忠武公と亀甲船などを観光した後に対話をする場面である。家族たちとの感動的な再会と観光が繰り返された後，バスの中でギウォンが急に立ち上がりは皆に訴える。

　　ギウォン　皆さん，済州道が故郷のユン・ギウォンといいます。私たちはこ
　　　　　　　れ以上恐れる必要がないと思います。私たちが日本で聞いてきた
　　　　　　　祖国の姿と，今私たちが見ている祖国の姿はあまりにも異なりま
　　　　　　　す。だまされて生きてきた三十年があまりにも悔しいです。私た
　　　　　　　ちは本当によくきました。

第Ⅲ部 「在外同胞」と民族意識 —— 韓国社会から

写真 10-3　韓国にきた総聯同胞故郷訪問団の姿

　　—中略—
　ギウォン　私たちが幼いころ歌った〈アリラン〉をみんなで一緒に歌いましょう。アリランアリランアラリヨ　アリラン峠を越えていく　私を捨てて行くあなたは　十里も行かずに足が痛くなる
　一同　　　（歌う）
　シーン54　慶州博物館（昼間）

（審議台本『帰ってきた八道江山』1976: 18）

　背景にアリランの音楽が流れる中で古い王冠や遺跡，陶磁器などを観覧する訪問団の姿が映し出される。これらの記号は民族を連想させるが，よって対立的な構図にある総聯や金日成は「反民族」になる。
　「だまされて」という表現にもよく表われているが，韓国での故郷訪問に反対する総聯は非情な存在として描かれている。映画は始まるやいなや，空港に行こうとしたチャンホの車を待ち伏せした総聯の組織員たちがリンチを食らわす場面から始まる。この時チャンホは「私は行かなくてはならない。お母さんに会わなくては。お母さん！　お母さん！」（審議台本『帰ってきた八道江山』1976: 3）と叫びながら，自身を拉致しようとする組織員に訴える。また映画の中に出てくる「いったいなぜ行けないというのです。三十余年

間，両親と離れて生きてきたことを考えると鳥肌が立ちます。人の子が，どのように三十年間も」(審議台本『帰ってきた八道江山』1976: 5-6),「私にいるのは故郷に住んでいる老いたお母さんと弟だけです。もう老いたためか，夜に寝床につくたびに母の顔が浮かぶのです。会いたくて耐えられません。どうか目をつぶってください。お願いです。」(審議台本『帰ってきた八道江山』1976: 15),「それはどこに向かって言う言葉なんだ。ご先祖様の墓参りにいく道を，子供たちに会いにいく道の何が罪なんだ」(審議台本『帰ってきた八道江山』1976: 16) のような台詞は，家族を懐かしむ同胞たちの台詞であり，総聯はこの純粋な行為を邪魔する悪者として描かれている。

　映画の中で注目しなければならないキーワードは，まさにこの「家族」といえる。繰り返される感動的な再会の中で「離散家族の感情」が「大韓民国と在日朝鮮人の感情」として巧妙にすり替わる。両親の前で自身の不孝を泣きながら謝るギウォンが，いつのまにか大韓民国の前で謝罪する構図に転移され，しまいには甥のヨンスの批判によって許しを乞う存在になってしまう。

　ヨンス　　おじさん，泣かないで下さい。どの資格で泣きますか
　　　　　　おじさんには泣く資格もないです。おじさんはおばあちゃんの子供ではありません。世の中にそのような子供がどこにいますか。三十年も両親を知らないふりをしました。
　ヨンス　　それはどのような子供ですか。その涙は偽りの涙です。真実ではありません。本当に悲しくてあふれる涙ならば，なぜもっと早く来られなかったのですか。
　ヨンス　　なぜ来なかったんですか？　二時間ならば来られる日本です。行って下さい。行って下さい。おじさんが来なかったら，おばあさんは亡くならなかった
　ヨンス　　おじさんがおばあさんを殺しました
　ギテク　　黙りなさい　こいつ
　ヨンス　　お父さん，私がもしお父さんを三十年も分からないふりしたとすれば，私を子供だと考えますか
　ギテク　　(声) 黙らないのか！　こいつ
　　―中略―

> ギウォン　あの子の話が正しい。三十年余りの間，連絡を一度も差し上げる
> 　　　　　ことができなかった，自分は子供としての資格がない
>
> 　　　　　　　　　　　　　　　（審議台本『帰ってきた八道江山』1976: 34）

　もちろん当事者の家族の立場で考えるならば在日朝鮮人は実際に親不孝者かも知れないが，在日朝鮮人が韓国に帰ることができなかったのは解放後の混乱と朝鮮戦争の影響だけでなく，韓国政府が総聯の結成された1955年に在日朝鮮人の母国訪問の禁止を宣言したことなど（徐 2002: 158-159），韓国政府側も大きな妨害要因として働いた。しかし映画ではこのような社会的現実が紹介されないまま，罪深い在日朝鮮人とそれを許す大韓民国という構図が作られている。

　この映画のクライマックスはマルスクとスンヒのやりとりである。グシクが妻マルスクと共に故郷に帰るが，両親は彼らを歓迎してくれない。グシクが徴用で日本に行く直前に結婚していたスンヒが，息子ギムンと共にグシクを待っていたためだ。二重結婚の事実が発覚するとすぐにマルスクは，スンヒに退くことを激しく要求する。するとスンヒは動揺しながらも自身が身を引くと申し出る。

> スンヒ　本当です。例え胸が痛くなる日があっても，他国で寂しく暮らし
> 　　　　てきた同胞一人の不幸を防ぐことになるならば，私はそれで耐え
> 　　　　ることが出来ます。
> 　　　　何てこともありません。
>
> 　　　　　　　　　　　　　　　（審議台本『帰ってきた八道江山』1976: 28）

　このようなスンヒの姿にマルスクは感動し，自身が総聯のスパイとして韓国にきたという事実を告白する手紙を残し真夜中に去っていく。

　（手紙を持つ手）
　（読むグシク）
> マルスク　（声）私は去ります。夜通し考え，一人で離れることを決心しまし
> 　　　　　た。今回はじめて韓国がどんな国で，そして人々が良く暮らそう
> 　　　　　と努めて仕事をする光景を目にした時，私は恐ろしい罪悪感に全
> 　　　　　身が震えました。ここに置いて行くカメラは，総聯が韓国の暗い

第 10 章　祖国とディアスポラ

写真 10-4　映画のクライマックス。左からドンジン，チャンホのオモニ，ソニョン

　側面だけ撮ってこいとの指令と一緒に渡したものでした。しかし一度もシャッターを押しませんでした。押したくても何も撮るものがありませんでした。私に負担を感じないでください。私は一人の女として夫を失いましたが，彼よりももっと大きい祖国，祖国大韓民国を見つけたと大きな希望を抱いて帰ります。真実が何であり，愛がどんなものかを教えてくださった夫人の前に，真に許しを乞いながら去ります。

（審議台本『帰ってきた八道江山』1976: 28-29）

　ここでも異国に住む同胞の苦しさを考えて夫を譲歩するスンヒの姿を通じて，韓国という国家は在日朝鮮人に対してなんの責任も持たない善なる存在になる。またソニョンの故郷からきたドンジンが，ソニョンが帰国事業で北朝鮮に行くことを止めるように説得する場面でも，崩れて泣く女性と説得する男性という構図をみることができる。
　映画は訪問団が日本に帰る空港の場面で終わる。映画の冒頭で総聯により暴行を受け韓国を訪問することのできなかったチャンホの母は，チャンホへの荷物を託しに空港を訪れるが，この時新しくきた母国訪問団の中にいたチャンホと劇的に再会する。そしてグシクを出迎えに来たスンヒがマルスク

と再会することになる。マルスクは女としては主人を失ったが，より大きいものを手に入れたので心配しなくても良いといいながら手中に握った大韓民国の国旗を広げる。誰かの口から流れ出た大韓民国愛国歌が，すぐに大合唱になる。幸せに見える人々の微笑とともに映画は幕を下ろす。映画の中で在日朝鮮人は，自らの誤りを悔いてこそ故郷である八道江山に帰ることができるのだ。

5　在日朝鮮人表象の政治性

　韓国映画における在日朝鮮人表象は朴正熙政権における国民的記憶作りが行われた時期に集中している。そして「総聯系」在日朝鮮人を扱った二つの映画からみえてきたことは，権のいうフィルターの中でも特に「反共」，そして「民族」のフィルターが強く働きながら，恋愛と離散家族の再会という人々の感情を揺さぶる装置の背後で，巧妙に統制イデオロギーの強化が行われている点である。酒井は，「南京大虐殺 the Rape of Nanjing」の三年後に映画『支那の夜』(1940) が日本軍占領下の中国を含む東アジア各地で配給された事実に注目する。酒井は恋愛に関する映像を「権力関係の作劇術」として考える為には，『支那の夜』の背後に「南京大虐殺／南京の強姦」を配置することの重要性を説くが（酒井 前掲書：37），同じように『EXPO70東京作戦』や『帰ってきた八道江山』をはじめとする在日朝鮮人を扱った反共映画の背後に，たとえば1975年11月22日にソウル大学などで在日朝鮮人留学生18人が「北のスパイ」として捕まった「学園浸透スパイ団事件」を配置してこそ，ヘゲモニー構築過程の一部として在日朝鮮人表象を考えることができる。

　『EXPO70 東京作戦』の中でみられた，在日朝鮮人に着物を着せたり日本刀を上座に飾らせたりという滑稽な他者化は，むしろ同一性を想起させる。つまり本来的に同じ民族である為に，あえて過剰に他者化が行われているのである。そして二つの映画は共に，最終的に在日朝鮮人の韓国への包摂へと向かう。この包摂は同じ民族であるが為に行われるのである。この血の論理

は，朝鮮民主主義人民共和国を他者と見なす論理と矛盾する。ふたつの映画において，最終的に「総聯系」在日朝鮮人が包摂されるのは，同じ家族，民族であるからなのであり，だからこそ家族を引き裂く総聯は酷い存在として描かれるのである。朝鮮戦争を経て一千万人の離散家族を産んだ韓国において，退屈な反共イデオローグでは無く，まさにこの離散家族への思い，血の論理こそがオーディエンスを惹き付けたのではないか。

　しかしこの血の論理をつきつめるならば，総聯や朝鮮民主主義人民共和国が他者でないことの証である。そして韓国自身への批判に繋がる。「私にいるのは故郷に住んでいる老いたお母さんと弟だけです。もう老いたためか，夜に寝床へつくたびに母の顔が浮かぶのです。会いたくて耐えられません。どうか目をつぶってください。お願いです」（審議台本『帰ってきた八道江山』1976: 15）「それはどこに向かって言う言葉なんだ。ご先祖様の墓参りにいく道を，子供たちに会いにいく道の何が罪なんだ」（審議台本『帰ってきた八道江山』1976: 16）のような台詞は，「朝鮮籍」を持つ在日朝鮮人の韓国入国が難しくなっている現在，これらの台詞は韓国政府にそのまま跳ね返る[7]。さらに独裁政権に反対する活動を行ってきた「韓国籍」の在日朝鮮人も，韓国への入国が難しくなっている。

　韓国という国家はコリアン・ディアスポラを政治的，経済的に必要としてきた。排除と包摂の対象となってきたコリアン・ディアスポラとしての在日朝鮮人の表象にもこれらの政治的，経済的な要因たちが反映されたが，一方でそこには民族や国家という近代概念を問い直す機制も存在する。一方でまたジェンダー秩序も重要な役割を果たしている。ましてや在外国民への国政参政権の付与と共にコリアン・ディアスポラへの関心が高まっている現在，近代国民国家がディアスポラを必要としてきたことに対する批判的な視点こそが求められている。

---

[7]　「朝鮮国籍」同胞防ぐ塞がれた国
　　http://www.oktimes.co.kr/news/articleView.html?idxno=1628.（2010.11.15 参照）。また金（2012）がこの問題に詳しい。

• 参考文献 •

日本語文献

ルナン，エルネスト / 鵜飼哲訳 1997『国民とは何か』河出書房新社。
金泰植 2012「在外国民国政参政権と在日朝鮮人の国籍をめぐる政治」『マテシス・ウニウェルサリス』13(2): 95-116。
酒井直樹編 2006『ナショナル・ヒストリーを学び捨てる』東京大学出版会。
——— 2007『日本 / 映像 / 米国：共感の共同体と帝国の国民主義』青土社。
タカシ，フジタニ / 宜野座菜央見訳 2006。「植民地支配後期朝鮮映画における国民，血，自決 / 民族自決 ── 今井正監督作品の分析」冨山一郎編，ひろたまさき，キャロル・グラック監修『記憶が語りはじめる』東京大学出版会。

韓国語文献

イ ハナ 2008『1950〜60年代大韓民国の文化再建と映画叙事』延世大学校史学科博士論文。
イ ヒョイン 2003『映画で読む社会文化史』ケマコウォン。
ウン ジョンテ 2005「朴正熙時代聖域化事業の推移と性格」『歴史問題研究』15: 241-277。
キム ミヒョン編 2006『韓国映画史：開化期から開花期まで』コミュニケーションブックス。
キム ハンサン 2007『祖国近代化遊覧 ── 朴正熙政権広報ドライブ〈八道江山〉10年』韓国映像資料院。
権赫泰 2007「在日朝鮮人と韓国社会 ── 韓国社会は在日朝鮮人をどのように'表象'してきたか」『歴史批評』78: 234-267。
在日同胞母国功績調査委員会 2003『母国を目指した在日同胞100年の足跡』在外同胞財団。
シン ヨンテク編 1972『自立への意思』ハンリム出版社。
徐仲錫 2002『悲劇の現代指導者』成均館大学出版部。
鄭根埴，オム・ミギョン 2008「ディアスポラ，帰還，出現的アイデンティティ ── サハリン韓人の歴史的経験」『在外韓人研究』9: 237-281。
チョン ホギ 2007a「朴正熙時代の銅像建立運動と愛国主義 ── 愛国先烈彫像建立委員会の活動を中心に」『精神文化研究』106: 335-363。
——— 2007b「朴正熙時代の公安事件と真相究明」『歴史批評』80: 266-287。
朴泰均 2005「1960年代中盤安保危機と第二経済論」『歴史批評』72: 250-276。
ピョン ジャンホ 2003『韓国映画統制とその変遷に関する研究』延世大学校言論情報大学院修士論文。
韓国映像資料院所蔵資料 審議台本『EXPO70 東京作戦』『帰ってきた八道江山』
韓国映画データベース http://www.kmdb.or.kr/

第11章 1970年代在日同胞母国訪問事業に関する政治社会学的考察

金　成姫（キム　ソンヒ）
（金　泰植（キン　テシ）訳）

1　問題意識 ── 母国訪問事業と韓国社会

　本章は，1975年に始まった「在日同胞母国訪問事業（以下，母国訪問事業）」の実体を究明し，この事業が韓国社会に及ぼした影響について分析することを目的とする。韓国政府はそれまで朝鮮籍在日朝鮮人を「北朝鮮国籍者／共産主義者」とみなし，韓国入国を厳格に規制してきた[1]。特に1970年代は「反共的」な社会の雰囲気が最高潮に達していたので，朝鮮籍在日朝鮮人の韓国への故郷訪問は非常に難しかった。しかし1975年9月の秋夕（チュソク）（韓国の旧盆）を前後して，韓国政府は1,600人余りの在日朝鮮人に対し韓国への集団的な入国を特別に許可した。1976年の新年辞において朴正煕（パクチョンヒ）大統領は「人道主義」精神にのっとり，これからは朝鮮籍在日朝鮮人の理念と思想を問題にしないと宣言した。当時韓国では，在日朝鮮人の母国訪問について南北赤十字会談に基づいた「南北家族探し」の一環とみなす考え方が一般的だった。しかし実際には，母国訪問事業は南北赤十字会談の目的であった「南北

---

[1] 韓国では国家保安法第2条に基づいて在日本朝鮮人総聯合会（以下総聯）を北朝鮮と同じように「政府を僭称したり国家を変乱することを目的とする国内外の結社または，集団」，すなわち「反国家団体」とみなしている。朝鮮籍者は必ず総聯に所属したり北朝鮮を支持するという意思表現をしたのではないにもかかわらず，彼らは国家保安法の適用を受け1970年代はもちろん今日に至るまでも韓国公安機関の集中的な管理対象である。

家族探し」とはその推進主体も対象も全く異なり，南北双方の赤十字が合意した内容に基づいた事業でもなかった。このような劇的な故郷訪問の実現にはむしろ，1960年代から起きた韓国における政治・経済・社会・文化の全領域にかけての社会変動が主要な影響を及ぼしたといえる。本章では母国訪問事業の目的・構成・経過を簡単に整理したうえで，母国訪問事業の意義について三つの観点（人道主義・国民形成・冷戦体制）から分析を試みる。上の三つの観点はそれぞれ排他的な関係を結んでいるわけではない。同じ主体であっても母国訪問事業に対して様々な観点を同時に有しているためである。

韓国では在日朝鮮人に対し「在日僑胞」、「在日同胞」、「朝総聯系在日同胞」といった多様な呼称が用いられてきた。1945年以前には在日同胞と呼称が統一されていたが，朝鮮戦争以後からは本格化した冷戦体制の中でこの呼称は事実上使われなくなり，代わりに在日僑胞という呼称が広く使われるようになった。しかし1975年に始まった母国訪問事業においては，このような慣例から抜け出し朝鮮籍者を特別に「朝総聯系在日同胞」と呼び始めた。「朝総聯系」というのは朝鮮籍者を全て「北朝鮮国籍者 / 共産主義者」とみなす誤った呼称だが，それが「在日同胞」という言葉と結合する時「包摂」すべき対象という意味合いがやや強調される効果があった。したがって「朝総聯系在日同胞」という呼称は，母国訪問事業を前後して起きた在日朝鮮人に対する韓国社会の認識の変化を反映している点で象徴的な意味を持っている。しかし本章においては必要な場合を除いては朝総聯系在日同胞という呼称を用いずに，朝鮮籍在日朝鮮人，または朝鮮籍者という表現を使用する。

2　「在日同胞母国訪問事業」とは何か

2-1．母国訪問事業の主体（民団，韓国政府）と目的

　在日同胞母国訪問事業は1975年から2002年まで日本の在日本大韓民国

第 11 章　1970 年代在日同胞母国訪問事業に関する政治社会学的考察

写真 11-1　1975 年 3 月 18 日　コリアセンタービルにて開かれた就任式上でチョ・イルジェ大阪駐在総領事は自身の職責をかけて総聯系同胞の韓国訪問の便宜を図るとの発言をした.
出典：統一日報,「総聯系同胞の韓国訪問。『積極的に受け入れる』」1975 年 3 月 20 日。

写真 11-2　金浦空港に到着した母国訪問団一行と取材記者
出典：国家記録院 CET0064041 1976-01-25 撮影。

　民団（以下，民団）と韓国の海外同胞母国訪問後援会（以下，母国訪問後援会）[2]が，朝鮮籍在日朝鮮人を対象に実施した韓国招請事業である。
　朝鮮籍在日朝鮮人の韓国訪問は 1975 年 3 月 18 日趙一濟(チョイルジェ)大阪駐在総領事が自身の就任式場で初めて提案し，それを民団が受け入れ，同じ年の 4 月から秘密裏に推進されたことが知られている。そして 1975 年 7・4 南北共同声明[3] 3 周年記念式典において，民団は初めてこの事業を公式化し，同じ年の秋夕に合わせて大々的な母国訪問団募集を行った。民団内部においてこの母国訪問事業は，単に総聯に対する「攻勢」として推進されたものではなかった。呉敬福(オギョンボク)民団中央本部事務総長は 1975 年 11 月 27 日付の韓国の『京

---

[2]　1976 年 3 月 25 日に設立されたこの団体は，1975 年 12 月 10 日から始まった「生活困難者・在日同胞母国訪問支援運動」の寄付を効果的に運営管理し，母国訪問事業をより一層拡大させる目的で発足した。最初の名称は「在日同胞母国訪問後援会」だったが，1977 年に海外同胞母国訪問後援会へと改編された。1976 年創立当時事務室は韓国赤十字ソウル支社の建物にあり，創立以降現在に至るまでその会長職を韓国赤十字の総裁が兼任している。

[3]　1972 年 3 月 28 日から 4 月 20 日まで南北赤十字社予備会談代表が，それぞれソウルと平壌を秘密裏に訪問して，同じ年の 5 月 2 日には韓国の李厚洛中央情報部長と北朝鮮の金日成および金英柱朝鮮労働党組織指導部長が一連の会談を持つなど，南北赤十字会談をはるかに凌駕する水準の接触に出ることになった。その結果誕生したのが 1972 年 7 月 4 日南北共同声明である。

275

郷新聞』とのインタビューにおいて，朝鮮籍在日朝鮮人に対する母国訪問事業を「新しい民団運動」[4]の一環として推進しており，この事業が成功を収めれば文世光(ムンセグァン)[5]のような総聯組織員の国内浸透工作を事前に阻止するのに大きな助けになるだろうと話している。つまり，母国訪問事業の人道的趣旨は，韓国政府との関係を強化するために民団を再整備するという上位の目的に従属していたのである。

2-2. 母国訪問事業の主要内容

1975年の秋夕に合わせて計13陣，1,600人余りの在日朝鮮人母国訪問団が大韓航空機便で韓国金浦(キムポ)空港に到着した。彼らはソウル市内のあるホテルで一夜を過ごした後，その翌日から高速バスに乗って全国を一周した。訪問コースは牙山(アサン)の顕忠祠(ヒョンチュンサ)，新灘津(シンタンジン)の煙草製造廠，慶州(キョンジュ)，蔚山(ウルサン)の石油化学工業団地，浦項(ポハン)の製鉄所，釜山(プサン)の順序で，1970年7月に開通した京釜(キョンブ)高速道路に沿ってソウルから釜山まで降りていくものであった。

最初に訪れた牙山の顕忠祠は，1592年の壬辰倭乱（文禄・慶長の役）の際に日本軍と戦った李舜臣(イスンシン)(1545-98)将軍の位牌を奉った霊廟である。李舜臣の民族英雄化作業は解放以後に本格化したものであるが，朴正熙政権期に入りながら規模が拡大され，その意味付けにもそれまでとの大きな違いがあった（ウン・ジョンテ 2005: 256-66）。朴正熙は1966年から顕忠祠「聖域化」事業を推進し，1966-69年と1972-74年の二度の工事に各々5億9,000万ウォンと7億800万ウォンという莫大な資金を投じている。1974年4月には境

---

4) 新しい民団運動というのは，当時韓国で展開していた「セマウル運動」の精神を見習って，民団組織を刷新し祖国の平和と民族繁栄という歴史的使命に積極的に参加しようという活動である（在日本大韓民国居留民団 1987: 128）。新しい民団運動の具体的な内容は伝統的な3機関長（団長，議長，監察委員長）制度を廃止して，本国の政治体制に歩調をそろえて地方本部を班組織として再編成し，執行部を中心にして団長の下1人の事務総長だけを置く中央集中的な組織改編を意味した。

5) 1974年8月15日第29周年光復節記念式が開かれたソウル奨忠洞国立劇場で朴正熙大統領狙撃事件が発生した。この事件で大統領夫人陸英修女史が現場で死亡した。捕まった犯人は在日朝鮮人2世文世光であったが，韓国政府は彼が民団内のいわゆる「反韓」勢力でありまた総聯政治部長金浩龍(キムホリョン)と親しい関係を結んでおり，今回の事件は金日成の指令により朴正熙大統領を暗殺しようとしたという捜査結果を発表した（イ・ワンボム 2007: 325-29）。

内に教育院が開院され，セマウル精神および維新理念，反共・安保および国難克服史，学生姿勢・護国精神などを主題にした教育と映画を上映するなど，朴正熙政権の国民教育の過程に位置づけられた。朴正熙は顕忠祠の聖域化を通じて軍事クーデターの正当化と「滅私奉公」の国家観確立を企てた。母国訪問事業は在日朝鮮人たちをこの顕忠祠を案内し参拝させることによって，朴正熙政権が望む国家観を確立させる作業に利用したのである。

　1975年までは顕忠祠の次に煙草製造廠を訪問していたが，1976年からは忠清南道天安(チョナン)に位置した「望郷の丘」を訪問するように変更された。「望郷の丘」，本来セマウル運動の一環として行われた全国土緑化事業（「国土緑化・国土開発事業」）の対象地区に位置しており，民団もこのような政府施策に積極的に呼応し大々的な植樹運動を行っていた。しかし1976年に民団が「民団の山」を造成し在日朝鮮人の墓地を作って欲しいという要請を本国に伝えると，1976年4月1日に母国訪問団と民団団員200人が参加した席で「望郷の丘」公園墓地化計画が発表された (パク・ビョンヒョン 2007: 146-148)。「望郷の丘」造成工事には延べ18,500人が投入され，民団から届けられた建設金5,000万ウォン，海外同胞母国訪問後援会の支援と国民義援金など約5億ウォンの予算が投入され，1976年10月2日に完工した。完工式には崔圭夏(チェギュハ)国務総理，李瀰(イホ)大韓赤十字社総裁兼在日同胞母国訪問推進委員長，曺寧柱(チョンジュ)民団中央団長および在日朝鮮人家族と市民たちが参加している。崔国務総理は追悼の辞において「北朝鮮共産主義者などの妨害によって思いのままに故郷を訪れることができず，別れた両親妻子兄弟に会うことができない悲劇的な現実が続いている」とし，「北朝鮮のこのような反民族行為にもかかわらず，私たちは同胞愛から在日同胞の母国訪問を汎国民的に歓迎」するという意を伝達している。

　次の訪問地であった蔚山石油化学工業団地と現代造船所，そして浦項製鉄所は朴正熙政権の第1，2次経済開発5カ年計画の根幹であった。朴正熙政権のこのような意欲的な国土開発は「勝共」の論理を土台にしており北朝鮮を打倒対象にしているという点では歴代政権と差はないが，それまでの形式的な反共では無く実質的な反共，さらには「実力」と「力」により北朝鮮を制圧して統一するという点においては明確な違いをみせた。韓国への母国訪

第Ⅲ部　「在外同胞」と民族意識 ── 韓国社会から

写真 11-3　顕忠祠を訪問した母国訪問団
出典：国家記録院 CET0064043 1976-01-31 撮影。

問団一行に発展した祖国の姿を見せたのも，北朝鮮に大きく遅れていた韓国の経済状態が 1960 年代末，1970 年代を通して北朝鮮を大きく追い抜くことになり，体制競争において勝利できるという自信の表れであった。母国訪問団はこのように 3 日をかけて京釜高速道路に沿って全国土を縦断する団体観光日程を消化した後にはじめて，釜山駅広場で家族たちと再会し故郷へ帰ることができた。

1975 年の母国訪問団第 1 陣と第 2 陣は，家族との面会と故郷訪問を終えた後に，再び釜山からまたソウルに戻り最後の日程を消化した。彼らはソウルにある国立墓地を訪ね戦没無名勇士碑と故陸英修女史の墓地を参拝したあと，ソウル市主管在日同胞母国訪問団歓迎大会が開かれる獎忠洞国立劇場（チャンチュンドン）へ向かった。歓迎式には尹達鏞民団中央団長（ユンダルヨン），李瀅大韓赤十字社総裁（イクヨンス），具兹春ソウル市長（クジャチュン），与野党国会議員とソウル市民 1,000 人が参加し，約 2 時間に及ぶ大会が挙行された。1 部はソウル市長の大会辞と歓迎辞，母国訪問団代表の答辞で構成され，2 部は当時国内における有名歌手と舞踊団の公演が催された。この歓迎大会は単に在日朝鮮人の母国訪問を歓迎するのではな

278

第 11 章　1970 年代在日同胞母国訪問事業に関する政治社会学的考察

写真 11-4　蔚山現代造船所を視察している母国訪問団。後方に母国訪問団のバスが止まっている。
出典：国家記録院 CET0064046 1976 年 1 月 31 日撮影。

表 11-1　1975-1980 年　在日同胞母国訪問団　参加者数

年度	1975	1976	1977	1978	1979	1980	合計
總聯	1,087	6,426	4,824	5,482	3,695	2,386	23,900
民団	223 (17)	1,386 (17.7)	900 (15.7)	417 (7.0)	731 (16.5)	737 (24.0)	4,404 (18.4)
合計	1,310	7,812	5,724	5,899	4,426	3,123	28,304

出典：民団ウェブサイト「朝総聯傘下同胞母国訪問団事業業務協調」。

く，北朝鮮と総聯に対する誹謗を通じて在日朝鮮人の「転向」を直接的に誘導するという目的を持っていた。

2-3. 母国訪問事業の経過

1975 年秋夕母国訪問団は韓国での 10 日間の短い日程を終えて 9 月 25 日に日本に戻った。その後 10 月 20 日から年末にかけて追加で母国訪問団が

募集・組織され，民団はこの年，総勢1,600人の朝総聯系在日同胞が故郷を訪れたと発表した。母国訪問事業は当初1975年の1年間だけ推進する予定だったが，秋夕母国訪問団が成功を収めたことで1976年からは名節（新正月，旧正月，寒食，端午，秋夕など）ごとに実施されることになった（大韓赤十字社2006: 639）。1976年の旧正月母国訪問団（1月24日-2月4日，総7陣）は前年度の成功に後押しされるかたちで約3,200人余りが募集されるなど，1976年の一年間だけで7,812人余りの母国訪問団が韓国を訪れている[6]。

しかし民団が公式に発表した母国訪問団規模は実態とは多少の差があった（図8-1）。1978年韓国外務部が派遣した在日海外同胞実態調査団の報告書によれば，1975年の実際の母国訪問者数は1,005人，1976年6,518人，1977年4,698人だった。したがって母国訪問団の規模は最低500人，最大2,000人程度誇張されたとみられる（外務部1978: 32-33）。また民団では母国訪問団中韓国籍者が1975年には約17％，1976年には約17.7％，1977年には約15.7％を占めていると把握していたが，韓国のメディアではこのような事項は全く報道されていない。

訪問団数は1977年から減少し始め，旧正月と秋夕を除いては日本全域を合わせても毎回200-500人程度を越えることはなかった。母国訪問の熱気は在日朝鮮人社会で急速に冷めていった。韓国のメディアにおける母国訪問団関連の報道回数および比重もやはり急減しており，1980年代からは母国訪問事業のニュースがメディアで報道されることはほとんどなかった[7]。

---

[6] 1976，77年母国訪問団も1975年と同じように先に全国を一周して釜山で家族と対面した後，ソウル市民歓迎大会に参加した。このような形式は2000年代まで維持されたとみられる。

[7] 1975年に韓国メディアでは母国訪問者たちの証言を元に，北朝鮮および総聯の「中傷宣伝」を連日報道した。総聯では訪問予定者らに会って「韓国は生き地獄」，「行けば死ぬ」という話で説得したり，「金融機関で借りた金を返していきなさい」というように脅迫をして，最後には拉致までもはばからなかったという。しかし1977年からは報道の回数が減り，関連内容を短信で扱うなど母国訪問事業に対する関心が急激に減少した。

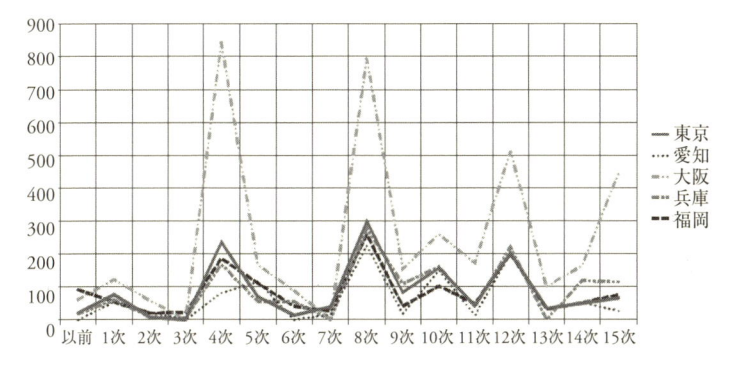

図11-1　1975-1978年　在日同胞母国訪問団　参加者数（民団上位5支部）

以前：1975年9月以前，1次（1975.9.1-9.20：秋夕），2次（1975.10.1-11.30），3次（1975.12.1-12.30：新正），4次（1976.1.24-2.4：旧正），5次（1976.4.1-4.20：寒食），6次（1976.5.1-6.10：端午），7次（1976.7.14-7.22），8次（1976.8.27-9.14：秋夕），9次（1976.12.25-1977.2.28：新・旧正），10次（1977.3.21-4.10：寒食），11次（1977.6.1-1977.6.30：端午），12次（1977.9.17-9.29：秋夕），13次（1978.2.1-2.2：新・旧正），14次（1978.3.30-4.4：寒食），15次（1978.6.10前後：端午）

出典：外交通商部 2010「国際情勢および公館報告，在外同胞および領事」（外交文書 2009-92 (1979)）。

3　母国訪問事業の意義

3-1．人道主義的観点

　在日同胞母国訪問事業は当初，趙一済大阪駐在総領事が初めて提案し，これを民団が推進したものとして知られていた。しかし在日朝鮮人を「離散家族」と規定して人道的見地から彼らの故郷訪問と家族対面を実現させようという案は，実際には1973年3月20日に平壌で開催された第5次南北赤十字本会談にて北朝鮮側から初めて提起されたものであった。北朝鮮赤十字社（以下，北赤）は，離散家族の範囲を本人の呼び掛けにより決めるようにするべきであり，在日朝鮮人もこれに含めなければなければならないと主張した（キム・ジヒョン 2008: 147-149）。これに大韓赤十字社（以下，韓赤）は，この問題は議題第5項の「その他人道的に解決する問題」で扱う懸案であり，ま

ず「南北家族探し事業」が円満に解決されたあとに，在日朝鮮人のみならず全世界に離散したすべての同胞の問題を共に扱わなければならないと主張した[8]。韓赤は北赤の提案を受け入れる代わりに，秋夕を前後して双方が合意する数の離散家族と親戚たちだけでも「墓参訪問団」を構成し交換する事業を展開しようと提案した（南北調節委員会南北赤十字会談 1974: 42-43）。これに対し北赤は「秋夕墓参訪問団」の相互交流が会談の進展にむしろ邪魔になるため受諾できず，韓赤が人道主義的な会談を分裂と対決に利用しようとする誤った立場を捨てて，崇高な人道主義の本来の姿勢をとらなければならないと促した。南北赤十字会談はこのように双方の意見対立により空転し，1973年7月13日の第7次本会談を最後に中断された。

　本会談が中断された後，双方は本会談の再開を討議する実務会を組織することに合意し，1974年7月10日から本格的な議論に入った。しかし，25回かけて進行された実務会議でも双方はお互いの既存の立場を繰り返し確認しただけで，本会談の再開を合意することができなかった。韓赤は北赤が提起した「法律的・社会的前提条件」なるものが，南北対話中断の責任を南側に転嫁させようとする言い訳であり，すでに3回もソウルで開かれた会談に参加した経験がありながら韓国社会の雰囲気を不適切だと指摘するのは道理に合わないと反論した（南北調節委員会南北赤十字会談 1975: 55-56）。そして1975年10月13日第13次実務会議から韓赤は北赤の主張に反論するための新しい根拠を提示し始めたが，それがまさに1975年9月13日に行われた「朝総聯系在日同胞たちの母国訪問」だった[9]。韓赤は北赤が1973年3月第5次

---

8) 南北双方は1972年8月29日平壌で開かれた第一次本会談から南北家族探しの性格と方式を置いて事実上対立していた。第一次本会談で北赤は離散家族問題が人道主義的問題だが政治的に対立している南北関係から派生した問題であるため，離散家族問題やはり政治的解決過程を踏まなくてはいけないという立場を守った。北赤が離散家族問題交渉の前提条件として，①駐韓国連軍解体と駐韓米軍撤収，②韓国の反共政策中止，③ベトナム戦争終結以後強化されている韓国の国家保安措置撤回を要求した。韓国では北朝鮮のこのような要求が革命を通じて韓国の憲政秩序を転覆し，共産政権が建てられたあとに野蛮統一が可能だという「赤化統一」の野心を表わしたものと非難した。しかし韓国もやはり南北対話を政治的な見地から「道具化」させていた。韓国が主張した「平和の持続」というのは，対話を通じて統一問題を積極的に議論することでなく，政治と軍事など敏感な懸案は保留させながら，相互否定と干渉をしない「分断の持続」を意味するものだったためである。

9) このような韓国赤十字代表の発言に対して北赤は母国訪問事業を「民族分裂を助長する売国的

本会談で在日朝鮮人を離散家族事業対象に含めようと提案した時には，「枝葉的」問題という理由で否定的な立場を表明した。にもかかわらず南北赤十字会談が空転を繰り返すとすぐに母国訪問事業を北朝鮮と何の合意もないまま単独で推進させることによって，韓国には離散家族問題の解決を阻害するいかなる法律的・社会的環境も存在しないことを立証しようとしたのである。しかし，南北赤十字会談関連記録のどこをみても，韓赤が1975年に母国訪問事業を直接的に主導したという言及を探すことはできない。そして純粋な人道的見地から「主義」や「思想」，「前科」を一切問うことなく在日朝鮮人の韓国訪問を許容するという趣旨が実際に守られたのかも非常に不明確である。韓国では北朝鮮の「政治的」主張に反論するために母国訪問事業の人道主義的性格を持ち出したが，実際には1960年初めから続いてきた在日朝鮮人に対する政治的弾圧が中断されたことはなかったからである[10]。このようにして，人種・民族・国家・宗教などを問わず人類の安寧と福祉を最優先にするという人道主義の普遍的意義は，1970年代の南北分断構造の中で「血縁の情が体制と理念よりもずっと大切だ」とする特殊な形態に変質したのである。

3-2. 国民形成的観点

在日朝鮮人を韓国に招請して全国を「遊覧」させるプログラムは，母国訪

インチキ劇」と猛烈に非難し，母国訪問者たちの中で総聯系同胞はひとりもおらず，皆が民団系の人かどちら側にも属しない人だと強弁した（南北調節委員会南北赤十字会談，1976: 39）。そして1976年8月20日の第18次実務会議ではソウルが民主主義も自由もない「ファッショ」だけが横行する生き地獄であるにもかかわらず，「ソウルの雰囲気」が良いということをねつ造するための政治謀略策動だと主張した。

10) 南北の尖鋭な対立と反目により在日朝鮮人たちは政治的に苛酷な弾圧を受けた。韓国の公安機関では単純に総聯だけでなく，南に送り込まれたスパイたちが日本を経て韓国に入ってくることができるという理由で在日朝鮮人全体を疑いの対象に感じていた。1971年4月20日在日同胞留学生学院浸透スパイ団事件（徐勝・徐俊植兄弟事件）の他にも，1970-80年代スパイで検挙された在日朝鮮人たちの数は200人余りに達する。在日朝鮮人は主に学院に「浸透」して学生デモを「背後調整」し「統一戦線形成」を試みたという疑惑で逮捕されたが，このような国家保安法適用は北朝鮮／総聯に対する敵がい心をそそのかして，同時に民主化運動の中心軸であった学生運動勢力に対する政治的な弾圧を遂行した。

問事業が初めてではなかった。国土遊覧が最初に適用された事例は1966年に韓国の文教部が主催した「在日同胞学生夏季学校（以下，夏季学校）」であった。夏季学校は韓国籍2，3世たちを韓国に招請し，4週間の教育と見学機会を提供する短期プログラムとして現在にいたるまで運営されている。夏季学校では在日朝鮮人学生たちに対して，母国の自然環境，生活様式，伝統，発展の姿を紹介し，共産主義に対する批判と反共精神を高揚するという教育目標の下，3週間の間一日6時間ずつ国史・国語・地理・反共・韓国文化史・語学訓練などが提供される。放課後には国立墓地と顕忠祠，慶州，蔚山工業団地などを訪問しながら「再教育」が実施される。母国訪問事業はこのような4週間の夏季学校プログラムを10日余りに圧縮した形式で行われているのである。

　母国訪問プログラムは1960年代中盤以降，海外同胞の中で唯一在日朝鮮人にだけ適用された。母国訪問プログラムには，一次的には祖国の近代化された姿を見せることによって在日朝鮮人に「正しい」祖国観を植え付けることを目的としていた。韓国がもはや「失業者と野宿者であふれる」貧しい国ではないとの事実を知れば，在日朝鮮人が韓国人としての自負心を持つようになるという狙いだった。しかしここで言う韓国人としての自負とは，「祖国に対する愛着」ではなく北朝鮮/総聯に対する強い否定を通じて形成される反作用としての意識に近かった。母国訪問プログラムのより根本的な目標はまさにここに，すなわち在日朝鮮人に反共的な国民意識を培養し韓国籍を取得させるということであった。しかし在日朝鮮人を「在外国民」として「包摂」しようとするこのような努力が，在日朝鮮人の法的地位の向上と生活基盤の保障のための日本との交渉につながることはなかった。

3-3. 冷戦体制的観点

　母国訪問事業は朝鮮籍者の故郷訪問を実現するという人道的目的の他にも，在日朝鮮人社会において北朝鮮/総聯に対する影響力を遮断し，民団支持者を増加させるという目標を持っていた。1978年に韓国外務部は在日海外同胞実態調査報告書の「朝鮮総聯対策」において8種類の項目を提示して

いる[11]。母国訪問者を通じて韓国の実状が知らされ，訪問予定者たちに総聯の拉致と監禁事件などの非人道的蛮行が知られれば，多くの人々が自動的に組織を離脱すると判断したためである。しかし，このような冷戦の論理は単純に北朝鮮と総聯に対する攻撃だけを目標にしたものではなかった。朴正熙政権の反共政策はいわゆる「レッドコンプレックス」を利用し，最終的には民主化勢力を抑圧する道具になった。すなわち韓国における冷戦秩序は，共産主義に対する単純な敵対感を越えて「反共」を通じて政治的権威を作り出す源泉として内在化されていたのである（チョウ・フィヨン 2010: 97）。

1970年代に入り韓国と在日朝鮮人社会の関係が急速に悪化したのにも，共産主義からの威嚇だけではなく，朴正熙政権の政治的な危機意識がその原因として作用していた。1973年8月には金大中（キムデジュン）拉致事件が，1974年8月には朴正熙狙撃事件が立て続けに発生し，1975年4月30日にはベトナムが共産化されるにともなって北朝鮮および総聯に対する警戒心と戦争の危険性がより一層高まった。特に1971年第7代大統領選挙において朴正熙候補と激突した金大中が，1972年に維新体制が宣言されると韓国国内への入国を断念し，1973年7月に在米同胞による反体制団体である「韓国民主回復統一促進国民会議（韓民統）」を結成するなど，海外における反維新活動に向かい，朴正熙に大きな危機意識を与えていた（イ・ワンボム 2007）。そのようななかで金大中が8月8日に東京のホテルで拉致されたのだが，この事件を契機に民団の中のいわゆる「反韓」勢力と呼ばれた民主化運動勢力（民団自主守護委員会，在日韓国青年同盟，在日韓国学生同盟，民団東京支部，民族統一協議会など）は1973年8月15日に韓民統日本本部を結成した。韓民統は金

---

11) ①朝鮮総聯経済人転向を通した朝鮮総聯活動資金源封鎖（億台経済人20人転向目標），②朝鮮総聯母国訪問団事業の継続的な展開で朝鮮総聯底辺基盤動揺および崩壊造成（1978年目標6,000人），③北朝鮮の経済破綻および虚構性などの実情の継続的な紹介（統一日報，今日の韓国，韓国新聞など），④総聯内知識人（三千里グループなど）を転向させ活用し彼ら自ら北朝鮮および朝鮮総聯の矛盾性および偽り行為を暴露するように誘導，⑤朝鮮総聯現職組織幹部の集団的転向推進で，特定地域組織のマヒを作りこれを一つの基点にしてこのような気勢をその他地域へ伝えること，⑥朝鮮総聯の日本法律に抵触する不法暴力活動，北朝鮮の工作指令，資金支援関係などをひそかに把握し，これを暴露させること，⑦中立系僑胞（海外在住韓国人）を民団組織に参加させてより積極的な大韓民国支持者に作ること，⑧朝鮮総聯系学校教育の害毒性および無用性を積極的に説得し，進学児童減少ないし学校閉鎖を誘導するということ（出処：外交通商部，2010，「国際情勢および公館報告，在外同胞および領事（外交文書。2009-92（1979））」。

大中救出運動を展開する一方で朴正熙傀儡政権打倒，民主的政権の樹立，南北連邦制による漸進的統一を基本とした韓国の民主化運動勢力との連帯を試みた（キム・テギ 2000: 84）。韓国政府は日本発のこのような危機を克服し，状況を好転させるために朝鮮籍在日朝鮮人の韓国訪問を電撃的に許容したのである。

4　結論

　以上の議論を通じて在日同胞母国訪問事業の持つ意味を次の三点に整理することができる。

　第一に，母国訪問事業は 1970 年代の国際的な緊張緩和と米国の新しいアジア戦略の中で，南北関係が変化への圧力を受けつつ，冷戦的雰囲気を刷新するために提案された，一種の「意志表示 (gesture)」であった。しかし南北対話は朝鮮半島の統一でなく「戦争回避」を通した分断構造の維持に寄与し，その結果，南北赤十字会談が目的とした離散家族の再会は成し遂げられなかった。したがって母国訪問事業は人道主義精神により双方の赤十字社が合意したものではなく，韓赤または韓国政府によって一方的に推進されたために韓国・北朝鮮社会はもちろんのこと，在日朝鮮人社会においても実質的な和解への局面を作るには至らなかった。

　第二に，母国訪問事業は，韓国政府が在日朝鮮人を在外国民として包摂しようとする政策的「実験 (experiment)」だった。このような努力は 1960 年代中盤から韓国の経済発展と国際的地位強化という条件に後押しされ，在日朝鮮人 2・3 世たちを本国へ招請する民族教育を通じて始まった。しかし北朝鮮 / 総聯に対する影響を排除するかたちでの国民形成は，在日朝鮮人に国民としての自覚のみならず，分断国家の民族主義が孕んだ矛盾をも同時に呼び覚ました。そして，朝鮮籍在日朝鮮人たちに対する韓国社会の歓迎の熱は 1976 年から急速に冷め，韓国政府も朝鮮籍を在外国民と認定するための実質的な法的・制度的装置を用意するには至らなかった。

　第三に，母国訪問事業は韓国社会に内在化された冷戦論理によって，在日

朝鮮人と韓国との関係の中で派生した政治的な「事件（event）」であった。韓国政府は総聯だけでなく民団内部の民主化勢力に対しても警戒していたため，韓国の公安機関らはいわゆる「レッドコンプレックス」を利用し，在日朝鮮人の人権を蹂躙し，民主化勢力を弾圧した。韓国政府は母国訪問事業を通じて総聯を弱体化させるだけでなく，同時に民団に介入して組織を強化し，在日朝鮮人社会を「反共規律社会」として再編しようとする意図を持っていた。以上のことから，在日朝鮮人たちの韓国訪問の権利は反共主義による政治的意図に回収されたと指摘できる。

•参考文献•

권혁태 2007「'재일조선인'과 한국사회－한국사회는 재일조선인을 어떻게 '표상' 해왔는가」，『역사비평 통권』78 호，pp. 234-267.（クォン・ヒョッテ 2007「在日朝鮮人と韓国社会——韓国社会は在日朝鮮人をどのように'表象'してきたか」『歴史批評』78，歴史批評社，234-267 頁。）

김지형 2008『데탕트와 남북관계』，선인.（キム・ジヒョン 2008『デタントと南北関係』ソンイン。）

김태기 2002「한국정부와 민단의 협력과 갈등관계」，『아시아태평양지역연구』3 호，pp. 60-97.（キム・テギ 2002「韓国政府と民団の協力と葛藤関係」『アジア太平洋地域研究』3: 60-97。）

남북조절위원회 남북적십자회담 편，1974-1976.『남북대화』，한국국제문화협회.

대한적십자사 2006『한국적십자운동 100 년：1905-2005』(大韓赤十字社 2006『韓国赤十字運動 100 年 —— 1905-2005』。)

박병현 2007『숨 가쁘게 달려온 길을 멈춰 서서』，재외동포재단.（パク・ビョンヒョン 2007『必死に走って来た道を立ち止まって』在外同胞財団。）

외무부 1978「재일본 동포 실태조사단 파견，1978.7.18-31」，『국제정세 및 공관보고，재외동포 및 영사（외교문서．2009-92（1979））』（外務部 1978「在日同胞実態調査団派遣 1978.7.18-31」『国際情勢及び公館報告，在外同胞及び領事（外交文書 2009-92（1979））』。）

은정태 2005「박정희시대 성역화 사업의 추이와 성격」，역사문제연구 제 15 호，pp. 241-277.（ウン・ジョンテ 2005「朴正熙時代聖域化事業の推移と性格」『歴史問題研究』歴史問題研究所，241-277 頁。）

이완범 2007「김대중 납치사건과 박정희 저격사건」，『역사비평』80 호，pp. 312-355.（イ・ワンボム 2007「金大中拉致事件と朴正熙狙撃事件」『歴史批評』80: 312-355。）

재일본대한민국거류민단, 1987. 『민단 40 년사』. (在日本大韓民国居留民団 1987『民団 40 年史』。)
조희영 2010「동원된 근대화-박정희 개발동원체제의 정치사회적 이중성』후마니타스. (チョ・フィヨン 2010『動員された近代化 —— 朴正煕開発動員体制の政治社会的二重性』フマニタス。)

第12章 経済的インセンティブと「道具的民族主義」
在韓中国朝鮮族を中心に

朴　佑
（金　泰植訳）

1　研究目的および問題提起

　2010年8月現在，在韓朝鮮族の人口は約38万人に達している[1]。19世紀中葉から朝鮮半島より満州へと移住した朝鮮人たちが，東北アジアおよび世界情勢の急激な変化の中で形成した民族集団（ethnic group）が現在の中国朝鮮族である。

　1978年末の中国の改革開放政策を受けてそれまで中国東北地域（旧満州）にて共同体を形成し生活していた朝鮮族は，「自由な経済的主体」となり中国の大都市および沿海地域，そして外国に新しい経済的機会を求め移動を始めた。冷戦時代に制限的に北朝鮮と交流をしながら物質的な富を蓄積した朝鮮族は[2]，1980年代末からの韓国の台頭と共に従来の生活パターンを変化させた。彼らは制限的に許可された離散家族の親族訪問を契機として「母国訪問」というかたちで韓国に進出し，それは以後20余年間「コリアンドリーム」として継続した。初期の朝鮮族は主に下層労働市場に進出し，現在の韓国に在留している朝鮮族たちの中で一番大きな比重を占めるのも労働者層で

---

[1]　http://www.immigration.go.kr/
[2]　貿易会社の登場と，辺境地域で個人あるいは家族を中心にした「ポッタリ（ふろ敷包）商売」が典型的である。1980年代の正確な統計はないが，かなり多くの朝鮮族家庭が北朝鮮との貿易を通じて家電製品を購入するなど物質的富を享受した。

ある。

　また,2000年以降韓国の様々な大学にて朝鮮族留学生の数が急増した。朝鮮族の韓国留学もまた韓中の修交以後から可能になり,朝鮮族労働者の韓国進出と並行している。留学生たちが韓国に滞留しながら受けることになる査証が最近になって複雑な様相を呈しているので正確な留学生数の把握は難しいが,筆者は2005年から現在までの朝鮮族留学生の年平均増加率,留学招請査証(H-2-C)および在外同胞査証(F-4)増加率を元に推算した結果,その数は5,000名を若干下回る程度とみている(朴佑2010)。朝鮮族留学生は中国国民であると同時に韓民族の一員である。彼らは在韓朝鮮族労働者たちと似たアイデンティティを持っているといえ,同時に家族あるいは親族ネットワークを形成している。朝鮮族留学生は韓国の大学に入学するとまず外国人登録証の発給を受け,その後資格を満たせば在外同胞査証(F-4)を受給することができ,あるいは中国で在外同胞査証を受給して留学することもできる。このように,韓国に滞留している朝鮮族は大きく労働者層と留学生の二つに分類することができる[3]。

　在韓朝鮮族研究は,2000年以降「多文化」言説の登場に伴い本格的に開始された。朝鮮族労働者の性格を究明しようとする研究としては,朴光星(パクグァンソン)(2008)が挙げられる。朴光星は,朝鮮族労働者の韓国への移住が当初は女性中心であったため,朝鮮族家庭を「超国家」的なものに変貌させたと指摘する。朝鮮族は教育水準が相対的に低く,改革・開放の過程に上手く適応できない人びとが大部分だった。李振翎(イジンヨン)と朴佑(2009)は,多くの朝鮮族が韓国に来ることになった背景には,朝鮮族が中国の改革期に少数民族として受ける民族的あるいは人種的差別による理由により,経済的格差に起因する剥奪感と,経済格差を再生産しないために他の外国に比べて移住の費用が相対

---

3) 朝鮮族労働者と朝鮮族留学生を除いた他の部類は,国籍を取得した「朝鮮族」と専門職に従事する朝鮮族がいる。国籍取得「朝鮮族」は朝鮮族出身だったが国際結婚,帰化および国籍回復の方式で現在の大韓民国国籍を保有している人びとだ。もちろん個人的レベルでこれらはすでに韓国国籍を取得したが,家族レベルで見る時この人たちの夫や子供はまだ中国国籍を持っている場合が多い。そして韓国の会社に採用された専門職朝鮮族たちの場合,大部分は留学生出身である。韓国の大学で学部あるいは大学院を卒業して韓国で経済活動をしている。本研究では国籍取得「朝鮮族」は朝鮮族の範疇から除外し,留学生出身の専門職従事者は全部留学生の範疇に含めた。

的に安い「裕福な故国」を選択したことが要因になったと指摘する。すなわち中国内における経済的な階層上昇方法の「代案」として，韓国を選択したのである。そのほかにも，在韓朝鮮族労働者のための住居環境に対する研究（イ・ヨンシム，チェ・チョンシン 2007），韓国内朝鮮族労働者たちの葛藤事例に対する研究（ムン・ヒョンジン 2008），そして在韓朝鮮族労働者たちの生活満足度に関する研究（キム・ソジョン 1996）などがある。また，ソル・ドンフン（1999）による研究は，朝鮮族労働者を韓国内移住労働者の範疇で扱っている[4]。

　留学生に関する研究として，アン・ビョンジンとチェ・ビョンド（2008）は，韓国に入ってきた外国人留学生の移住現況と特性の理論的整理を試みた。彼らの問題意識は，長い間「留学生送出国」の一つであった韓国が「流入留学」あるいは「誘致留学」の増加に直面し，韓国内で「多文化空間」が形成されつつある状況において，外国人留学生の推移と実態を分析しその特性を説明しようとした。また，朴佑（2009）は，朝鮮族留学生と漢族留学生の韓国留学理由から移住戦略を明らかにし，彼らが韓国で生活している実態および韓国に対する認識を整理した。チョ・ヘヨン（2002）もやはり母国で学ぶ海外同胞に対する研究を行った。チョン・ホンチョル（2009）は，留学生の留学過程を，制度的な側面から整理している。

　このようにみると，既存の研究が在韓朝鮮族たちのうち特定のグループにだけ焦点を合わせていることがわかる。すなわち，在韓朝鮮族の全体を構成している朝鮮族労働者と留学生を同時に扱った研究はまだないということだ。また朝鮮族のディアスポラ・アイデンティティを扱った研究は，朝鮮族が持っている「国家アイデンティティ」と「民族アイデンティティ」という二分法的思考にとらわれ，地域，血統を中心にした「有機体的民族主義」研究の枠組みから抜け出せていないばかりか，彼らのアイデンティティのあり方を規定する要素が何なのかを明らかにしていない。そこで本研究では，労働者と留学生の二集団を複合的に考慮しながら，在韓朝鮮族全体が「故国」である韓国に向けるまなざしと，「同胞」たる朝鮮族をまなざす韓国との間

---

[4]　朝鮮族を外国人移住労働者の範疇に入れて研究した論文は全てを列挙せず，代表的なものだけを提示した。

の相互関係に対する考察を通じて,現時点でのディアスポラと母国との間に「有機体的民族主義」を基盤とした経済的インセンティブと,「道具的民族主義」の関係が合理的に形成されていることを明らかにすることを試みる[5]。

2 朝鮮族労働者の韓国進出:制度的背景と経済社会的特性

朝鮮族の韓国訪問は 1980 年代後半に端を発する。KBS ラジオ社会教育放送作成の朝鮮族を対象にした離散家族探しの番組を通して,朝鮮族は離散家族の一員として香港を経由し韓国を訪問することができるようになった。韓国人が中国の漢方薬を好んだため,初期の朝鮮族たちは漢方薬を持って韓国に入国し,それを売って金を儲けはじめた。その後就労目的の訪問が増加したが,朝鮮族に対する適切な管理がなされなかったため不法滞在者が増加した。問題の深刻さが指摘されるようになるとすぐに対策がとられ,1992 年から朝鮮族は中国国民として査証を受けて韓国に入国しなければならなくなり,親戚訪問は 55 歳以上の者に制限された(シン・ウィギ 1994: 124)。これにより縁故および無縁故朝鮮族の韓国進出が難しくなったが,だからといって朝鮮族の韓国進出が途絶えたわけではなかった。

韓国は 1988 年ソウルオリンピック,1991 年韓ロ修交,1992 年韓中修交を経て該当国家の同胞との交流を促進させた。金泳三政府が推進した在外同胞政策は,金大中政府初期の 1999 年に「在外同胞の出入国と法的地位に関する法律(以下,在外同胞法)」として集約された。同法によって外国籍同胞は,出入国と在留において国民と同等の恩恵を受けることになった。しかし

---

5) 本研究では,在韓朝鮮族二つの集団に対するそれぞれの量的および質的資料を使った。朝鮮族労働者に対して 2008 年 7〜8 月の間,韓国法務部と労働部が共同で支援した「訪問就業制サービス」の一環で収集されたアンケート調査およびインタビュー資料を使った。この研究サービスに筆者が調査責任者として参加した。留学生関連資料は筆者が 2008 年 10〜11 月の間に行った「2008 年在韓中国留学生アンケート調査資料」を用いた。巨視的水準のデータは韓国の場合,ソウル出入国管理事務所,法務部,労働部で発表した資料を使用し,中国の場合,中国国家統計局で発表した資料を用いた。

第 12 章　経済的インセンティブと「道具的民族主義」

同法の対象から，朝鮮族や高麗人などの大韓民国政府樹立以前に域外に移住した同胞は除外され，その結果，在外同胞政策は「びっこ法」という汚名を受けることになった[6]。その後 2001 年 11 月 29 日に憲法裁判所全員裁判部（大法廷）は，「在外同胞法」第 2 条 2 号と「在外同胞法施行令」第 3 条に対して憲法不一致判定を下し，海外に進出した同胞に対する処遇が政府樹立以前と以後とで異なるのは差別に該当し平等原則に背くと結論づけた。その結果，2004 年 3 月には在外同胞法の改正が成立したが，下位法の施行令と施行規則上の制限措置によって朝鮮族と高麗人の権利は引き続き制限されることになった (李振翎他 2008: 1)。韓国の在外同胞政策は，中国と旧ソ連同胞に対する消極的かつ責任回避的な態度のほかにも，在日同胞に対する反北偏向的な態度，アメリカ，西ヨーロッパ，オーストラリアなどの在外同胞と海外養子に対する放棄的態度をうかがうことができる (ファン・テヨン 1995)。

　このように，朝鮮族の法的地位は複雑に変化したが，なかでも朝鮮族は継続的に韓国に入国し，同時に他の国家の労働者も上げ潮のように流入することになった。外国人労働者が流入しはじめた時期は，強力な労働運動とそれに伴う賃金上昇がもたらされた時期と正確に一致する。1987 年以後の強力な労働運動は，国内大企業に従事する生産職労働者の賃金を急速に上昇させ，内国人労働者の「3D (Difficult, Dirty, Dangerous) 業種就業忌避現象」が広がった。その結果，低賃金労働力に依存してきた「3D 業種」の中小企業は深刻な労働力不足に陥った。同胞である朝鮮族は韓国政府の北方政策の影響により簡単に査証を受け韓国に入国が可能になり，フィリピンやバングラデシュ，ネパール，パキスタン，スリランカ出身の外国人労働者も韓国政府の出入国規制緩和により容易に入国することができるようになった。さらには，訪問，観光など短期査証の発給を受けて入国した外国人たちが国内で就

---

6)　KBS が 2009 年 1 月 27 に放送した時事企画『サム』において朝鮮族の存在が「半分同胞」と表現された。この「半分同胞」という表現は，コリアンの居住国の「圧力」もある程度反映された結果ものである。中国とロシアは朝鮮族と高麗人が韓国との単なる交流を超えて，韓国に在留したり，海外同胞としての政治・経済的権限が拡大する可能性を憂慮し反発した。それを受けて韓国政府は，法適用対象から中国の朝鮮族と旧ソ連の高麗人を除く方案を講じた (東亜日報 1998 年 11 月 12 日)。すなわち 1948 年大韓民国政府樹立以前に海外へ移住した同胞およびその子孫を排除する「過去国籍主義」へと法案内容を修正して閣僚会議を通過させたのである (ハンギョレ 1998 年 12 月 18 日)。

業する現象が現れはじめた。当時の韓国は，農村が労働力貯水池としての機能を喪失し，青少年人口が絶対的に減少，青少年進学率が大幅上昇することによる技能労働力供給の停滞，労働者たちの勤労意識の変化に伴う大企業と中小企業間の労働市場分離が深刻化しており，国内企業は深刻な生産職労働力不足のために外国人労働者を積極的に雇用するようになった。韓国政府は中小企業の生産職労働力不足に対処するという名目のもと，未登録の労働者を事実上放置し，1991年からは産業技術研修生として受け入れるようになった（ソル・ドンフン 1999: 93-103）。韓国政府は外国人労働者を輸入するにあたって，彼らに勤労者でない研修生身分を付与する「外国人産業技術研修制度」を導入し，1993年11月からは「産業研修生制度」を本格的に施行したのである。

政府は不法滞留および不法就業の朝鮮族たちを合法化するために2002年12月から「就業管理制」を導入した。その結果，訪問同居（F-1-4）資格を持った外国国籍同胞たちが滞在許可を就業者資格（E-9）に切り替えることによって一部サービス業に就業することが許された。労働者たちは労働部から義務的に就業斡旋を受けなければならず，建設業など8分野に就業が可能な3年単数ビザの発給を受けるようになった。つまり在外同胞法から事実上排除されていた中国および旧ソ連の同胞たちには，出入国および就業にあたって労働者の地位を付与する型で制度化されたのである。2006年2月21日に法務部は変化戦略ブリーフィングにおいて，第一に中国および旧ソ連地域同胞に対する在外同胞滞留資格（F-4）付与の慎重な検討，第二に滞留資格付与以前に「訪問就業制」を導入，第三に不法滞留中や過去不法滞留経歴で入国規制された同胞たちに対する救済政策の概要を発表した。同胞たちに内国人と類似の就業活動機会を保障し，使用者の雇用許可手続きを大幅に緩和する方向で政策および法律を変更する積極的な動きを見せていたのである。2007年3月4日からは在外同胞法から疎外されてきた中国と旧ソ連地域に居住する朝鮮族と高麗人に対し訪問就業制を導入し「母国と居住国間から自由に行き来できるように」するに至ったのである（李振翎他 2008: 2）。

表12-1は在韓朝鮮族労働者たちの中国における経済的社会的地位などを提示した表である。朝鮮族労働者の入国時期別平均年齢と中国での職業に伴

第 12 章　経済的インセンティブと「道具的民族主義」

表 12-1　入国時期別平均年齢，中国での職業に伴う月給（単位：倍率，元，年齢）

		無職	農業	個体戸	公務員	専門職	公人	その他	全体
2008	賃金格差	6.5	8.0	5.1	4.5	5.5	6.5	5.9	6.2
	中国月給	1,300	1,048	1,744	1,706	1,757	1,359	1,475	1,414
	平均年齢	50	51	47	49	46	43	46	47
2007	賃金格差	7.4	7.4	5.1	5.3	5.3	6.4	5.3	6.3
	中国月給	1,366	1,254	1,757	1,702	1,775	1,420	1,763	1,463
	平均年齢	40	48	46	46	43	47	40	46
2005～2006	賃金格差	9.4	8.3	5.7	6.4	5.1	7.2	6.9	6.9
	中国月給	1,000	1,110	1,594	1,810	2,033	1,244	1,280	1,344
	平均年齢	42	46	43	48	35	48	47	45
2004以前	賃金格差	8.1	8.5	6.2	5.7	5.3	7.0	7.2	7.1
	中国月給	1,208	1,062	1,476	1,808	1,835	1,289	1,262	1,298
	平均年齢	37	47	43	48	39	43	41	44
全体	賃金格差	7.7	8.0	5.5	5.5	5.3	6.7	6.3	6.6
	中国月給	1,238	1,128	1,641	1,757	1,835	1,337	1,443	1,387

出典：2008 訪問就業制データ資料集：中国月給は職業別・韓国月給・調査時期為替レートおよび平均倍数を持って推算。平均年齢は回答者たちの入国時期の平均年齢である。

う月平均賃金をみれば，韓国で受ける月給が全体的に中国で受けた月給の 6.6 倍程度になる。朝鮮族たちの職業別月平均賃金を絶対値だけでみる場合，中国の平均と比較しても低いとは言えない。しかし経歴により月給の上昇が成り立つ状況を考慮して入国時期別年齢とあわせてみると，この月給水準は相対的に低いと言える。例をあげるならば 2004 年から 2008 年の間に韓国に入国した朝鮮族たちの平均年齢は 44 歳から 47 歳であるのに対し，彼らが中国で受けた月給は 1200 中国元から 1,400 中国元程度であった。4 年間彼らが受けた月給は小幅増加したが，これは元貨の価値切上げが反映されたのであって，中国で受けた月給の絶対値が増加したことを示しているわけではない。子供を教育させることまで自身の義務と見なす朝鮮族たちにとって，この程度の月給は非常に不足すると感じられる。

表 12-2 は，朝鮮族労働者が韓国に滞留することを希望する期間の決定要因分析である。独立変数は大きく人口学的特性，中国での社会・経済的状況，韓国での社会・経済的状況で分けた。モデル 1 だけを見た時，個人の性

表 12-2　朝鮮族労働者の希望滞留期間決定要因分析（OLS）

	モデル 1(N = 952) beta	モデル 2(N = 863) beta	モデル 3(N = 658) beta
性別	−.008	−.005	.046
年齢	−.044	−.054	−.052
学力	.008	.020	−.005
月給比較		.124***	.107**
入国費用経路		−.072*	−.085*
韓国入国回数		.092**	.090*
韓国入国総費用		−.030	−.002
月平均賃金			.101*
一日平均労働時間			.061
月平均貯蓄金額			.044
月平均本国送金			.095*
既存滞留期間			.036
家族親戚親友			.070
職場満足度			.184***
常数	75.624***	53.922***	88.771***
R Square	0.002	0.131	0.276

注：*p＜.05；**p＜.01；***p＜.001 遇：「月給比較」は調査当時の為替レートでみた中国月給に対する韓国月給の倍数，「入国費用経路」は本人の資産を利用した場合が1，知人あるいは金融機関を通じて借りた場合が0の可変数，「家族親戚の友人」は韓国居住時情報および助けの主要源が家族あるいは故郷の友人の人が1，残りが0の可変数，「職場満足度」は「給与水準」，「勤労時間」，「作業内容」，「作業環境」，「生活環境」，「韓国人同僚との関係」，「韓国人社長との関係」などの3点尺度を合算して出した平均値である。

別，年齢，学歴は希望滞留期間に有意味な影響を及ぼさないということが分かる。中国での社会・経済的状況をみると月給差が大きいほど，つまり中国での月給が低いほど，韓国により長く滞留することを望んでいることが分かる。また韓国入国時の費用を本人の資金でなく知人あるいは金融機関で借りた人がより長く滞留することを希望している。韓国入国回数が多い人であるほど，すなわち韓国に何度も行き来している人が韓国により長く滞留することを望んでいることも分かる。韓国での社会・経済的状況に関する変数をみると，個人レベルでの特性はここでも効果をみせず，中国での状況が相変わらず有意味な影響を及ぼしている。韓国でもらう月収が高い人ほど，また毎月中国に送金する金額が多い人ほど，そして現在の職場に対する満足度が高

い人ほど，韓国で相対的に長く滞留することを希望していることが分かる。

このように朝鮮族労働者たちは中国で経済的機会を失ったり剥奪され，朝鮮族および中国社会でも下層に属する人びとが大部分だということをみることができる。このような人びとが韓国に入国し，経済的インセンティブが多いほど韓国により一層好感を持ち長く滞留しようと思いながら，韓国は「裕福な故国」という点を常に感じている。同時に自国内の労働力不足を解決したい韓国政府の立場からは，同じ言語を使い，他国の労働者より雇用の面において効率的な朝鮮族を雇用することが利益に繋がった[7]。1990年代の在外同胞法の変化と外国人移住労働者政策の変化が，巧妙に絡みあっていると言える。

3 朝鮮族留学生の韓国留学：制度的背景と経済社会的特性

中国人留学生の急速な増加には，中国の教育政策，韓国の外国人留学生誘致政策および韓国の大学の入学関連政策が作用している。中国人留学生の韓国留学経路は①留学院の仲介，②姉妹大学協定，③韓中合作学科開設，④韓国大学の分校，⑤個人申請などがある。2005年前までは中国人留学生の韓国留学経路は①→②→③→④⑤の順序であり，2005年以後からは②→③→①→④⑤へと変化した（チョン・ホンチョル2009）。教育市場の開放と共に韓国内の有名大学は「国際化事業」の一環として外国人留学生誘致を通した大学レベルの上昇を試み，地方大学は学生定員のために外国人留学生誘致に大学の「死活」をかけている（東亜日報，2006年11月24日）。高等教育の国際化を通した大学体制の改善および競争力強化，急激な国内入学志願の減少にともなう大学定員割れの解消，教育輸出（留学生誘致）を通した留学収支赤

---

7) すべての産業でそうではなく，サービス業の雇い主が製造業の雇い主に比べてこういう考えがさらに強い。筆者が永登浦，九老地域を中心にソウル市内の様々な場所にある食堂の社長をインタビューしてみた結果，客の接待をしながらたとえなまりがたくさん混ざった韓国語を話してもコミュニケーションの問題はないので朝鮮族をより一層好むという。

字改善などの趣旨で成り立った「留学生誘致政策」（チョン・ウホン 2006）と，教育科学技術部が制定した 2012 年国内滞留外国人留学生を年間 10 万人に拡大する「スタディコリアプロジェクト発展法案」[8] などは，大量の中国人学生が韓国へ留学に来ることになる韓国内の制度的政策的要因として作用している[9]。その一方，韓国の国家イメージが中国で相当な影響力を行使することによって中国人たちの韓国に対する好感度が上がり，韓国留学を決意させることになった[10]。すでに相当数の中国留学生たちが韓国で学位を取り韓国で就業し経済生活をしている[11]。中国人留学生たちが大挙海外に進出したのは，中国が改革・開放政策以前に主に共産圏国家にだけ国費留学を戦略的に送ったこととは違って，改革・開放以後には自費留学を許容したこととも密接に関係している（チェ・キュチョル 2000）。このように現在の中国人留学生は世界 109 ヵ国で留学生活をしている[12]。

　韓国政府は留学生の場合，国籍に関係無く留学査証（D-2）を発給した。最初は朝鮮族留学生たちも D-2 査証を受けて韓国に留学することになった。留学査証の場合，出入国管理事務所に申告して週 20 時間のアルバイトを合法的にできる。大学院生の場合，課程を修了した後には一学期に一回ずつ滞留期間を延長しなければならず，延長するごとに 3 万ウォンの手数料を出さなければならない。

　在外同胞法の拡大適用，そして同胞労働力に対する政策の変化とともに朝鮮族留学生に関する政策も変化した。2007 年 3 月 4 日「訪問就業制」が施

---

8) 韓国政策放送（KTV），2008 年 8 月 4 日。http://www.ktv.go.kr/ktv_contents.jsp?cid=280203 参照。
9) ソウル大学校は 2010 年から中国の吉林省，遼寧省，黒龍江省で優秀な朝鮮族学生を選抜して 4 年間奨学金と生活費を提供することにした（「ソウル大，人材選びのために国外へ」，聯合ニュース，2009 年 12 月 14 日。http://app.yonhapnews.co.kr）。
10) 実際に筆者が韓国留学をすることになった 2005 年当時中国には韓流熱風が吹いており，大小の都市で韓国音楽，ドラマ，ファッションなどに気軽に接することができた。さらには，一部大都市においては韓国人商店街や韓国商人通り，韓国文化通りなどが生じるほどに，中国における韓国イメージは急浮上していた。
11) だが留学生の大量誘致とは別に，一部外国人留学生が学校を離れ不法就業をする現象が続出しているという報道もなされた（韓国日報，2006 年 10 月 25 日）。特に 2009 年 4 月基準として全外国人留学生が 7 万 7,743 人の中中国人留学生は 6 万 4,440 人を占めていて，中国人留学生不法滞留者は 7,999 人で全体の 13.23％に達する。この不法滞留者比率は 2006 年には 8.3％，2007 年には 11.5％，2008 年には 12.3％に増加している（東亜日報，2009 年 6 月 22 日）。
12) 中国高考招生網。http://www.edu201.com/Html/2008102784215-1.html 参照。

第12章 経済的インセンティブと「道具的民族主義」

行されながら同じ年に学部および大学院1学期以上の朝鮮族留学生（D-2）が両親を招請することができるようになり，両親は訪問就業制（H-2-C）として入国することができるようになった。これは留学した子供を経済的に支援するために，両親が訪問就業制で入国できるようにする政策だった。2008年の初めには，韓国の大学に在学中の修士2学期以上の朝鮮族留学生の場合は留学査証を在外同胞査証（F-4）に変更することができるようになった。すでに留学査証で両親を招請していた場合にも，在外同胞査証に変更しても両親の滞留資格は延長可能だった。しかし2009年1月に事前に何の公示もなく，留学査証から在外同胞査証に変更する場合，招請した両親の訪問就業査証は延長を不可能とする指針が発表された。これに対する問題提起が起きると，法務部は留学生たちに在外同胞査証をまた留学査証に戻すことができるようにし，また在外同胞査証に変更した留学生の両親を訪問同居査証（F-1）に変更することができるようにした。2009年12月からは在外同胞査証を拡大発給するようになったが，韓国および中国で4年制大学を卒業した朝鮮族の場合，本人を含む両親，配偶者，子供全部に在外同胞査証が発給されるようになった。

表12-3は朝鮮族留学生の韓国に対する認識決定要因分析である。朝鮮族学生の場合韓国自体を「留学地」というよりは「故国」として認識する傾向が大きい。韓国に家族あるいは親族がいる在外同胞査証で入国した留学生は，月収入が高いほど，奨学金があるほど，また居住環境に対する満足度が高いほど韓国をより一層肯定的に評価していることが分かる。その理由については次のインタビュー資料を通してみることができる。

> お母さんが韓国に来ることができたので私が勉強する上で経済的にたくさん役に立ったし，他の一般外国人とは違って朝鮮族たちが韓国に入国できる機会が相対的に多くなって，一般外国人との比較の中で同胞として韓国に対して相対的に肯定的な認識ができる。朝鮮族留学生がF-4ビザを受給するのは当然のことだと思う（オ00，男，朝鮮族留学生，大学院修士在学中）。
>
> 韓国で就業を含んだ経済活動を望む人は当然F-4ビザを望む。留学生が両親を招請できるようになって，互いに対する会いたさで心配をかける時間を減らすことができる。また自由に往来できるから，私が両親に会いに行くこ

表 12-3　留学地としての韓国に対する認識決定要因分析（朝鮮族）

	N = 151	
	b/Beta	b/Beta
家族	.287/.313***	—
査証	.172/.234***	—
性別	−.007/−.008	−.009/−.009
年齢	−.101/−.033	−.006/−.031
学力	.104/.114	.090/.106
留学期間	−.101/−.033	−.012/−.038
月収入	.006/.273**	.003/.268**
奨学金	.313/.307***	.300/.293***
専攻	.155/.144	.164/.158
地域	−.146/−.146*	−.176/−.174*
差別	.099/.084	.102/.099
居住環境	.193/.345***	.184/.338***
授業内容	.071/.096	.074/.099
常数	1.431***	.685***
Adjusted R²	.323***	.216***

注：*p＜.05，**p＜.01，***p＜.001 注：従属変数は質問用紙に「韓国は留学しやすいところですか？（5点標準）」を利用した。独立変数で「家族」は朝鮮族留学生の家族が韓国にある場合が1の可変数；「査証」は在外同胞査証を所持した朝鮮族留学生が1の可変数；「民族」は朝鮮族が1，漢族が0；「性別」は男性が1，女性が0；「学歴」は学部，修士，博士；「奨学金」は奨学金受ける人が1の可変数，「専攻」は文科が1，理科が0；「地域」はソウルが1の可変数；「差別」は差別を受けるという人が1，そうではない人が0；「居住環境」，「授業内容」は満足度（5点）。

とができなかったり両親が来ることができなかったりしても，時間を取れる方が動けば良いから情緒的な安定を保つことができる。（キム00，女，朝鮮族留学生出身，修士卒，韓国で勤務，出版業）

　F-4ビザがあればより簡単に就業できる。私が以前米国系コンサルティング会社に面接をした時最終選考まで進んだが，ビザの問題は会社で解決できないと言われ就業でなかったことがある。けど今はそういう問題が無い。完全に自由。離職も自由。朝鮮族学生に色々な機会を与えていると思う。漢族よりはるかに有利だろう……朝鮮族留学生たちにこういうビザを発給することは当然のことと思うけど，同時に感謝の気持ちもある……政策がますます良くなって（朝鮮族の）後輩たちが恩恵をたくさん受けるから。（クォン00，男，朝鮮族留学生出身，修士卒，韓国で勤務，金融会社）

第12章 経済的インセンティブと「道具的民族主義」

　今D-2ビザだけどまもなくF-4に変更しようとしている。今後韓国に就業することもできるし携帯電話を交換する時もそうで，色々な面で便利になるから。朝鮮族留学生らが在外同胞査証を受けることが，私が韓国を肯定的に見ることに対して影響していると確実に言うことは難しいけど，30％程度は影響があるみたいだ。(アン00，女，朝鮮族留学生，大学院修士在学中)
　朝鮮族留学生が両親を呼べるようになって在外同胞査証をもらう，こういう制度がなければそれまでなんだけど，新しい政策が出てきてとても良い。多分韓国に対する印象を10点満点でいうならば，このような政策がその内の8点程度影響を及ぼしている。(ペク00，女，朝鮮族留学生，大学院修士在学中)
　朝鮮族留学生がF-4を受けるのは当然のことだけど，やっと今現実になったので有難い。朝鮮族たちが在外同胞としての資格を与えられたのに，その資格を付与しないというのは同胞として認定をしないことと思う。朝鮮族学生は漢族学生や他の外国人学生と違う。だから別に取り扱わなければならない。(パク00，男，朝鮮族留学生，修士卒，韓国で就業準備中)
　同じ私たちの民族であるから，韓国で漢族学生や他の外国人学生と同じ権利を持つのはちょっとアレだ。同胞として私たちが違う権利を享受すればより良い。(キム00，女，朝鮮族留学生，博士卒，中国大学教授)
　朝鮮族たちが在外同胞査証を受けることになって私は韓国に対してより一層肯定的になった。それでも韓国政府がまずは同胞だと，それにともなう待遇を少しでもするから。やっぱり血を分けた民族だなとの思いがした。朝鮮族たちが在外同胞査証を受けるのはとても当然のことだと思う。(イ00，女，朝鮮族留学生，大学院博士在学中)

　朝鮮族留学生は中国で学部を終えて韓国の大学院に進学する場合が多い。彼らは中国で経済的に脆弱な階層に属するわけではないがより良い機会を探すために韓国に来ており，また韓国に滞留しようと思っている。上の表とインタビュー資料からみることができるように，彼らは韓国をやはり「故国」とみているが，この「故国」認識を決める過程において経済的変数が重要な役割をしていることをみることができる。韓国の大学たちもやはり競争力強化あるいは定員割れ解消などのために優秀な海外の人材を誘致しようとし，そこに朝鮮族も含まれている。より多くの朝鮮族留学生に韓国生活に必要な便宜を図り，「故国」に必要な人材として機能するように期待している。こ

れは在外同胞法および留学生関連政策の変化から確認することができる。

4　経済的インセンティブ，そして「道具的民族主義」

　朝鮮族は当初，韓国に滞留しながら自分たちを同胞と認定してくれという「請願運動」を行った。この運動は朝鮮族労働者たちが他の移住労働者と同じ外国人扱いを受けることに反発しながら始まった。初期の朝鮮族のスローガンは，「朝鮮族も同胞だ」であった。この場合，準拠集団は概して在米コリアンであった。それと共に韓国社会が自分たちを包摂してくれる法的・制度的装置を要求した。訪問就業制そして在外同胞法の拡大適用が可能になりながら，結果的に朝鮮族労働者は韓国国民ではないがその他外国人労働者と違った「市民権」が与えられたことによって，韓国人−朝鮮族労働者−外国人労働者という三重の「市民権構造」が形成された。こういう状況で朝鮮族は自分たちの「自由往来，自由滞留，自由就業」を保障しろとのスローガンを叫んだ[13]。

　朝鮮族留学生の場合にも朝鮮族労働者と同じように，他の国家から来た留学生より比較的優位にある「市民権」を所持している。それはまさに在外同胞査証なのだが，留学をして学位を取得し，韓国で就職するうえでとても魅力がある査証である。現在大学院に在学しつつ韓国の一部企業から高い年俸を受けながら仕事をしている朝鮮族留学生を，周囲で多数見つけることができる。このように朝鮮族留学生も韓国人−朝鮮族留学生−外国人留学生という階級構造の中に編入された。朝鮮族たちは韓国に対する期待値が，漢族や他の外国人と違う。「同じ民族」として，他の集団に該当する権利が付与されることに対して疑問を投げる。制度的に朝鮮族は「同じ民族」の範疇に属することによって，朝鮮族留学生は他の民族集団と違った権利を持つことになった。この権利は滞留資格，すなわち査証の形式で表現される。これは朝鮮族たちに韓国でより多くの発展の機会を提供したうえ，家族離散による情

---

13) 2010 年 11 月 14 日，ソウルで「中国同胞政策の画期的な転換を要求する行進」が開かれた。この行進には朝鮮族関連団体と一部国会議員が参加した。http://www.dbanews.com/

緒的不安感も減少させた。このようなインセンティブが多いほど，韓国に対する肯定的な認識は強化される。

　朝鮮族労働者と朝鮮族留学生は，民族範疇でみれば韓国で「準国民」的な位置が与えられた。しかし 2000 年以後に多文化言説が本格的に登場しながら，朝鮮族に対する見解は在外同胞言説よりは多文化の一員としてアプローチする傾向が強くなった。在外同胞に関する言説において在韓朝鮮族に触れる時には，「本来は同じ根を持つが歴史的な過程を経て違うようになった」という点すなわち「同質性」を強調する一方，多文化に関する言説の中では「本来は違うが現在一緒に付き合って暮らさなければならない」という点すなわち「異質性」を強調している。韓国の外国人は 100 万人時代に入った。もちろんその比重において中国人が最も多く，その中でも朝鮮族の比率が大きい。だがすでに東南アジアからの移住労働者および結婚移民者を含む，多くの国家からの移住民が現在の韓国で一緒に生活している。このような状況において韓国政府は多文化により一層心血を注ぎ，在外同胞を多文化の「下位」部分に位置づけようとする傾向をみせている[14]。産業発展に必要な労働力供給に問題がなくなり，あえて朝鮮族労働者ではなくても労働力補充経路が多くなったためである。

5　道具的民族主義と「アイデンティティの変容」

　朝鮮族が韓国を本格的に訪問しはじめる前まで，朝鮮族は豆満江と鴨緑江を挟んだ北朝鮮に「自由往来」しながら政府および個人レベルの経済交流をしていた。当時の経済活動は北朝鮮の産業労働者としてではなく，一種の小規模商人としての活動だった。北朝鮮に相対的に少ない軽工業製品を売りにいき，日本から入ってくる重工業製品を購入して物質的な富を蓄積した。1970 年代を経て韓国の経済力は，ほとんどすべての面で北朝鮮を凌駕するようになり，ほぼ同じ時期に中国もやはり市場主義傾向を色濃く帯びた経済

---

14) 韓国多文化センターが運営している多文化子供たちにより構成されたレインボー合唱団は，G20 首脳会議の時大統領府に招請されて公演した。この合唱団には朝鮮族子供も 3 人いる。

改革を行いながら，中国-北朝鮮，中国-韓国の関係を新しく再構成した。朝鮮族は韓中修交以後，当初はやはり北朝鮮との「商売」をしたが，韓国の経済的優越性を認識し徐々に韓国に入国し産業労働者として機能することになった。韓国が朝鮮族の前に登場する以前には朝鮮族は北朝鮮を先祖の土地である「故国」と認めており，また理念的にそのようにしなければならなかった。このようなイデオロギー的認識は，当時北朝鮮の中国に対する経済的優越性によって強化された。朝鮮族は中国内で他の民族より北朝鮮を通じて経済的蓄積を実現できたほか，良い暮らしをすることができたためである。当時の朝鮮族には北朝鮮が「唯一」の故国であり，韓国はいつか北朝鮮によって解放されなければならない土地だった。しかし今は状況が変化した。世代と韓国での職業の違いにもかかわらず，朝鮮族は韓国を「故国」という。本籍が北朝鮮の側にありながらも，そして過去に北朝鮮を「故国」と認識するように教育を受けたにもかかわらず，今は「北朝鮮偏向的エスニシティ」から「韓国偏向的エスニシティ」へと変わっている。このような変化を起こした要因はまさに経済的インセンティブである。同時にこの経済的インセンティブは「故国」に対する認識を決める。すなわち経済的インセンティブは，血統を中心にした「有機体的民族主義」を基盤としながら「アイデンティティの変容」も可能にして，道具化された民族主義を強化しかつ弱体化させるのである。

　韓国政府は「在外同胞財団」を通じて海外の韓国人次世代エリート養成にたくさんの投資を行っている。毎年奨学生を選抜して授業料と生活費を提供しているが，朝鮮族は全体の奨学生の中の約30〜50％に達する。朝鮮族留学生は一定期間留学した証拠になる書類があれば，両親も招請して韓国で一緒に生活するようになった。もちろんこういう政策は，韓国の経済状況が良い時と厳しい時で異なって現れた。2009年に世界的な経済危機が起きた時に韓国政府は朝鮮族労働者の比率を縮小したし，「外国労働者政策委員会」をスタートし自国の経済利益に伴う外国人労働力に対する本格的な管理を始めた。朝鮮族労働者の入国規制を強化した時朝鮮族労働者たちは「同じ民族なのにこのように接するのか」とすぐに反応し，入国機会が最初からなくなった朝鮮族は「韓国は同じ民族でない」という「極端」な発言もしてい

る。自国の労働市場の安定を試みるのは，どの国家でも行う当然のことである。経済状況が好転して入国条件が柔軟になれば，再び朝鮮族労働者らも「同胞」とみなされるのである。

　朝鮮族労働者と朝鮮族留学生は同じ階層にあるとみなしにくい。それぞれ韓国に要求することは違い，韓国がこれらに対して取る態度もやはり違う。だが共に歴史的に認識された「血統的民族主義」を土台に，必要な瞬間にこれを「道具化」する点は共通している。

　2010年10月4日に外交通商部が主催し在外韓国人学会が主管した「第4回世界韓国人の日」シンポジウムは，「より大きい大韓民国と在外同胞：共生協力韓民族共同体での発展」という主題の下に開かれた。この日の発表者たちが共通して認識したことは，「在外同胞は韓国の発展に必要な資産」ということと，実際に現在も韓国の経済発展に寄与しているということだ。すなわち産業発展に必要な労働力が不足する時に朝鮮族が労働力として機能したし，韓流が中国大陸に上陸した時にも中国に住む200万人の朝鮮族が先導的な消費者の役割を果たしてメッセンジャーの役割を担ったということだ[15]。国家の地理的領土が拡張されにくい状況で，「民族領土」を徐々に増やして必要な人材を必要な時期に活用しようとしたのが，まさに在外同胞法の拡大適用であった。これはディアスポラやディアスポラを量産した母国双方に合理的な方法であり，こういう過程において必要に応じて「民族」は想起され強調されたのである。

・参考文献・

キム ソジョン 1996「在韓中国朝鮮族労働者たちの生活満足度に関する研究」『在外韓人研究』6(1): 188-220。

ムン ヒョンジン 2008「韓国内朝鮮族労働者たちの葛藤事例に関する研究」『国際地域研究』12(1): 131-156。

朴光星 2008『中国朝鮮族の超国的移動と社会変化』韓国学術情報。

朴佑 2009「在韓中国留学生の移住現況と特性に関する研究」『在外韓人研究』19:

---

[15]「第4回世界韓人の日」資料集,『在外同胞政策セミナー：より大きい大韓民国と在外同胞：共生協力韓民族共同体での発展』, 2010年10月4日, ソウル シェラトン グランド ウォーカーヒルホテル.

155-181。
――― 2010「在韓中国朝鮮族留学生の現況と特性に関する研究」『第3回ソウル大学校 ―― 京都大学国際学術ワークショップ:コリアンディアスポラの親密圏と公共圏』発表文, 2010.8.6-8, ソウル大学校。

ソウル出入国管理事務所 HP http://www.immigration.go.kr/。

ソル ドンフン 1999。『外国人労働者と韓国社会』ソウル大学校出版部。

シン ウィギ 1994。『在中同胞に対する犯罪と対策』韓国刑事政策研究院。

アン ビョンジン, チェ ビョンドゥ 2008「我が国の外国人留学生の移住現況と特性: 理論的論議と実態分析」『韓国経済地理学会誌』11(3): 476-491。

李振翎, 朴佑 2009「在韓中国朝鮮族労働者集団の形成過程に関する研究」『韓国東北アジア論総』51: 99-119。

李振翎, イ ヘギョン, キム ヒョンミ 2008「訪問就業制に関する実態調査および同胞満足度調査」インハ大学校移住および在外同胞センター, 2008.10.31。

チョン ウヨン 2006。『外国人留学生誘致政策』(教育人的資源部在外同胞教育課長)。

チョン ホンチョル 2009,「観光留学ブーム, どのようにみるべきか」『中国語文学誌』30: 385-406。

チョ ヘヨン 2002「海外同胞母国就学生に関する研究」『在外韓人研究』12(1): 65-114。

チェ ギュチョル 2000「中国の海外留学生派遣政策」『社会科学』, 38(2): 63-82。

「第4回世界韓人の日」資料集『在外同胞政策セミナー:より大きな大韓民国と在外同胞:相生協力漢民族共同体への発展』2010.10.4, 韓国シェラトングランドウォーカーヒルホテル, 東亜日報。

連合ニュース。

ハンギョレ新聞。

韓国日報。

韓国政策放送 KTV。

KBS 韓国放送。

中国高考招生。

あとがき

　序論で述べたように，本書はさまざまな出自と背景をもつ 12 人の次世代コリアン研究者による共同作品である。日本，中国，韓国という国籍のみならず，本書趙論文が指摘しているように法的には国籍とは言えない「朝鮮籍」者も参加する多 (国) 籍執筆陣だ。こうした籍の次元の多様性のみならず，日本人の父と韓国人の母をもつ日本籍の在日韓国人学生組織活動家，「朝鮮籍」のソウル大留学生，韓国在住でコリアン研究をつづけている在日韓国人や日本人，あるいは中国朝鮮族を研究する在日韓国人や朝鮮族留学生というように，歴史的に形成されてきた現代東アジア社会におけるコリアンネスの異質性と多様性をよく示している。こうしたトランスナショナルな移動状況こそは，東アジアにおけるコリアンのコロニアリティ，ポスト・コロニアリティとグローバル化の交錯を反映している。

　本書がこうして刊行できるのは，もちろんこの次世代研究者の刻苦奮闘と親密な連帯の産物なのだが，それを支えてきたのは京都大学グローバル COE プログラム「親密圏と公共圏の再編成をめざすアジア拠点 (代表　落合恵美子教授)」の次世代研究者支援プログラムである。このプログラムでは，次世代研究者に自ら共同研究企画をたててコンペに応募してもらい，優れた共同研究を採択して調査やワークショップの開催について財政的支援を行ってきた。この本のもとになったのも，こうして応募し採択された共同研究である。さらにグローバル COE が実施している「成果刊行助成事業」によって，本書の刊行も可能になったのである。

　この京都大学グローバル COE に中核的海外パートナー拠点として支援を提供したのがソウル大学社会学科であり，編者の鄭根埴と松田素二は，ソウル大学と京都大学で交互に開催されてきたコリアン・ディアスポラ研究会の指導を担当した。また出版にさいしては京都大学学術出版会の斎藤至さんにもたいへんお世話になった。

　最後に一言，伝えなければならないことがある。本書第一部第 2 章を執筆

した京都大学大学院教育学研究科博士課程の山根実紀さんは 2012 年 6 月に急逝された。山根さんはこの共同研究会の立ち上げ期からの中心メンバーだったが，各地に散在する多忙なメンバーの草稿集めから修正稿作成までの気苦労の多い作業を担当した。編者の研究室をたびたび訪れては，各論文の修正ポイントの確認およびその結果の執筆者への連絡などのとりまとめをする役を立派につとめてくれた。学部学生時代から，社会の矛盾や抑圧を真正面から見据え，考え，行動するひとだった。本書の論文が彼女の遺筆となった。今回，その論文の校正は教育学研究科における指導教員である駒込武先生から「ぜひに」という申し出がありお願いした。山根さんのこれまでの活動と献身を心に刻み，本書を彼女の霊前に捧げる。

2013 年 7 月 4 日　編者

索　引

【A-Z】
IMF 経済危機　239

【あ行】
アイデンティティ
　――言説　148, 150-151, 176-178
　――の暫定性　150
　――のジレンマ　150, 177-179
　――政治　150, 177
　――のフレームワーク（――の枠組み）　147, 174-179
　集合的――　xiv, 128, 135, 144, 147 149, 151, 154, 160, 165, 170, 175
　ナショナル・――　xiv-xv, 128, 133-134, 253-254
アジア的公共圏　210
アソシエーション　212
慰安婦問題　82, 86, 91, 137
異種混交性（ハイブリディティ）　viii, 144, 184
移住　xix, 1-3, 94, 100, 111, 231-232, 234, 236, 238, 289-293, 297, 302-303
域外移動と域内移動
エスニシティ　vii, xii, 87, 94-96, 151, 161, 223
越境　9, 16, 101, 107, 122, 144
越境性　144
延辺朝鮮族自治州　88, 94

【か行】
外国人の法的地位　230, 235-236, 243, 246
外国人登録法（外登法）　127, 131
外国人労働者　14, 236-238, 241, 293-294, 302
外国籍同胞　102, 231-233, 240-243, 292
華僑　2-3, 16, 229, 234-236, 246
カムアウト　171-173
韓国社会　xiii, xvii-xix, 6, 12-13, 15, 77, 89, 99-103, 109-113, 116-121, 247-248, 251, 256, 273-274, 282, 286, 302

コリアン（「韓人」）　3-4, 13, 15-17, 230, 232, 251
韓流　16, 114-117, 120, 170, 298, 305
帰還　5, 8-10, 12, 66, 100, 116, 213
逆移動　99, 121
居住権　230, 241-242, 246
共同管理　224
共同性　vii-viii, 13, 144, 203, 208, 213, 216, 223
共同体　→コミュニティ
境界　4, 10, 70, 79, 101, 103, 107, 113-116, 147, 151, 184, 213
　――の政治　107, 121
近代的離散　6
グラウンデッド・セオリー　29-30
グローバル化　vii, ix, xiii, 1, 5, 12-13, 16, 77-79, 95, 99, 101, 107, 120-121, 207, 230, 307
経済的権利　230, 240 ,242, 244, 247
血統の概念　231
コーエン，R.　2
「国民」の創出　254 → ネイションの形成
個人的抵抗　136, 142
〈個人間の親密なつながり〉　41-44, 46-48
　――の弊害　43
公共圏　x
〈親密な公共圏〉　48-49
国家保安法　11, 109, 119, 273, 283
コミットメント　25, 30, 40-43, 46
コミュニティ　xvi, 105-107, 147, 173, 185, 189, 192, 208, 216, 219-224
国交樹立　12, 81, 87
国民的記憶作り　252, 258, 270
コリアン・ディアスポラ研究　5 → ディアスポラ

【さ行】
差異
　――の抑圧　147
最初の離散と現在との時間的距離　17

在外国民　102, 107-109, 231, 240, 271, 284, 286
在外同胞
在外同胞政策　232, 236-240, 293
在外同胞法　13
在韓外国人　229-231, 235-239, 243-248
在韓朝鮮族　xix, 86, 89
在日朝鮮人　x, 11, 25, 51, 79, 99-100, 127-128, 147, 181, 185, 212-214, 251, 274
在日本大韓民国民団（民団）　xviii, 11, 35, 100, 108, 152, 154, 257, 275-281, 283-285
サフラン，R.　1, 102, 213
参政権　13, 65, 109, 230, 246, 271
社会運動　xi, 43, 52, 59, 64, 74, 148, 176, 208, 211-212
　　新しい社会運動　208, 211
社会的権利　235, 237, 240, 242, 246
周縁化　59, 133, 148, 150, 155, 174-175
住民登録　100, 115, 242, 254
出入国管理制度　233
植民地主義　2-6, 8, 99-100, 104, 141, 144, 212
真正（性）　ix, xvi
人口動態　183
人種差別　xvii, 231, 240, 243-244, 247
人道主義　xix, 10, 273-274, 282, 286
シンボリック相互行為論　28
世界的規模の構造　230
正当性　28, 31, 137, 193, 200, 208, 216
戦後補償　82, 86, 91, 129, 138, 178
戦争　vii-ix, 6-10, 14, 16, 33-34, 44, 103, 117, 214, 234, 254, 257, 261, 268, 271, 274, 282, 285
戦争捕虜　6, 10
全方位外交　237
想像の共同体　xvi, 253
想像の移動　116, 120, 122
総連（総聯，在日本朝鮮人総連合会）　xiii, 11, 100, 104, 108, 116, 138, 219
総連系　104, 108-109, 116, 118, 120, 256, 263

【た行】
「対話」　x, 27, 32, 42
　　——成立の外的条件　46-47
　　——成立の内的条件　46-47
　　——の困難さ　x, 43-44, 46-48
ダブル（二国籍）　27, 111, 133, 147, 167
多文化
　　多文化共生　79, 217, 219
多様性　xv, xx, 4, 26, 41, 101, 111, 147-148, 158, 175, 307
脱北者　15-16, 82, 85-87, 89
脱北者問題　82, 86
男性性　256
中国残留孤児　78, 82-83, 86, 95
中国朝鮮族　xx, 4, 9, 12, 77, 100-101, 289, 307
朝鮮学校　xiv, 102, 106, 109, 117, 120, 135-136, 139, 173, 185-188, 192-197, 199-203
朝鮮籍　ix, xiii-xiv, 4-5, 103, 127, 181, 271, 273, 307
朝鮮籍在日朝鮮人　276-277, 285
朝鮮民主主義人民共和国（共和国）
朝総聯系在日同胞　xix, 274, 280, 282
ディアスポラ　vii-ix, 1-3
討議の民主主義　212
投票権　107, 246
同胞　xiii, xvii, 4, 77, 101, 185, 216, 251, 274, 290-292 →在外同胞
東北工程　82, 86, 91
トランスナショナル・アクター　289, 291-292, 294, 303

【な行】
ナショナリズム　1, 4, 133-134, 210, 212
ナショナリティ　vii-ix, xii, xiv, xix, 79, 95, 128, 139, 142, 171
　　——の強制力　128, 139, 142
ナショナル・アイデンティティ　→アイデンティティ
日本国籍　4, 11, 92, 100, 129, 131, 137, 155, 163, 167, 173, 181, 186, 197, 202, 257
ネイション　xiv, 128, 133, 139, 142, 202, 256
　　——の形成　256

【は行】
朴正熙　xvii-xviii, 252-258
パスポート　78, 104-106, 109, 132
反共
　　——主義　11, 254, 257, 287

──規律社会　287
反共イデオロギー　109
反共映画　255, 258, 261, 264, 270
　不可視的な──　78-79
東アジアの地政学　230, 233-234
不法占拠　ix, xvi, 207, 213, 222
部分的帰還と再編成　8
複数性　134, 142
分断　viii, xix, 3-6, 8-10, 35, 47, 99, 101, 104,
　　107-111, 116-117, 130 ,134, 138, 144,
　　161, 211, 229, 234, 244-245, 251-252,
　　255-256, 282-283, 286
分断国家　5, 104, 107-109, 255, 286
兵役　240, 245
　偏向的──　304
包摂　ix, xviii-xix, 52, 144, 149, 151, 155, 160,
　　163, 173, 212, 252, 258-259, 270, 274,
　　284, 286, 302
法的地位　13, 127, 129-130, 166, 230-231,
　　234-238, 243-247
訪問就業資格　232
墓参訪問団　282
母国訪問事業　ix, xvii, xix, 256, 264, 273-277,
　　281-284, 286-287
ポストコロニアルな問題　79
本質主義　xv, 101, 144, 148-151, 176-179
　──批判　150-151

【ま行】
マイノリティ　x, xiv, 27, 59, 128, 135, 148,
　　150, 163, 170, 176, 207-209
民主化　xiii, xv, 63, 99, 113, 116-119,
　　154-155, 210, 236, 242, 283, 285-287
民族間結婚　ix, xv, 183, 193, 200 → 国際結婚
「民族」フィルター　256
民族離散　6
メディア報道　35, 77-78
メンバーシップ　121, 245

【ら行】
離散家族　ix, xviii, 9-11, 14-16, 102, 252, 259,
　　263, 267, 270, 281-283, 289, 292
旅行証明書　104-106, 143-144
冷戦
　──体制　99, 237, 274
　ポスト──　4-5, 12, 16, 101-102, 107
レッドコンプレックス　285, 287
連帯　x, xiii, xv-xvi, 59, 63, 105, 135, 150-152,
　　165, 175-177, 210, 213, 240, 286
労働市場の原理　241

【わ行】
和の精神　26, 48-49
　──の専制　49

執筆・翻訳者紹介（執筆・翻訳順，[ ]内は担当章）

松田素二（まつだ　もとじ）[はじめに，あとがき]
奥付「編者紹介」参照。

鄭　根埴（ちょん　ぐんしく）[序章]
奥付「編者紹介」参照。

山口健一（やまぐち　けんいち）[第1章]
福山市立大学都市経営学部講師。
東北大学大学院情報科学研究科博士課程後期修了，博士（情報科学）。
専攻：シンボリック相互行為論，共生社会論。
主な著作：「A・ストラウスの社会的世界論における「混交」の論理」『社会学研究』第82号（東北社会学研究会，2007年），「多様な意見に開かれたコミュニケーションへ」『都市をデザインする』(「福山市立大学開学記念論集」編集委員会編，児島書店，2011年）。

山根実紀（やまね　みき）[第2章]
元京都大学大学院教育学研究科博士課程大学院生。専攻：教育史。
主な著作：「在日朝鮮人にとっての夜間中学—ライフヒストリーからのアプローチ—」『龍谷大学経済学論集』（第49巻1号，2009年9月），「オモニがうたう竹田の子守唄—改進地区の「おかあちゃん」との出会い—」龍谷大学同和問題研究委員会『同和問題研究資料　高瀬川を歩くV』(2007年3月）。

権　香淑（くぉん　ひゃんすく）［第 3 章］

早稲田大学アジア研究機構招聘研究員。恵泉女学園大学及び専修大学兼任講師。
上智大学大学院外国語学研究科博士課程修了。博士（国際関係論）。専攻：国際関係論，国際社会学，東北アジア地域研究。
主な著作：『移動する朝鮮族 —— エスニック・マイノリティの自己統治』（彩流社，2011 年），『アジア学のすすめ —— アジア社会・文化編』（共著，弘文堂，2010 年），『朝鮮族のグローバルな移動と国際ネットワーク ——「アジア人」としてのアイデンティティを求めて』（共著，アジア経済文化研究所，2006 年）。

趙　慶喜（ちょう　きょんひ）［第 4 章］

聖公会大学東アジア研究所研究教授。
東京大学大学院人文社会系研究科博士課程単位取得退学。東京外国語大学にて博士号（学術）取得。研究分野：歴史社会学，植民地朝鮮の社会史，ディアスポラ論。
主な著作：『전후의 탄생』（공저，그린비，2013 년）（『戦後の誕生』（共著，Greenbee, 2013 年）），『아시아의 접촉지대』（공저，그린비，2013 년）（『アジアの接触地帯』（共著，Greenbee, 2013 年））。

李　洪章（り　ほんじゃん）［第 5 章］

日本学術振興会特別研究員 PD。上智大学大学院グローバル・スタディーズ研究科客員研究員。
京都大学大学院文学研究科社会学専修修了。博士（文学）。専攻：国際社会学。
主要業績：「朝鮮籍在日朝鮮人青年のナショナル・アイデンティティと連帯戦略」（『社会学評論』第 61 巻 2 号），「『新しい在日朝鮮人運動』をめぐる対話形成の課題と可能性 ——『パラムの会』を事例として」（『ソシオロジ』第 54 巻 1 号）。

執筆・翻訳者紹介

孫・片田　晶（そん・かただ　あき）［第6章］
京都大学大学院文学研究科博士課程在籍。
専攻：社会学（エスニシティ研究，社会運動研究）。
主な著作：「『在日である自己』をめぐるコミュニケーションの現在 ── 『就職差別』の潜在化と在日の自己提示の越境の戦略」（『京都社会学年報』17, 2009年）。

橋本みゆき（はしもと　みゆき）［第7章］
立教大学ほか兼任講師。
立教大学大学院社会学研究科博士後期課程修了。専攻：社会学，エスニシティ。
主な著作：『在日韓国・朝鮮人の親密圏 ── 配偶者選択のストーリーから読む〈民族〉の現在』（社会評論社，2010年），「ウェブサイト『川崎在日コリアン生活文化資料館』が展示するもの ── 歴史を記録する実践の論理」『多言語多文化 ── 実践と研究』1（東京外国語大学多言語・多文化教育研究センター，2008年）。「공생하기 위한 '가와사키 코리아타운'：'오오힌지구'의 지역적 문맥」『재외한인연구』28（「共に生きる『川崎コリアタウン』── 『おおひん地区』の地域的文脈」『在外韓人研究』在外韓人学会，2012年）。

山本崇記（やまもと　たかのり）［第8章］
公益財団法人世界人権問題研究センター専任研究員。
立命館大学大学院先端総合学術研究科博士課程修了。専攻：地域社会学。
主な著作：『差異の繋争点 ── 現代の差別を読み解く』（共編，ハーベスト社，2012年），「都市下層における住民の主体形成の論理と構造 ── 同和地区／スラムという分断にみる地域社会のリアリティ」（『社会学評論』第249号，2012年），「「不法占拠地域」における在日朝鮮人の記憶と集合性 ── 地域と住民という結節点」『都市空間に潜む排除と反抗の力』（明石書店，2013年）。

佐藤暁人（さとう　あきひと）［第 9 章，翻訳序章］
ソウル大学校社会科学大学社会学科博士課程在籍。専攻：歴史社会学，移民。
主な著作：
「재한화교와 냉전 —동아시아 냉전과 한국 내 사회통제의 연관을 중심으로—」『기억과 표상으로 보는 동아시아의 20 세기』（경인문화사，2013 년）（「在韓華僑と冷戦—東アジア冷戦と韓国内社会統制の連関を中心に—」『記憶と表象から見る東アジアの 20 世紀』（景仁文化社，2013 年））。

金　泰植（きん　てし）［第 10 章，翻訳第 11・12 章］
獨協大学，聖心女子大学，日本体育大学各非常勤講師。
九州大学大学院比較社会文化学府博士課程単位修得退学。専攻：社会学。
主な論文：「在外国民国政参政権と在日朝鮮人の国籍をめぐる政治」（『マテシス・ウニウェルサリス』第 13 巻 2 号，獨協大学国際教養学部，2012 年），「한국의 내셔널리즘과 재일학도의용군의표상（韓国のナショナリズムと在日学徒義勇軍表象）」（『기억과 표상으로 보는 동아시아의 20 세기』정근식 나오노 아키코 편，경인문화사，2013 년）。

金　成姫（きむ　そんひ）［第 11 章］
ソウル大学校社会科学大学社会学科修士課程修了。
主な著作：「1970 年代在日同胞母国訪問事業に関する政治社会学的研究」（ソウル大学校社会学科社会学修士学位論文）（「1970 년대 재일동포모국방문사업에 관한 정치사회학적 연구」（서울대학교 사회학과 사회학 석사학위논문））。

朴　佑（ぱく　うー）［第 12 章］
ソウル大学校社会科学大学社会学科博士課程修了。
『私達が出会った韓国　在韓朝鮮族の口述ライフヒストリー』（編，ブックコリア，2012 年）（『우리가 만난 한국　재한 조선족의 구술생애사』（편，북코리아，2012 년））。

[編者紹介]

松田素二（まつだ　もとじ）
京都大学大学院文学研究科教員。
ナイロビ大学社会学科大学院修了。文学博士。専攻：社会人間学。
主な著作：『日常人類学宣言』(世界思想社，2009 年)，『呪医の末裔』(講談社，2003 年)，『抵抗する都市』(岩波書店，1999 年)，*Urbanisation From Below* (Kyoto University Press, 1998 年) など。

鄭　根埴（ちょん　ぐんしく）
ソウル大学校社会科学大学社会学科教授。
ソウル大学校社会科学大学社会学科卒業。文学博士。専攻：歴史社会学，社会運動論，身体の社会学。
主な著作：『生活の中の植民地主義』(編，人文書院，2004 年)，『韓国原爆被害者苦痛の歴史：広島・長崎の記憶と証言』(編，市場淳子訳，明石書店，2008 年)，『植民地の遺産，国家形成，韓国の民主主義 1, 2』(編，チェクセサン，2012 年)（『식민지 유산 국가 형성 한국 민주주의 1, 2』(편，책세상，2012 년)）。

変容する親密圏／公共圏　4
コリアン・ディアスポラと東アジア社会　Ⓒ M. Matsuda and K. Jung 2013

2013 年 8 月 1 日　初版第一刷発行

編　者　　松　田　素　二
　　　　　鄭　　　根　埴
発行人　　檜　山　爲　次　郎

発行所　京都大学学術出版会

京都市左京区吉田近衛町69番地
京都大学吉田南構内（〒606-8315）
電話（０７５）７６１-６１８２
ＦＡＸ（０７５）７６１-６１９０
ＵＲＬ　http://www.kyoto-up.or.jp
振替　０１０００-８-６４６７７

ISBN 978-4-87698-258-5
Printed in Japan

印刷・製本　㈱クイックス
定価はカバーに表示してあります

本書のコピー，スキャン，デジタル化等の無断複製は著作権法上での例外を除き禁じられています。本書を代行業者等の第三者に依頼してスキャンやデジタル化することは，たとえ個人や家庭内での利用でも著作権法違反です。